RATGEBER ESOTERIK

Der Autor

Henry G. Tietze, geboren 1931 in Kiel, studierte nach mehrjäh-
rigen Studienreisen durch Asien und Amerika Psychologie und
Soziologie.

Seit 1972 als freier Wissenschaftspublizist in München tätig,
hat er eine Reihe erfolgreicher psychologischer Bücher veröf-
fentlicht. 1978 übernahm er die Leitung des Instituts für kooperative Psychologie in München, wo er auch heute noch arbeitet
und lebt. Er ist auch als Spezialist für tiefenpsychologische
Fragen durch Funk und Fernsehen bekannt.

Henry G. Tietze

DER ALPHA-MENSCH

Selbsthilfe durch kreatives Träumen

Originalausgabe

WILHELM HEYNE VERLAG
MÜNCHEN

HEYNE RATGEBER
08/9505

Inhalt

Einführung   7

Der innere Kobold   17

Was ist Alpha-Training?   35
  Gerechtigkeit   49
  Aufgeschlossenheit   50
  Verantwortung   50
  Toleranz   51
  Aufrichtigkeit   51
  Wohl-Wollen   52

Die große Entspannung   55

Alpha-Training mit Kindern   81

Alpha-Training und der innere Arzt   97
  Den Körper erkunden   106

Alpha-Training im Alltag   119
  Die Dimensionen der Liebe   124
  Die Verwirklichung der Liebe   125
  Die Metamorphose   126
  Der Mittelpunkt der Welt   129

Alpha-Training und Konflikte   133

Der Alpha-Mensch zwischen Haben und Sein   151
  Der innere Meister   155
  Reise ins Absolute   161
  Tempel der Stille   164
  Die sieben Stufen der Initiation   169
  Lebensbaum   178

Der Alpha-Mensch und seine Entscheidungen   183
   Der innere Reichtum   190
   Regenbogenbrücke   193
   Schattenbaum   201
   Die Wiedergeburt   201

Die Persönlichkeit des Alpha-Menschen   205
   Zielsetzung Selbstfindung   211
   Gotteskraft   219

Literaturverzeichnis   221

Einführung

Kennen Sie Gedanken und Empfindungen wie diese: »Ich hätte gerne Kinder, aber wozu? Sie werden groß und gehen aus dem Haus.«

Oder gar: »Keiner will mich, ich bin die einzige, die keiner mag!«

Manch einer schleppt das Grundgefühl mit sich herum: »Wenn ich tun könnte, was ich wollte, dann würde ich es wahrscheinlich trotzdem nicht tun — wozu auch?« Oder: »Ich schaue lieber nicht auf mein Leben zurück, es ist zu traurig.«

Beobachten wir einmal, wie wir Tag für Tag leben, so können wir feststellen, daß wir viel Zeit darauf verwenden, Phantasievorstellungen in uns aufzubauen und das Erscheinungsbild zu verstärken, das wir für andere abgeben wollen. Und dieses Erscheinungsbild wird in der Regel von unserem Grundgefühl bestimmt. Unsere Selbstvorstellungen sind unser liebstes Kind.

Die Bilder, die wir von uns selbst machen, beeinflussen unser Leben zunehmend stark, denn sie versehen uns wenn auch mit ungenauen Definitionen der Persönlichkeit. Wir lassen diese Bilder in uns zu einem ›Ewigkeitsraum‹ werden und gestatten uns nicht die Betrachtungsweise, daß alles doch ganz anders sein könnte. Wir handeln also so, daß unser innerer Glaube unsere Einstellung in eine verfälschte Darstellung vom Leben verwandelt. Damit haben wir nicht selten eine Entscheidung gefällt. Nämlich die, daß das Leben allgemein schwer, böse und manchmal nicht auszuhalten ist. Es scheint, als stünden wir vor einer Pyramide und betrachteten das, was wir sehen, als das Leben, wobei es doch nur eine von einigen Möglichkeiten ist.

Es gibt nun einmal ein Lebensprinzip, das besagt, daß wir das erleben, worauf wir unsere Aufmerksamkeit richten. Richten wir unsere Aufmerksamkeit auf eine Vergangenheit, die voller Schmerzen, Leid und Freudlosigkeit war, dann sind wir derart von der Vergangenheit geprägt, daß es uns nicht in den Sinn käme, das Leben könnte auch ganz anders sein. Es gibt nur eine Möglichkeit, da herauszukommen, nämlich, aus dem Kreis negativer Erwartungshaltungen auszubrechen.

Als ob das so einfach wäre, werden Sie denken. Ich habe es doch schon oft versucht, und was ist dabei herausgekommen? Zugegeben, Sie haben recht. Es ist nicht ganz einfach, hat doch schon Mark Twain gesagt: »Es ist nichts leichter, als das Rauchen aufzugeben, ich habe es schon tausendfach versucht.« Und wir haben auch andere Dinge immer wieder in Angriff genommen und sind nicht weitergekommen. Auf dem Wege zur Persönlichkeitsentfaltung gibt es Hindernisse, Gefahren, Schwierigkeiten und Fehler. Aber wollen wir uns davon wirklich aufhalten lassen? Wir spüren doch in uns das Bedürfnis nach Entfaltung. Da ist eine Kraft in uns, die vorwärtsdrängt. Statt diese Kraft dafür einzusetzen, einen Deckel, der auf einem Topf voller Überdruck sitzt, niederzuhalten, könnten wir sie auch dazu benutzen, die Hindernisse aus dem Weg zu räumen. Denn das Bedürfnis nach Entfaltung allein sagt nicht, daß wir uns auch entfalten werden. Die Eintrittskarte zum städtischen Schwimmbad besagt ja längst noch nicht, daß wir uns ins kalte Wasser stürzen.

Glücklicherweise haben wir Mittel und Wege, das Abenteuer Selbstfindung relativ glatt zu überstehen, wie ich in diesem Buch aufzeigen werde.

Wir alle tragen das Kind, das wir einst waren, in uns. Wir lassen es lachen oder weinen, es ist manchmal bockig oder übermütig, es ist traurig oder fröhlich. Und weil wir dieses Kind mit uns herumschleppen, ist unser Leben von der Vergangenheit gefärbt. Mehr noch, dieses ›innere Gör‹ rennt in alles hinein, was ihm gefällt. Es trödelt, mogelt und lügt, um dem zu entkommen, was ihm nicht gefällt, es verärgert die anderen und regt sie auf — oder aber dieses innere Kind ist der furchtsame, schüchterne und vor allem und jedem zurückschreckende Teil in uns. Ob es uns Spaß macht oder nicht, wir können als Erwachsene noch so klug, so vernünftig, so tolerant sein, das innere Kind, das wir einmal waren, macht uns nicht nur einmal im Leben einen Strich durch die Rechnung. Wie ein Rumpelstilzchen führt es sich auf. Wir verbrennen uns die Finger, laufen auf, machen etwas falsch oder werden mit dem Leben nicht fertig.

Je stärker wir nun das Kind in uns versuchen zu unterdrükken, um so mehr hüpft es herum und kreischt: »Wie gut, daß keiner weiß, daß ich Rumpelstilzchen heiß'.« Mit anderen Worten: Nicht selten wissen wir nicht, was es eigentlich ist, was uns da quält. Und es hat keinen Sinn, dieses Kind einfach zu ignorieren. Viel besser ist es, es zu besänftigen, freundlich zu stimmen. Lassen wir es ein glückliches Kind werden, erzählen wir ihm Märchen, unsere eigenen Märchen, lassen wir es lachen und fröhlich werden – glauben Sie mir, es ist dankbar dafür.

Und auch wir werden froh sein, wenn wir ein glückliches Kind in uns tragen. Denn auch in der Partnerschaft spielen die inneren Kinder ganz schön mit. Ja, man kann sogar sagen, wenn zwei Liebende miteinander ins Bett gehen, kriechen eigentlich vier zusammen, weil jeder sein Kind mitbringt. Und vertragen sich diese Kinder nicht beim Spiel, dann tanzen kurz über lang eben zwei Rumpelstilzchen in der gemeinsamen Wohnung herum, es gibt Krach.

Unerwünschte, ›unvernünftige‹ Gefühle erleben wir als Erwachsene immer wieder. Wir erröten und ärgern uns darüber, manchmal spüren wir Verbitterung denen gegenüber, die wir lieben. Wir verdächtigen ohne den geringsten Beweis den Partner, uns im Stich gelassen zu haben, oder wir verdächtigen den Nachbarn, daß er zuviel ›klatscht‹. Mit derartigen Gefühlen können wir gelegentlich ganz schön ins Fettnäpfchen treten. Schließlich bleibt ein Gefühl, in ›Sack und Asche‹ herumlaufen zu müssen, weil wir meinen, die Last unserer ›Schuld‹ drückt uns nieder. Könnten Sie in sich schauen, würden Sie sehen, wie Ihnen das innere Kind eine ›lange Nase‹ macht, als wollte es sagen: »Na, hab' ich dich mal wieder auflaufen lassen?«

Was dabei herauskommt ist, daß unsere Umgebung uns zu meiden beginnt und wir können uns irgendwie selbst nicht mehr richtig leiden. Mit anderen Worten: Unser Selbstbild ist angekratzt. Und warum? Weil wir unser inneres Kind genauso behandeln, wie unsere Eltern und Geschwister es taten.

Und dann stellten wir uns eines Tages die Frage: »Warum passiert es mir immer wieder, daß mir die Freundin wegläuft?«

Oder: »Warum gerate ich immer wieder an verheiratete Männer?« Warum das passiert? Weil das innere Kind die Gegenwart stört. Es schießt sozusagen von innen gegen uns. Unser inneres Kind behandelt uns so, wie unsere Eltern uns als Kind behandelt haben. Es mag unglaublich scheinen, daß ein Erwachsener die grobe Kritik und die herabsetzenden Haltungen eines Elternteils sich selbst gegenüber fortsetzt. Aber genauso ist es.

Zu mir kam einst Hannelore, eine junge Frau von siebenundzwanzig Jahren. »Sie mögen mich nicht«, sagte sie irgendwann bei unserem Gespräch. »Ich spüre es ganz genau, Sie mögen mich nicht.« Sie brach in Tränen aus, und unter Schluchzen fuhr sie fort: »Ich bedeute Ihnen gar nichts. Sie müssen ja nur so tun, als bedeute ich Ihnen was. Sie verdienen ja Ihr Geld damit.«

Ich schwieg, und plötzlich schlug sie sich auf den Mund. »Mein Gott, was rede ich da für dummes Zeug!« Das dumme Zeug, das redete ihr das kleine bockige Mädchen ein, das sie einmal war.

Das Kind spielt auf der Bühne des Privattheaters der Seele, und es hat eine ganze Reihe von Mitspielern, nämlich unsere Traumgestalten, die uns in nächtlichen Träumen quälen oder aber Freude bereiten. Wie wir dem täglichen Störmanöver des Kindes ausgeliefert sind, genauso häufig sind wir dem inneren Ablauf eines Traumgeschehens unterworfen, mit dem wir selten etwas anfangen können. Wir zermartern uns den Kopf, was dieser oder jener Traum zu bedeuten hat. Schließlich hat es sich ja herumgesprochen, daß Träume eine Bedeutung haben.

10

Wir können zwar nicht lernen, diese Träume zu lenken, aber wir sollten versuchen, die nächtlichen Traumfiguren in ein ›Spiel ohne Grenzen‹ einzubauen, das dazu dient, uns ruhiger, gelassener und harmonischer zu stimmen.

Dieses ›Spiel‹ heißt ›Alpha-Training‹.

Und von diesem Spiel und seinen Möglichkeiten, die jeder zu Hause ausprobieren und sich zunutze machen kann, handelt dieses Buch.

Alpha-Training ist eine geistig-psychische Entwicklungsmethode mit dem Ziel, uns mit Problemen besser fertig werden zu lassen, sozusagen den inneren Prozeß des Reifens und Wachsens wieder in Gang zu setzen. – Tiefenentspannung über die Energiefelder der Chakren, Umstrukturierung der ›inneren Störfelder‹ in Stufenfolge schaffen eine gezielte Wirkung auf das Unbewußte. Alpha-Training ist der Schlüssel zu den tiefen geistig-seelischen Bereichen, in denen ›unsere eigene Weisheit‹ eingelagert ist. Diese Selbstregulationsmöglichkeit hat nichts mit Hypnose oder Meditation zu tun. Vor allem ist es weltanschaulich neutral und kann von jedem geistig gesunden Menschen praktiziert werden. Sie können also nach der Lektüre dieses Buches – unabhängig von Geräten, Drogen, einem Lehrer oder einem Ort – Reisen in die eigene Seele unternehmen und wie ein Tiefseeforscher die Abgründe, die Hintergründe, das Untergründige, Tiefgründige der Seele kennenlernen und für sich nutzen, zu Ihrem eigenen Wohl, aber auch zum Wohle anderer.

Seit zehn Jahren praktizieren und lehren wir nun schon an unserem Institut für kooperative Psychologie Alpha-Training. In all den Jahren sind viele Menschen zu uns gekommen, und es kommen immer noch weitere, weil sie sich von den Tücken des inneren Kindes befreien wollen. Mit dieser Methode können Sie neue Erfahrungen machen, innere Blockaden und Sperren aufheben. Diese Sperren sind strukturierte, in den Körper eingebaute Verhaltensmuster, die einen Kompromiß, eine unbefriedigende Lösung von Kindheitskonflikten darstellen. Sie schaffen das eingezwängte Ich, dem wir entkommen oder von dem wir befreit werden möchten.

Wachsen ist ein natürlicher Prozeß. Wir können ihn nicht erzwingen. Er unterliegt den gleichen Prozessen wie alles Leben. Ein Baum wächst zum Beispiel nur dann in die Höhe, wenn seine Wurzeln tiefer in die Erde wachsen. Der Mensch lernt, indem er sich weiterentwickelt. Aber auch er kann nur dann wachsen, wenn er seine ›Wurzeln stärkt‹, die ihn mit den unbewußten Schichten seines Seins verbinden.

Was ich in diesem Buch zu vermitteln versuche, ist vor allem die Möglichkeit, sich in wesentlichen Dingen des Lebens selbst helfen zu lernen. Dieses Buch vermittelt demnach keine Therapie, sondern die Möglichkeit der Selbstregulation. Wir können uns der grundlegenden These anschließen, daß Energie bei allen Lebensprozessen — beim Bewegen, Fühlen und Denken — mitwirkt und daß diese Prozesse aufhören würden, wenn es zu schwerwiegenden Störungen der Energieversorgung beim Menschen, in seinem Organismus, käme.

Wenn man aufzeigt, wie Alpha-Training arbeitet, hat dies den Nutzen, daß der Trainierende verstehen lernt, daß er selbst es ist, der Veränderungen in seinem Körper, seiner Seele, seinem Geist bewirkt.

Wichtig ist, innerlich loszulassen, sozusagen mit passivem Wollen zu arbeiten. Als Beispiel für den passiven Willen mag das Einschlafen gelten. Wenn wir uns zum Einschlafen zwingen wollen, werden wir immer wacher, bis wir schließlich erschöpft, aber hellwach sind. Mit dem passiven Willen jedoch, dem Loslassen, spüren wir, wie der Körper ruhig wird und wie alle Gedanken sich auflösen. Die Bemühung selbst wird abgestellt. Die normalerweise unwillkürlichen und unbewußten Sektoren können lernen, sich so zu verhalten, wie wir es wünschen.

Das Paradoxe des passiven Willens müssen wir erleben, um es zu verstehen. Wenn wir es erleben, scheint die innere Harmonie sich nach außen zu übertragen. Viele Menschen, die das Alpha-Training beherrschen, sagten übereinstimmend aus, daß ihre Mitmenschen ihnen sagten, sie sähen anders aus, ihr Wesen habe sich verändert, und sie schienen gelassener zu sein.

Inneres Erwachen kann unterschiedlich sein. Das Tor, das zum Geheimen führt, könnte mit einem Mal weit aufgehen oder es geht langsam auf, Schritt für Schritt. Es kann sich aber auch nur einen Spalt breit öffnen, einen Augenblick lang oder über einen längeren Zeitraum. Alpha-Training ist ein Spiel ohne Grenzen. Wer sich weit genug vorwagt, kommt in Bereiche der Telepathie, der Geistheilung und in kosmische Bereiche.

Das ist eine von vielen Möglichkeiten. Das Wesentliche aber ist eine neue Lebendigkeit, die sich in dreifacher Weise zeigen kann: Da wird eine Kraft empfunden, die nicht kräftiger ist als uns bekannte Kräfte, sondern in der Weise stark, daß wir in ihr nicht mehr fragen, warum die Bäume wachsen. Zugleich läßt die Kraft, die uns ergriffen macht, etwas erahnen vom Sinn, der nicht zu greifen ist; von der Ordnung, die wahrhaft Lebendiges ausmacht. Wohin wir danach schauen mögen, wir empfinden: Es hat seinen Sinn, ich bin auf dem Weg, und ich bin nicht allein auf diesem Weg.

Wie geschieht das? Die Welt, in der sich das eigentliche Alpha-Training abspielt, ist die Welt der Märchen. Das heißt, wir lesen keine Märchenbücher, sondern erleben unsere eigenen inneren Märchen. So wie wir nachts träumen, erscheinen in der Tiefenentspannung innere Bilder, die der Märchenwelt sehr ähnlich sind. Aber wir sind diesen Bildern — anders als bei den Nachtträumen — nicht ausgeliefert, sondern können selbst bestimmen, wohin uns die Bilder tragen. Das geht in einer Stufenfolge vor sich. Wir unterscheiden zwischen harmonisierenden Bildern, Bildern der Selbstregulation von Körper und Geist sowie jenen Bildern, die unsere Alltagswelt überschreiten und uns in Bereiche hineinführen, von deren Existenz wir kaum eine Ahnung hatten. Dabei begegnen wir vor allem dem inneren Seelenkern und können erfahren, wohin das Leben schon längst mit uns wollte, hätten wir es zugelassen. Man könnte diese Sphäre der inneren Bilderschau als magisches Reich bezeichnen, hätten manche Menschen nicht zuviel Angst vor dem Begriff Magie. Dieses ›magische‹ Reich ist in geheimnisvollen Regionen angeordnet. Die Orte sind der Himmel, die Erde, der Wald, eine Wiese, eine Quelle, eine ferne Insel, das Meer, der Mond oder die Sonne. Und die ›märchenhaften‹ Gestalten, die in ihnen agieren, können gute Feen sein, Zwerge, Hexen, Riesen, Drachen und geheimnisvolle Orte. In Wirklichkeit sind sie lediglich Symbole für einen Seelenzustand, und wenn wir lernen, die Regie zu übernehmen, verändern wir etwas in unserer Seelenlandschaft ins Positive. Alpha-Training führt den Menschen über sich selbst hinaus, und das Erlebnis mündet in die unerwartete Entdeckung seines Selbsts. Das Innerste, in dem sich ein Mensch von einem über alle Grenzen hinaus lebendigen Sein getroffen fühlt, steht nicht nur aufnehmend dem Unbegrenzten gegenüber. Es gibt sich zu erspüren und erkennen als das über alle Grenzen hinauslebende Selbst-Sein. Es gibt sich zu erkennen und bleibt doch geheim. Es bleibt unangreifbar und unantastbar für das Ich, das sagen möchte: »Das bin ich.« Das Geheime im Alpha-Training ist dieses Innerste, das sich dem Ich entzieht. Erst da, wo ein Mensch begreift, daß er in seiner Hinwendung zur Welt, zum Außen, die Beziehung zum Unbedingten und somit zu seinem Innersten verloren hat, wird er eine echte Motivation und auch die Ausdauer finden, sich durch Übung wieder nach innen, seinem Ursprung zuwenden. Alpha-Training kann man nicht einfach ausprobieren wie irgendeine Technik. Alpha-Training hat vor allem Sinn für jene Menschen, die mit ihrem ganzen Sein danach verlangen.

Wenn ein Mensch an seiner inneren Zerrissenheit zu leiden beginnt, wenn er sich hin- und hergerissen fühlt, dann spürt er, daß etwas geschehen muß, um eine Änderung herbeizuführen. Manch einer spürt auch, daß diese Zerrissenheit durch zu enge innere Grenzen herbeigeführt wird. Grenzen markieren Übergänge zwischen Territorien und Zuständen. Der Ausgangspunkt für Grenzüberschreitungen ist in der Regel ein Normalzustand oder ein Ort, an dem wir uns niedergelassen haben. Die anderen Wirklichkeiten jenseits der Grenzen locken oder drohen — je nachdem wie man den Aufenthalt jenseits der Grenzen empfindet.

Grenzen sind zunächst als geographische Wirklichkeit, dann aber weit darüber hinaus als Herausforderung an den einzelnen zu verstehen. Wenn wir solche inneren Grenzen überschreiten, erleben wir das, was man schlechthin als Bewußtseinserweiterung bezeichnet.

Die Selbstverwirklichung ist das Ziel jeder Selbsterkenntnis und Selbstannahme. Um unser Selbst zu verwirklichen, müssen wir es erkennen und akzeptieren, denn sonst ist es möglich, daß wir an uns vorbeileben. Erkennen können wir, daß in uns ein Kindheits-Ich lebt, das uns wie ein wilder Kobold drangsaliert. Durch Alpha-Training können wir lernen, diesen inneren Kobold, dieses Rumpelstilzchen ruhigzustellen. Plärrt dieser Kobold nicht ständig: »Gut, daß keiner weiß, daß ich Rumpelstilzchen heiß'?«

Wir können uns aufmachen herauszufinden, was uns unser eigener innerer Kobold verheimlicht. Folgen Sie mir auf eine wunderbare Reise durch die innere Seelenlandschaft.

Henry G. Tietze

Der innere Kobold

Welche Meinung haben Sie von sich selbst? Was halten Sie von Ihren Gefühlen, Gedanken und Handlungen? Welchen Stellenwert haben sie bei Ihnen?

Dies ist ein wesentlicher Punkt für Ihr Leben. Was Sie tun und wovon Sie oft das Gefühl haben, daß Sie es nicht können, bestimmt weitgehend die Art, wie Sie mit sich umgehen, wie Sie zu sich selber stehen, ob Sie hinter sich stehen, sich ein guter Freund sein können oder nicht. Machen wir uns nichts vor, diese Gefühle sind manchmal ganz gemeinen Verzerrungen unterworfen. Dieser Zerrspiegel stammt aus unserer Kindheit und verursacht uns unnötige Schmerzen und manchmal Leid.

Ein Kind entwickelt sein Selbstwertgefühl und das Gefühl, begabt, wichtig und einzigartig zu sein, aus der Aufmerksamkeit, die ihm von der Mutter, dem Vater, von Oma und Opa, den Geschwistern, den Spielkameraden entgegengebracht wird. Es ›sieht‹ oder ›fühlt‹ sich in ihrer Liebe, Bestätigung und Betrachtung seiner Bedürfnisse gespiegelt; es lernt schon sehr früh, wie es die Bestätigung suchen und ›erobern‹ kann und durch welches Verhalten es in ›Ungnade‹ fällt.

Wir alle müssen uns jederzeit mit zwei Realitäten auseinandersetzen: mit unserer Außenwelt und Innenwelt. Ganz im Zentrum unserer eigenen Innenwelt versucht ein bestimmter, nämlich genau derjenige, der zu sich Ich sagt, im Gleichgewicht zu bleiben und fest im Sattel zu sitzen.

Wir brauchen nicht weit zu suchen, überall um uns herum finden wir Ichs, die alle Augenblicke aus dem Sattel fallen, die sogar in die Depression abstürzen und sich ständig wie auf einem Trampolin wieder in die Höhe schießen müssen. Sie purzeln aber ebenso sicher wie regelmäßig wieder herunter und hopsen mit neuen Anläufen wieder über sich hinaus. Neben den Trampolin-Menschen, die sich selbst in die Höhe katapultieren, gibt es andere, die sich vom Brotgeber, vom Ehepartner, von der Geliebten oder vom Erzfeind wie ein Tischtennisball ständig übers Netz und von einer Ecke in die andere jagen lassen.

Sie aber, als künftiger Alpha-Mensch, sind nicht bloß Ich-Sager, »Ich würde meinen« oder »Ich würde wollen mögen«, sondern Sie fühlen sich als Ich. Als Ich im Sattel und im Gleichgewicht. Sie sind aktiv und haben das Leben in der Hand. Von Ihrem festen Ich-Standpunkt aus, nach allen Seiten, rundherum entfalten Sie Ihre Aktivität. Je nach Stärke Ihrer Kraft, Fähigkeit und Energie ist der Umkreis um Ihren Ich-Punkt größer oder kleiner. Und je besser, je ›vernünftiger‹, umsichtiger und ausgewogener Sie Ihre Kraft, Fähigkeit und Aktivität lenken, desto runder ist der Kreisbogen um Ihren Ich-Punkt.

Es gibt aber auch die anderen, die gebrannten Kinder. Was nicht normal ist, geschieht im allgemeinen am häufigsten. Ein Mißgeschick, ein Stolpern vor anderen wird als persönliches Ungenügen oder eine Absage als Zurückweisung, als Blamage, als Beweis der eigenen Minderwertigkeit empfunden.

Auch umgekehrt, eine belanglose Überlegenheit: zufällig etwas wissen, was andere nicht kennen, der lächerliche Besitz des letzten Modeschreis, eines auffällig lauten Auspuffs am Auto, insbesondere aber geschäftliche Erfolge oder eine Visitenkarte, die beim Namen ein halbes Alphabet als Titel vorweist, all diese äußeren, in ihrer Bedeutung überschätzten Erfolge machen die Mehrzahl der Menschen stolz und angeblich glücklich. Es scheint, als ob die äußeren Ereignisse für den Zustand der Innenwelt und für die Selbsteinschätzung des Menschen maßgebend seien.

Im Grunde müssen wir an unseren Ecken feilen und polieren. Einen Menschen, in dem alles nur positiv eingelagert ist, gibt es nicht. Aber wir können uns dahingehend entwickeln, daß wir die positiven Seiten unseres Seins zutage fördern. Wenn wir beginnen, unseren Alltag bewußter wahrzunehmen, machen wir häufig die Erfahrung, daß wir eigentlich anders sind, als wir zu sein glaubten. Wir erleben, daß wir in unserem Innern verschiedene Rollen besitzen — verschiedene Subpersonalitäten haben. Zunächst werden uns nur einige dieser Rollen bewußt werden, nämlich die, die wir leichter akzeptieren können. Aber mit ansteigender innerer Realität erweitert sich die Vorstellung von unserer Persönlichkeit, und wir sehen Seiten in uns, die wir nicht für möglich hielten.

Selbstentfaltung in diesem Sinn bedeutet also, die unbewußten Rollen und Subpersonalitäten in uns zu spüren und in unser Selbstbild zu integrieren.

Stellen Sie sich beispielsweise einen Mann vor, der von sich glaubt, er sei stark, erfolgreich, zielstrebig, selbstbewußt. Mit dieser Rolle identifiziert er sich vielleicht seit langer Zeit und versucht, dieses Bild von sich durch sein Verhalten zu rechtfertigen. Er bezieht aus diesem Verhalten einen großen Teil seines Selbstwertgefühls. Das bringt ihn jedoch in Gefahr, seine Flexibilität zu verlieren. Er entwickelt den inneren Anspruch, immer stark und erfolgreich zu sein, und kann es sich nicht erlauben, Gefühle von Schwäche und Unsicherheit zuzulassen, da sie ihn in seinem Selbstwertgefühl bedrohen. So wird er Situationen vermeiden müssen, in denen er eher schwach, unsicher und suchend ist. Vielleicht führt dies dazu, daß er sich keine Traurigkeit erlauben kann oder daß er allgemein seine Gefühle dämpfen muß, da jedes unkontrollierte Gefühl ihn in seiner vermeintlichen immerwährenden Stärke erschüttert.

Immer wenn also sein inneres Erleben, seine Gefühle und Bedürfnisse seine Selbsteinschätzung von Stärke, Zielstrebigkeit und Erfolg bedrohen könnten, wird dieser Mensch in einen inneren Kampf verwickelt. Sein wahres Selbst entspricht nicht seinen Selbstvorstellungen. Er ist uneins mit sich. Dabei ist dieser Mann nicht stark oder schwach, sondern er ist manchmal stark und manchmal schwach. — Ein solcher Kampf kann zwischen gegensätzlichen Rollen stattfinden. Die Frau, die sich für liebenswürdig hält, bekämpft ihren Ärger. Der Mann, der immer fröhlich und optimistisch ist, bekämpft seine depressiven Gefühle. Die Frau, die sich für bescheiden und zurückhaltend hält, bekämpft ihren fordernden und zupackenden Persönlichkeitsanteil. Ein solcher innerer Kampf entsteht immer dann, wenn Menschen bestimmte Teile nicht zulassen möchten, da sie befürchten, ihr Selbstwertgefühl oder die Achtung anderer Menschen zu verlieren.

Doch der Mensch ist aus Gegensätzen aufgebaut. Mal ist jemand stark, mal ist er unsicher und schwach. Selbstentfaltung heißt hier, fähig zu werden, auch die anderen Teile in sich zu erfahren und sich mit ihnen auszusöhnen.

Was den Alpha-Menschen vom anderen unterscheidet, ist der Umstand, daß er den starken Wunsch in sich spürt, ›er selbst‹ zu sein. Wer leben möchte wie Udo Jürgens oder Lady Di oder Gunter Sachs, der möchte in eine andere Rolle schlüpfen, der möchte sich hinter einer Maske verbergen, der möchte das Leben eines anderen Menschen leben, im Glauben, daß es ihm da besser ginge. Derartige Wünsche und Verhaltensweisen führen kaum zu unserer Selbstentfaltung. Jeder − Sie und ich − ist einmalig in seiner Persönlichkeit. Warum versuchen wir nicht, das Beste daraus zu machen? Natürlich sind wir Teil der Gemeinschaft, aber wir haben die Möglichkeit, uns einen Rahmen zu schaffen, in dem wir uns frei entfalten können. Das beginnt schon mit der freien Entfaltung der Phantasie. Nicht selten unterdrückten wir die Vorstellung, uns von den Abhängigkeiten freizumachen, statt die Vorstellung zu hegen und zu fördern, bis sie so mächtig geworden ist, daß sie ganz von selbst zum Handeln zwingt.

Nichts in dieser Welt hätte entstehen können, wenn es nicht irgendwann einmal ein einzelner mit der Kraft seiner Phantasie erdacht hätte. Diese Kraft jedoch kann sich nur entfalten, wenn man ihr die Möglichkeit dazu verschafft.

Dazu ist nur eines nötig: Wir müssen eine Entscheidung fällen. Ohne Entscheidung geht nichts. Aber, bitte sehr, keine Entscheidung aus dem Ego-Bereich, es müßte schon eine tiefe Selbstentscheidung sein, die unsere ganze Persönlichkeit ausfüllt. −

Wer sich daran hält, setzt den Motor in Gang, der uns erreichen läßt, was andere für unerreichbar halten. Auf diese Weise wird seit Tausenden von Jahren die Welt verändert. Warum sollen wir — Sie und ich — aufgrund dieser Erfahrungen nicht auch unsere Welt verändern können?

Aber, was tun wir? Wir suchen nach fremden Vorbildern, weil wir uns nicht entschließen können, das Vorbild in uns selbst zu finden. Statt eigene Maßstäbe zu entwickeln, ordnen wir uns den Maßstäben anderer unter. Wir legen die Grenzen der Entfaltung unserer Phantasie dort fest, wo andere sagen: »Das darf nicht sein, — das kann man nicht tun.« Weil wir uns nicht vorstellen können, mehr zu erreichen als andere, erreichen wir es auch nicht. Wir reihen uns damit freiwillig in ein mittelmäßiges Leben ein und unterdrücken die Sehnsucht nach einem Leben, das uns ein Höchstmaß an Befriedigung bringt. Dabei schlummert in jedem die Kraft, das zu ändern. Streichen wir den Gedanken aus unserem Kopf: »Andere sind schuld, daß ich nicht so leben kann, wie ich möchte.« Oder: »Ich möchte so vieles anders machen, aber ich schaffe das nicht!« Denken Sie bloß nicht: Alles ganz schön und gut, für andere mag das stimmen, nur für mich nicht. Bei mir ist das alles ganz anders. Nichts ist anders gelagert. Sie selbst denken nur anders. Die Lebensgesetze funktionieren bei jedem gleich.

Nicht irgendwelche Gesetze verhindern ein besseres Leben, sondern einfach und allein der innere Kobold, das Rumpelstilzchen, das innere Kind.

Da fällt zum Beispiel ein kleines Kind auf die Knie und weint schrecklich. Schon kommt der Vater oder die Mutter gelaufen und sagt: »Was, wer weint denn da? Das ist doch nicht so schlimm, deswegen braucht man doch nicht zu weinen. Ein so großes Kind ist doch schon tapfer.«

In solchen und ähnlichen Situationen macht das Kind die Erfahrung: Tränen sind nicht erwünscht. Mit Tränen komme ich nicht an. Und eine zweite Erfahrung gesellt sich dazu: »Groß sein, heißt tapfer sein, tapfer sein, nicht weinen.« Jedes Kind möchte bei seinen Eltern ankommen, möchte angenommen sein, möchte so sein wie die Großen.

In diesem Konflikt unterdrückt es seine Tränen und läßt sich das darauffolgende Lob gefallen. Aber damit ist der Schmerz nicht weg. Das Kind fühlt sich hilflos, wird irgendwie wütend und traut sich auch nicht, die Wut zu zeigen. Und schon ist ein ›Rumpelstilzchen geboren‹.

Dieses Rumpelstilzchen wirkt dann von innen her und bringt später, als Erwachsener, eine Menge Unruhe ins Leben. Über unsere verdrängten Gefühle haben wir uns somit von uns selbst abgeschnitten. Es gibt aber noch eine zweite Ebene, die uns das Leben schwer macht: das sind unsere eigenen Gedanken. Gedanken und Gefühle beeinflussen einander im Wechselspiel. Zählen Sie nur einmal für fünf Minuten Ihre Gedanken, und beobachten Sie dabei, wie viele Vorstellungen und Bilder in dieser Zeitspanne auftauchen. Tag und Nacht leitet ein Gedanke automatisch zum nächsten über: Unser Bewußtsein ist ganz von Bildern in Beschlag genommen. Wie tanzende, flackernde Irrlichter springen die Gedanken in unser Bewußtsein und verzehren im Handumdrehen unsere Energie. Wir mögen uns dabei zwar einbilden, daß wir vorhandene Probleme lösen oder eine Idee hervorbringen, dabei ist der Geist jedoch lediglich in ein endloses Selbstgespräch verwickelt, er entflieht in leeren Träumereien und verschwendet wertvolle Zeit. Solange die Gedanken weiter so herumflattern, wird unser Bewußtsein in festgefahrenen Schichten und Reaktionen eingefroren bleiben: Ein Wort fällt, und augenblicklich wird im Geist das dazugehörige Vorstellungsbild projiziert. In dem Bild selbst liegt jedoch eine tiefe Erfahrung verborgen. Verweilen Sie deshalb unmittelbar in der Gegenwart. Sie werden dann das fließende Reich des Seins betreten können, das der Raum im Innern unserer Gedanken ist. Läßt unsere Verflechtung in Bildern und Vorstellungen nach, können wir eine Qualität des Seins entdecken, die weder eine Form noch eine spezifische Eigenschaft aufweist. Sie nimmt keine Position ein und vertritt keine festgelegten Ansichten, die sie verteidigen müßte. In ihr ist Frieden und Licht: eine äußerst gesunde Stille, die die Quelle aller gesunden Lebensenergie und aller schöpferischen Aktivität ist. — Die Erinnerungen an die Vergangenheit und die Projektionen in die Zukunft nehmen unsere Aufmerksamkeit nicht länger ausschließlich in Anspruch. Der gegenwärtige Augenblick offenbart ein natürliches und völlig ungehindertes Gewahrsein.

Wir können dieses Gewahrsein durch Alpha-Training entwickeln, indem wir hinter die Bilderwelt gelangen, dort ganz tief unten, wo unsere Gefühle eingelagert sind. Beide Ebenen sind für unsere Weiterentwicklung wichtig, die Welt der Bilder, um die Vergangenheit auszuräumen, mit ihr fertig zu werden, die darunterliegende Stille, um die Gegenwart voll zu erleben, im Sein zu leben, um aus diesen Augenblicken der Stille schöpferisch wirken zu können.

Es gibt noch einen anderen Weg, der genauso gut und sehr effektiv ist: Wir können sozusagen in die Gedanken hineinkriechen und sie weit öffnen, bis unser Denken selbst zur Intuition wird. Anstatt sich dem Entstehen eines Gedankens entgegenzustemmen, treten wir ein wenig zurück und entspannen uns. Wir lassen ganz einfach die Gedanken sein, was sie sein wollen. Wir beobachten sie sehr genau und schauen auf die subtilen Gefühle, die zum Vorschein kommen, sobald der Gedanke eine Reaktion, ein Urteil oder eine Bewertung in uns hervorruft. Versuchen wir der Tendenz des Geistes Einhalt zu gebieten, diese Emotionen in der Vorstellung weiter auszuschmücken, was ja die Erfahrung zeigt.

Sobald wir die Gedankenmuster durchdringen, löst sich starres Denken in Klarheit und tiefe Befriedigung auf. Diese Klarheit ist vollkommene Bewußtheit, die weder eine Stütze noch eine bestimmte Ausrichtung benötigt. In ihrer Fülle versuchen wir nicht etwas zu tun, wir versuchen nicht einmal mehr zu meditieren. Es gibt nichts mehr, was uns ablenkt.

Warum ist das so wichtig? Weil wir unsere Gedankenmuster nicht erkennen, weil wir uns über unsere Gedanken in die Irre leiten lassen.

Wir bestehen aber nicht nur aus Gedanken und Gefühlen. Jeder von uns ist eine ganze Menschenversammlung. Es ist wie im Tarotspiel. Es gibt den Narren in uns wie den Magier. Wir sind der ›Liebende‹ und der Turm der Zerstörung. In uns lebt ein Hohepriester und ein Teufel. Wir sind Rebellen und Intellektuelle, die Verführerin und die Hausfrau, der Träumer und der

Perfektionist. Jeder trägt seine eigene Mythologie in sich. Mit anderen Worten: Wir sind vieles und doch nichts Ganzes. Wir geben uns zwar oft der Illusion hin, weil wir meinen, daß wir einen Körper haben und zwangsläufig aus einem Geist wären. Aber im Innern raufen sich die verschiedenen Teilpersönlichkeiten: Impulse, Wünsche, Prinzipien, Sehnsüchte, Ideale — wie schwer ist es doch, dies unter einen Hut zu bringen. Wollen wir an uns arbeiten und uns auf den Weg der Selbstfindung machen, müssen wir zuerst die Teilpersönlichkeiten in uns entdecken. Wenn wir ein Alpha-Mensch werden wollen, dann müssen wir das Gegensätzliche und das Unaussprechliche in uns vereinen.

Emotionen und Gefühle können unberechenbar sein, können uns foppen, uns traurig machen, können uns in Leid stürzen oder abhängig machen. Über allem aber steht der ordnende Geist.

Vieles haben wir in der Kindheit schon verdrängt. Sobald eine Verdrängung wirksam wird, setzt sie sehr viele Reaktivitäten in Gang. Solche Abwehrmaßnahmen können ein zur Gewohnheit gewordenes Aussehen sein — ein Gesichtsausdruck, eine Haltung, eine bestimmte Art zu gehen oder sich zu bewegen, eine bestimmte Weise des Sprechens, ein Interesse an bestimmten Ideen oder Vorstellungen, ein völliges Aufgehen in der Arbeit, Zwangsvorstellungen in bezug auf sexuelle Leistungen, eine Gewohnheit wie etwa Rauchen oder Trinken, unbewußt falsch praktizierte Ernährung, ein Vermeiden von Bewegung oder körperliche Aktität —, sie kann einfach alles sein. — Gäbe es keinen verdrängten Schmerz, so würden wir einfach fühlen, was wir erleben. Offenheit gegenüber unseren eigenen Gefühlen wäre dann keine Bedrohung unserer seelischen Stabilität.

Reicht die erste primitive Abwehr und Verdrängung nicht aus, verstärkt sie sich. Sobald Abwehrformen wanken, treten neurotische Symptome auf. Nehmen wir dagegen Beruhigungspillen und Pillen gegen Depressionen, lassen die Symptome nach. Wir können liebevoll sein, können wieder entspannen, weil die Verdrängung eine Verstärkung erfahren hat. Sobald

die Pillen jedoch abgesetzt werden, zeigt sich der alte Urschmerz wieder, und der muß erneut verdrängt werden, so daß
sich bald wieder Symptome einstellen.

Ein Mensch, der auf allen Entwicklungsstufen Abwehrformen entwickelt hat, funktioniert gewöhnlich sehr gut. Er ist
sich im allgemeinen seiner seelischen Schmerzen nicht bewußt
und kann sich deshalb relativ problemlos mit den äußeren Be-
langen des Lebens beschäftigen. Er ist jedoch nicht ein Ganzes
in sich, sondern besteht aus vielen Teilaspekten. Ein Teil von
ihm gibt sich mit der äußeren Welt ab, ein anderer Teil ist fortwährend mit dem tief vergrabenen, wühlenden Schmerz beschäftigt. Ein solcher Mensch ist nach außen orientiert, und das
ist ein Teil seiner Abwehr.

Nur wenn äußere Umstände die Abwehr an ihrer Tätigkeit
hindern, beginnt so ein Mensch zu leiden — wenn keine Möglichkeit zum Planen, Organisieren, Gegen-die-Welt-Aufbegehren oder was immer er normalerweise zu tun hat besteht. Andernfalls funktionieren seine Vorstellungen, Pläne, Rationalisierungen, Erklärungen und Einstellungen im Sinne einer Beruhigung des Schmerzes.

Es gibt wohl kein Gebiet, wo wir unser Rumpelstilzchen so
sehr spüren wie in unseren Schuldgefühlen. Auf zweierlei
Weise können Schuldgefühle Eingang in unsere Gefühlswelt erlangen: Sie können einmal sehr früh erworben und beim Erwachsenen als Überreste kindlicher Reaktionen weiter vorhanden sein. Zum anderen kann sich der Erwachsene aber auch für
die Übertretung eines Kodex, den anzuerkennen er vorgibt,
selbst mit Schuldgefühlen bestrafen. Bei verinnerlichten
Schuldgefühlen handelt es sich um emotionale Reaktionen, die
aus Kindheitserinnerungen herrühren. Diese Schulderzeuger
treten in Scharen auf und erreichen bei Kindern normalerweise
ihren Zweck. Es gibt genügend Erwachsene, die Schuldgefühle
nie wie eine lästige Schlangenhaut abstreifen konnten. Lästige
Kindheitserinnerungen, alte Mahnungen steigen in uns auf.
Das klingt dann so: »Papa mag das nicht, wenn du das noch
einmal tust! Du sollst dich was schämen!« Als ob das etwas
helfen würde! »Na ja, gut, ich bin ja nur deine Mutter.«

Die in diesen Sätzen enthaltenen Andeutungen können auch beim Erwachsenen ein schlechtes Gewissen hervorrufen. Das geschieht beispielsweise, wenn wir den Anforderungen des Chefs oder den Erwartungen anderer Menschen, die wir als Elternfiguren aufgebaut haben, nicht nachkommen. Im Grunde können wir eigentlich gar keinen Menschen enttäuschen! Wer sich enttäuscht fühlt, der hat zu hohe Erwartungen in andere gesetzt, er hat sich selbst getäuscht.

Solange wir Rückendeckung in als Elternfiguren aufgebaute Menschen suchen, genauso lange leiden wir unter Schuldgefühlen, wenn unsere Anstrengungen fehlschlagen. In immer wiederkehrenden Selbstanklagen werden sie augenfällig. Diese aktuellen Schuldreaktionen sind das Ergebnis eines Erziehungsprozesses, in dem wir es als Kind gelernt haben, uns von Erwachsenen manipulieren zu lassen. Auch als erwachsener Mensch können wir solchen Manipulationen unterworfen sein. In der zweiten Kategorie finden wir die selbstauferlegten Schuldgefühle. Hier sieht es wesentlich unerfreulicher aus. In dieser Zone fühlt sich der einzelne zwar durch Dinge gelähmt, die noch nicht lange zurückliegen, doch geht es dabei um Dinge, die nicht notwendigerweise mit der Kindheit in Verbindung stehen.

Diese Schuldgefühle legt sich der einzelne selbst auf, wenn er Erwachsenenvorschriften und Moralgesetze verletzt hat. Obwohl die Selbstquälerei an dem Geschehen nichts ändern kann, ist mancher möglicherweise längere Zeit voller Selbstzweifel. Typische Fälle solcher selbstauferlegten Schuldgefühle sind: jemanden abkanzeln und sich hinterher dafür hassen, wegen eines Ladendiebstahls, wegen einer unpassenden Bemerkung oder anderen, ähnlich gelagerten Fällen. Solche Menschen können sich hinterher ausgelaugt und leer fühlen. Danach sind Schuldgefühle entweder Reaktionen auf Normen, mit denen wir uns nach wie vor den Beifall einer nicht anwesenden Autoritätsperson erringen wollen, oder sie sind das Ergebnis des Versuchs, selbstgesetzten Normen zu genügen, von denen wir im Grunde nicht überzeugt sind, die wir aber nach außen hin anerkennen.

Schuldgefühle sind in jedem Fall nicht allein törichte, sondern in erster Linie nutzlose Verhaltensweisen. Auch wenn wir unsere Schlechtigkeit noch so sehr anklagen und uns bis ans Lebensende in Sack und Asche hüllen, können wir vergangenes Verhalten nicht mehr korrigieren. Es ist vorbei!

Unsere Reue ist nichts anderes als der Versuch, die Geschichte nachträglich ändern zu wollen, und der Wunsch, sie wäre nicht so, wie sie ist. Aber am Vergangenen läßt sich nichts mehr korrigieren.

Wir können lediglich unseren Geist auf nützlichere, schönere Dinge lenken.

Wenn wir an Erfolg und Niederlage denken, wenn wir uns anstrengen, das Möglichste zu tun, um im Leben voranzukommen, ärgern wir uns manchmal, wenn dies nicht so klappt. Dann brennen bei dem einen oder anderen die Sicherungen durch. Ärger ist ein zum Leben gehörender Tatbestand. Ohne Ärger kommt keiner durchs Leben. Auf der anderen Seite, wem nützt es schon, wenn wir uns ärgern? Ärgern ist menschlich. Und wenn wir unseren Ärger hinunterschlucken, dann schaden wir in erster Linie uns selbst. Nicht selten ist ein Magengeschwür die Folge. Wenn wir andererseits unseren Ärger auf jemanden abladen, dürfen wir uns nicht wundern, wenn der Betreffende nicht gerade freundschaftliche Gefühle für uns hegt. Hinterher ärgern wir uns, daß wir uns geärgert haben. Ein Teufelskreis? Die Seite an uns, die dazu neigt, uns überhaupt zu ärgern und den Ärger auch noch herauszulassen, ist etwas, was uns gar nicht gefällt — den anderen übrigens auch nicht. Ärger ist nicht ›nur menschlich‹. Wir sind keinesfalls gezwungen, mit ihm zu leben; er dient keinem Zweck, der mit Glücklichsein und menschlicher Erfüllung auch nur das Geringste zu tun hätte. Ärger ist eine seelische Problemzone, eine Art seelische Grippe, die uns aber nicht weniger behindert als eine körperliche Erkrankung.

Ärger ist eine lähmende Reaktion, die erfolgt, sobald eine Erwartung sich nicht erfüllt. Er tritt auf als Zorn, Feindseligkeit, Über-jemanden-Herfallen oder auch als mürrisches Schweigen. Ärger ist mehr als Verdrießlichkeit oder Gereiztheit. Ärger wirkt lähmend. Er entsteht normalerweise aus dem Wunsch, die Welt und die Menschen auf der Welt möchten anders sein, als sie in Wirklichkeit sind.

Ärger ist sowohl eine Entscheidung als auch eine Gewohnheit. Ärger ist eine Reaktion auf Frustration. Wir verhalten uns dann in einer Art und Weise, mit der wir selbst nicht einverstanden sind. Heftiger Ärger ist in der Tat eine Art geistiger Umnachtung: Geistig umnachtet ist, wer sein Verhalten nicht unter Kontrolle hat; wenn wir vor Ärger ›außer uns‹ geraten sind, sind wir also zeitweilig geistig umnachtet. Ärger wirkt schwächend. Er kann im psychosomatischen Bereich zu erhöhtem Blutdruck, Magengeschwüren, Hautausschlägen, Herzklopfen, Schlaflosigkeit, Erschöpfungszuständen und sogar zu Herzbeschwerden führen. In psychologischer Hinsicht zerstört Ärger Liebesbeziehungen, beeinträchtigt die Kommunikation, zieht Schuldgefühle und Depressionen nach sich und wirkt ganz allgemein als Störfaktor.

Vielleicht haben Sie gehört, daß man den Ärger herauslassen soll, um nicht krank zu werden. Das ist auch richtig. Es ist gesünder, seinen Ärger zu zeigen, als ihn zu verdrängen. Aber es gibt noch einen anderen Standpunkt: ihn gar nicht aufkommen zu lassen. Wie viele Gefühle ist auch Ärger eine Folge unseres Denkens. Er fällt nicht aus heiterem Himmel auf uns herab. Es gibt keine Möglichkeit, den Ärger einfach abzustellen. Wir haben uns doch alle immer wieder vorgenommen: »Ich lasse mich nicht mehr ärgern!« — Und trotzdem gelingt es uns nicht. Wir können nur versuchen herauszufinden, was uns ärgert. Dabei hat es wenig Sinn, dem anderen vorzuwerfen: »Du hast mich heute wieder ganz schön geärgert.«

Sicherlich, häufig sind andere beteiligt, aber es nützt uns wenig, diese in ihrem Verhalten ändern zu wollen. Andere Menschen können wir nicht ändern, aber wir können eine ganze Menge Dinge in uns selbst abstellen. Dazu gehört, den ›wunden Punkt‹, der uns weh tut, sorgfältig zu betrachten. Denn da, wo es uns weh tut, da ist unser inneres Kind als weinendes, trauriges Kind beteiligt. Was ärgert uns denn am meisten, wenn wir nicht genügend oder nicht die richtige Aufmerksamkeit von anderen bekamen? Wenn er uns falsch behandelt, wie wir meinen? Wenn er gerade so mit uns umgeht, wie die Eltern mit uns als Kind umgingen? Wenn der Chef mit uns schimpft, dann entsteht die gleiche lähmende Angst wie damals, als der Vater mit uns schimpfte. Wir erwarten also, daß der Chef, der Kollege, der Partner liebevoller mit uns umgehen möchte, als es der Vater tat. Vergleichen Sie die Menschen Ihrer Umgebung in ihrem Verhalten einmal mit Vater und Mutter, mit den Geschwistern. Und dann erinnern Sie sich, daß Sie das immer und immer seit früher Kindheit mit der Angst und dem Ärger erlebt haben. Die Menschen in Ihrem Leben haben gewechselt. Was geblieben ist, ist der Ärger. Wir müssen also an der Basis arbeiten, wollen wir unseren Ärger loswerden. Und dazu gehört, unsere frühkindlichen Gefühle zu analysieren, Frustrationen zu durchleuchten und unsere Erwartungen an andere aufzugeben.

Was ist das Gegenteil von Ärger? Das Gegenteil wäre kein Ärger, also nichts, innere Leere. Womit könnten wir uns ausfüllen, wenn unser Leben erfüllter sein sollte? Mit Lachen und Fröhlichkeit. Fröhlichkeit und Heiterkeit sind der Sonnenschein der Seele. Es ist unmöglich, sich zu ärgern und im selben Augenblick von Herzen zu lachen.

Ärger und Lachen schließen sich gegenseitig aus. Niemand kann tatsächlich mit den wirklich ernsten Dingen des Lebens umgehen, wenn er nicht auch Zugang zum eigenen Humor hätte. Sich für den Humor zu entscheiden, anderen helfen, das Lachen wieder zu lernen, die Ungereimtheiten des Lebens in allen Lebenslagen mit etwas Abstand zu betrachten, auch darin liegt eine vorzügliche Medizin gegen Ärger. Ob wir uns ärgern oder lachen, das hat für die Welt kein Gewicht. Es ist, als ob wir ein Glas Wasser in den Ozean schütten. Aber für uns selbst hat es ein gewaltiges Gewicht, denn wir sind die Betroffenen. Ärger drückt uns nieder, und wir haben schwer zu tragen. Wenn es auch für die Welt nur ein Glas Wasser bedeutet, für uns ist es ein riesengroßer Kanister. Jeder trägt jenen Stein um seinen Hals, der ihn nach unten zieht, ertrinken läßt. Wie leicht trägt sich dagegen ein fröhlicher Blumenstrauß in der Hand.

Wenn wir ein unerfreuliches Erlebnis haben, können wir es akzeptieren, und zwar ohne Klage. Klagen sind sowieso die Steine, die nach unten ziehen. Das Schicksal richtet sich schließlich nicht danach, was wir wollen, sondern was gut für uns ist, und mancher konnte schon erleben, daß hinter einem vermeintlichen Unglück dann doch eine versteckte Segnung stand.

Marc Aurel sagt es wunderschön in seinen Meditationen: »Wir sollten nicht mit den Umständen streiten.«

Nach gewohntem Muster passiert es uns, daß wir eine schlechte Zeit nicht hinnehmen wollen, wir reagieren mit Selbstbedauern, Ausweichen oder mit Auflehnung. Aber, Hand aufs Herz, hat solches Verhalten schon jemandem genutzt? Wenn wir jedoch eine positive, dynamische Haltung einnehmen, können wir erkennen und besser verstehen, was da schicksalsmäßig auf uns zukommt. Wir können aus der Botschaft lernen, was das Schicksal mit uns vorhat, können unsere Vorteile daraus ziehen und, falls wir uns dafür entscheiden, die Dinge so in unser Leben integrieren, daß etwas Positives daraus entsteht. Auf jeden Fall wird es uns möglich sein, die Verantwortung für unsere Wahl zu übernehmen, wie auch immer sie ausfällt; eine Entscheidung in bezug auf unsere Handlungen, Gedanken und Gefühle, anstatt den Umständen die Schuld in die Schuhe zu schieben. Zutreffend sagt ein indianisches Sprichwort:

»Wenn du nicht willst, daß deine Füße durch Dornen verletzt werden, kannst du versuchen, die ganze Erde mit Teppichen auszulegen; aber es ist leichter und billiger, dir ein Paar Schuhe zu kaufen.«

Die Sufis meinen, man könne sich seine Sandalen selbst machen.

Wenn es uns gelingt, die Dinge, die das Leben uns bietet und die wir wohl durch unsere Entscheidung selbst verursacht haben, zu akzeptieren als etwas, woraus wir lernen können. Akzeptieren wir unser Schicksal, besteht die Möglichkeit, uns selbst aus einer schwierigen Situation zu befreien, während andererseits die Auflehnung gegen das Schicksal den Knoten

nur noch fester anzieht. Wenn wir mit unserem Leben umzuge-
hen lernen, werden Schicksalsschläge zu Kreuzworträtseln, die
es zu lösen gilt. Anstatt lediglich zu überleben, indem wir verletzt, erschöpft oder frustriert sind, können wir aus diesen
Erfahrungen mit ein ›paar blauen Beulen‹, aber innerlich
bereichert hervorgehen. Wir können erkennen, daß da ›Gottes
Hammer‹ wieder an uns herumgeschmiedet hat, um aus uns
das zu machen, was wir immer schon sein sollten: dieser einma-
lige, wunderbare Mensch.

Es ist viel hilfreicher, sich einfach selbst wahrzunehmen, wie
wir sind, was alles in uns ist. Statt auf Änderung zu drängen,
um etwas sein zu lassen, wie etwa Ärger, was uns mißfällt, ist es
viel nützlicher, dem, was wir erleben und was in uns lebt, standzuhalten und es tiefer wahrzunehmen. Wir können unser
eigenes Verhalten nicht ändern, sondern werden bei einem
solchen Versuch nur eingreifen, etwas verwirren und entstel-
len. Wenn wir aber mit unserem eigenen Erleben wirklich in
Fühlung kommen wollen, werden wir erfahren, daß die Wandlung sich von selbst vollzieht, ohne daß wir bewußt eingreifen
müssen. Bevor wir nämlich eine innere Selbstentscheidung,
anstatt die vom Kopf kommende Ego-Entscheidung treffen,
müssen wir lernen, uns auf tieferer Ebene wahrzunehmen, wo
wir wirklich hinwollen. Bei voller Wahrnehmung und beim
Anerkennen der Geschehnisse werden wir finden, daß die
Wandlung sich von selbst vollzieht. Bei voller Wahrnehmung
können wir geschehen lassen, was auch geschehen mag, im
Vertrauen darauf, daß es zum Guten ausschlagen wird. – Wir
können lernen, es gehen, leben und fließen zu lassen mit
unserem Erleben und dem, wie es uns geht, anstatt uns selbst
mit Meinungen zu frustrieren, wie wir sein sollten. – Alle
Energie, die im Widerstreit zwischen dem Verlangen nach
Änderung und dem Widerstreit dagegen blockiert ist, kann verfügbar werden für aktives und passives Geschehenlassen in
unserem Leben. Diese Einstellung wird zwar keine Antworten
für die Probleme unseres Lebens sein, wohl aber wird sie uns
Werkzeuge in die Hand geben, mit denen wir unser Leben auf-
decken, unsere Probleme vereinfachen und die Verwirrungen

klären können. So wird uns die Antwort auf die Frage gegeben, was wir tun sollen, um unser Leben in den Griff zu bekommen. Nicht immer sind es die großen Psychotherapien, die uns wirklich helfen, sondern es beginnt mit der Selbstentscheidung, die Dinge zunächst zulassen zu lernen, uns auf tiefer Ebene wahrzunehmen. Lernen wir die feinen Ströme in uns kennen, gelingt es uns, uns wirklich zu spüren, dann können wir sanft eingreifen, um auf neue, kreative Lebensentscheidungen verändernd einzuwirken. Unser Erleben läßt sich in drei Zonen der Wahrnehmung gliedern. Da ist die Wahrnehmung unserer äußeren Welt: alles, was wir gerade sehen, hören, riechen und schmecken oder berühren. In diesem Augenblick spüre ich, wie meine Fingerkuppen die Tasten der Schreibmaschine berühren, ich höre ihr gleichmäßiges Rattern, sehe, wie die Buchstaben sich auf das Papier ›kleben‹. Ich rieche Gurkengeruch, meine Frau raspelt gerade eine Gurke nebenan in der Küche, was auch gleichzeitig meine Geschmacksnerven anregt. Das ist der Augenblick, das ist das Hier und Jetzt. Hinzu kommt die Wahrnehmung der inneren Welt. Das ist das, was wir unter der Haut spüren. Leichte Muskelverspannungen in der Schulterpartie (die Schreibmaschinenverkrampfung), ich spüre die Muskelkontraktionen in den Unterarmen beim Schreiben. Diese beiden ersten Wahrnehmungen umfassen alles, was wir von der gegenwärtigen Realität wissen können. So wie wir sie, jeder auf seine Weise, erleben. Das ist der solide Unterbau unserer Erfahrung, das sind die Tatsachen unserer Existenz im Hier und Jetzt. Gleichgültig welche Gedanken wir über das, was wir leben, hegen, gleichgültig welche Gefühle dabei ins Spiel kommen. Die dritte Art der Wahrnehmung ist von den anderen ganz verschieden: Sie betrifft unsere Wahrnehmung der Bilder von Dingen und Ereignissen, die sich nicht in der gegenwärtigen Realität abspielen.

Zu dieser Wahrnehmung gehört die geistige Aktivität jenseits der Wahrnehmung gegenwärtiger Erlebnisse: erklären, sich vorstellen, interpretieren, vermuten, denken, vergleichen, planen, jede Erinnerung an Vergangenes, neues Vorausschauen in die Zukunft. Es ist auch jene Welt, in der unser Kobold, das

Rumpelstilzchen, das innere Kind, haust. Auf dieser Wahrnehmungsstufe fällt im Selbstbereich die Entscheidung, ob wir ein ›Alpha-Mensch‹ werden oder nicht.

Betrachten wir das, was wir die größte Gabe und den größten Nutzen geistiger Entwicklung nennen können: die Geburt des unabhängigen Denkens. In einer Welt voller Vorurteile und Irrwege, manipulierter und genormter Ansichten, ideologischer Belehrungen und okkulter Überzeugungen wird nichts dringender benötigt als ein unabhängiger, kritischer und klarer Geist. Denken wir nur daran, wie häufig mit täuschenden und trügerischen Techniken unsere Aufmerksamkeit von allen möglichen Leuten gefangengenommen wird. Wenn wir alles glauben wollten, was uns in Vorträgen, in Artikeln, in der Werbung, von der Kanzel, vom Nachbarn, vom Partner gepredigt wird, wir würden nur noch irren und Trugbildern unterliegen. Aber wir können unseren Geist dazu benutzen, den Sachverhalt in uns zu klären.

Wir können über Alpha-Training dazu kommen, Gedanken und Gefühle dazu zu bringen, daß sie nicht mehr Macht über uns ausüben, daß wir weder durch irrationales oder in die Irre geleitetes Denken einen falschen Weg einschlagen. Wir können aber auch lernen, uns nicht mehr von falschen Emotionen ›leben zu lassen‹.

Die Geburt des unabhängigen Denkens wird normalerweise als eine Erfahrung wachsender geistiger Freiheit und Kraft erlebt: Es gibt Menschen, die ganz unerwartet diese Kraft in sich entdecken und voller Heiterkeit die darin liegenden Möglichkeiten erkennen. Sie verstehen plötzlich, daß sie weder so denken noch sich von negativen Gefühlen überwältigen lassen müssen.

Es ist eine schöne Erfahrung, den Geist für einen höheren Zweck einzusetzen. Aber genau an diesem Punkt müssen wir anhalten, um uns daran zu erinnern, daß, wenn der Geist dafür benutzt werden kann, schöpferische und aufbauende persönliche Einsichten zu festigen und Energien im höheren Bewußtsein zu wecken, der gleiche Geist auch für weitaus weniger positive Zwecke verwendet werden kann. Man kann ihn sogar als Instrument für negative und irrationale Ziele einsetzen. Aber das sind längst bekannte Tatsachen.

Ich möchte Ihnen in diesem Buch zeigen, wie Sie durch das Alpha-Training jene Kräfte in sich wecken, die Sie zu einem positiven, erfolgreichen, schöpferischen Leben in Freude und Harmonie führen.

Was ist Alpha-Training?

Die Wärme, die uns mit der Welt vereint, in der wir leben, fließt von unserem Herzen. Das Gefühl der Liebe ist nichts anderes als diese Wärme. Das Ziel des Alpha-Trainings besteht darin, Ihnen bei der Entwicklung einer ganz bestimmten Fähigkeit zu helfen — der Fähigkeit, Liebe zu geben und zu empfangen. Das Training soll das Herz und den Geist erweitern.

Um Alpha-Training betreiben zu können, müssen wir in der Lage sein, unsere Gehirnwellen zu beeinflussen. Das aber können wir nur im Trancezustand.

Man weiß lange, daß die beiden Hemisphären des Gehirns unterschiedliche Funktionen haben. Linke und rechte Hirnhemisphäre sind jeweils Sitz gänzlich entgegengesetzter Fähigkeiten. Die linke Hemisphäre ›beherbergt‹ das analytische, rationale und logische Denken, wogegen intuitive und das Ganze umfassende seelische Vorgänge — also die mehr künstlerischen Fähigkeiten — ihren Ursprung in der rechten Hemisphäre haben. Es ist überflüssig zu sagen, daß beide Teile erforderlich sind, damit ein normales, gesundes menschliches Wesen gegeben ist.

Allerdings gibt es nur wenige Menschen, deren Wesen für ein Gleichgewicht von linker und rechter Hemisphäre spricht. In der Regel dominiert eine der beiden Hälften.

Gelegentlich hört man die Behauptung, das Bewußtsein sei in der linken, rationalen Hälfte des Gehirns lokalisiert und das Unbewußte in der rechten, intuitiven Hälfte. Dies trifft jedoch nicht zu. Die Sphären des Bewußtseins und das Unbewußte sind nicht automatisch auf die rechte oder linke Seite verteilt. Jedenfalls gibt es Menschen mit voll entwickeltem Bewußtsein, die primär intuitiv und künstlerisch ausgerichtet sind, genauso gibt es den umgekehrten Fall. Nur wenige Menschen sind gleichermaßen rational und intuitiv strukturiert. —

In Indien und Tibet wird die linke Körperseite die feminine und die rechte die maskuline Seite genannt. Da die rechte Körperseite von der linken Gehirnhemisphäre, die linke Seite von der rechten gesteuert wird, kann man die linke Hemisphäre maskulin und die rechte feminin nennen. Die nicht dominante rechte Hirnhälfte kann keinen besonders differenzierten Gebrauch von der Sprache machen, aber sie kann emotional reagieren; sie kann fluchen und singen. Sie kann bildhaft träumen, aber sie braucht die dominante linke Hirnhälfte, um sich mittels der Sprache an die Träume zu erinnern. Die rechte kleinere Hemisphäre kann erröten, kichern, angewidert sein und zurückzucken, doch wenn sie von der linken Hauptseite getrennt wird, kann sie nicht genau sagen, warum sie das tut.

Jede Art von Gefühlserlebnis verändert die Hirnwellenamplitüden mehr in der linken als in der rechten Hirnhälfte. Ein Teil unseres Alltagsbewußtseins verschwindet, wenn wir einen Orgasmus haben, und ein Orgasmus — genau wie andere ekstatische Zustände — ist überwiegend eine Funktion der rechten Hirnhälfte. Vorstellungen und Ideen, wie etwa der Glaube an den Teufel, erweisen sich als Produkte des linken Hirns.

Wenn wir von Gehirnwellen sprechen — und auf die kommt es beim Alpha-Training an —, dann handelt es sich um die vier Haupttypen von Gehirnwellenmustern: Beta-, Alpha-, Theta- und Deltarhythmen. Die niedrigsten Frequenzen haben die Deltawellen; sie sind die längsten und langsamsten. Sie liegen etwa zwischen 0,5 und 3 Hertz. Ein Mensch, der eine signifikante Menge Deltarhythmen produziert, schläft im allgemeinen oder ist nicht bei Bewußtsein.

Im nächsthöheren Frequenzzustand von 4 bis 7 Hertz liegen die Thetarhythmen. Sie erscheinen, wenn ein Mensch schläfrig wird. Die Anwesenheit von Thetarhythmen wird oft von hypnagogen Bildern begleitet, wie wir noch sehen werden. Das hypnagoge Bild kommt in Erscheinung, wenn ein Mensch einschläft. Es ist kein tagtraumartiges Erlebnis, sondern eine Produktion von Impulsen aus unbewußten Quellen. Anders als in einem Tagtraum wird der Inhalt nicht bewußt verfolgt, sondern scheint aus dem Nichts aufzutauchen. Im Alpha-Training ›rutschen‹ wir auch in Thetazustände und bekommen über diese hypnagogen Bilder wichtige Informationen aus dem Unbewußten. Alpharhythmen von 8 bis 13 Hertz entsprechen einem wacheren Zustand als die Thetarhythmen. Obwohl die meisten untrainierten Menschen nicht fähig sind, während der Thetaphase ihr volles Bewußtsein aufrechtzuerhalten, bleibt praktisch jeder während der Produktion von Alpha-Wellen bei Bewußtsein.

Im Alpha-Training wird mit leichten bis mittelschweren Trancen gearbeitet. Die leichteren Trancen entsprechen dem Alphawellenmuster, während tiefere Trancen sich schon auf der Thetaebene bewegen.

Im Gegensatz dazu sind Betarhythmen im Frequenzbereich zwischen 14–30 Hertz gewöhnlich mit aktiver Aufmerksamkeit verbunden, die auf die Außenwelt, aber auch auf Denkprozesse gerichtet sein kann.

Wir schaffen also, um Alpha-Training üben zu können, einen veränderten Zustand der Gehirnwellenmuster über Alpha-Wellen bis hin zu Thetawellen über eine Tranceinduktion.

Hypnotiseure haben lange Zeit gemeint, es sei wichtig, daß jemand ›tief‹ in Trance ist, um eine verändernde Wirkung auf das Unbewußte zu haben. Man glaubte daran erkennen zu können, was man mit dem Patienten machen kann und was nicht. ›Tiefe‹ ist kein brauchbarer Begriff, wenn wir über Trancezustände reden wollen. Es gibt veränderte Bewußtseinszustände, in denen einige Veränderungen möglich sind und andere nicht. Aber um Bilderlebnisse zu haben, und die sind im Alpha-Training wichtig, ist das nicht notwendig. Auch ohne Tranceinduktion können wir, wenn wir die Augen schließen, Bilder sehen und Informationen aus dem Unbewußten bekommen. Warum wir trotzdem mit Trance arbeiten, hat zwei Gründe. Erstens gelingt es uns, während einer Trance Geist und Körper ruhigzustellen, um so die ›Tür zum Unbewußten‹

zu öffnen, und zweitens liegt uns daran, daß wir über den Trancezustand die Chakren, die inneren Energiekörper öffnen und zum Fließen bringen, wie wir noch sehen werden. Wenn wir in diesem Zusammenhang von Trancen sprechen, dann erweckt das vielleicht den Eindruck, wir würden mit Hypnose arbeiten. Das ist völlig falsch. Um eine Hypnose erst wirksam werden zu lassen, müssen wir Suggestionen setzen. Dieses jedoch geschieht im Alpha-Training nicht. Im Gegenteil: Wir lassen im Trancezustand das Unbewußte zu uns sprechen. Wir geben also nicht etwas hinein, sondern öffnen uns, damit wir Informationen aus unserem Innern bekommen.

Es gibt noch einen weiteren Grund: Im Trancezustand lassen sich leichter — so erwünscht — Persönlichkeitsveränderungen durchführen. Die Tatsache, daß wir nicht die Entscheidungsfreiheit haben, die wir uns wünschen, ist eine Funktion unseres derzeitigen Bewußtseins. Der normale Wachzustand ist das, was wir an Fähigkeiten und Grenzen haben. Wenn wir im Wachzustand erleben, daß wir nur begrenzte Möglichkeiten haben, und versuchen, an diesen Einschränkungen im normalen Wachzustand etwas zu ändern, haben wir eine Situation des ›Wollens‹ und ›Nicht-Könnens‹. Diese Begrenztheit behindert uns, sobald wir nur versuchen wollen, uns mit unseren Grenzsituationen auseinanderzusetzen. Wenn wir uns aber in einen veränderten Bewußtseinszustand versetzen, spüren wir die Grenzen des Normalzustandes nicht mehr so. Auch jetzt wird es zunächst, zumindest von der Trance her, Grenzen geben, aber auch die lassen sich nach einiger Übung, später, überschreiten. Wenn wir zwischen verschiedenen Bewußtseinszuständen pendeln, können wir unsere Persönlichkeit tiefgreifend verändern, so daß wir mit der Zeit zu einem Menschen heranreifen können, von dem wir vorher glaubten, diese oder jene Fähigkeiten würden in ihm überhaupt nicht existieren.

Wer längere Zeit mit dem Alpha-Training gearbeitet hat, wird feststellen, daß er niemals mehr so sein kann, wie er vorher war. Das Training hat ihn verändert, er läßt sich nicht mehr von seinem inneren Kind her dirigieren, sondern lebt aus dem Zentrum seines Seins. Alpha-Training ist eine Möglichkeit,

Veränderungen herbeizuführen. Aber nicht jene Veränderungen, zu denen wir eine ›Ego-Entscheidung‹ gefällt haben, jene Entscheidungen, die also nur vom Kopf her gesteuert waren, sondern die Veränderungen geschehen über Selbstentscheidungen, die aus dem Kern unserer Seele kommen. In Trance stellt sich eine Verflachung der Gesichtszüge ein, die den Zustand der Entspannung anzeigt. Sie werden weicher, und das Gesicht wird viel symmetrischer als im Wachzustand. Nach meiner Erfahrung intensiviert sich zu Beginn der Trance die Asymmetrie des Gesichts, und wenn sich dann wieder eine Symmetrie der Gesichtszüge einstellt, wissen wir, daß die Trance ziemlich tief ist; es handelt sich um eine Symmetrie, die viel ausgeglichener wirkt als die des normalen Wachzustandes. Wenn jemand aus der Trance zurückkommt, kann man an seinem Gesicht feststellen, wie weit er gerade ist. Darüber hinaus sind alle unbewußten Bewegungen oder leichtes Erschauern Anzeichen dafür, daß sich ein Trancezustand entwickelt. Auch die Atmung verändert sich. Im Wachbewußtsein unterscheiden sich die Menschen erheblich dadurch, wie sie atmen, und wenn sie ihr Bewußtsein verändern, ändert sich gleichzeitig die für jeden charakteristische Atmung. Wenn ich einen visuell orientierten Klienten habe — und das sind die meisten —, der im normalen Bewußtsein flach und nur oben im Brustkorb atmet, wird er in Trance zu einem viel tieferen Atmen aus dem Bauch heraus übergehen. Wenn ich es mit einem sehr kinästhetisch orientierten Menschen zu tun habe, der normalerweise langsam vom Bauch her atmet, wird er eine andere Atmungsweise annehmen. Atmungsgewohnheiten sind an bestimmte Sinnesmodalitäten geknüpft, und diese werden verändert, wenn jemand den Bewußtseinszustand ändert. Auch die Augenbewegungen werden durch die Trance beeinflußt. Es gibt zwei Arten der Augenbewegungen: Die eine ist das Lidflattern, die andere die Bewegung des Augapfels hinter dem geschlossenen Lid. Letztere sind die ›rapid eye movements‹, ein Anzeichen, daß der Betreffende gerade Bilder sieht.

Das alles sind Anzeichen für eine beginnende Trance. Was geschieht noch beim Alpha-Training?

So wie wir nachts träumen, tauchen im Entspannungszustand innere Bilder auf. Der Trainierende wird angeleitet, in bestimmte Situationen, bestimmte Bilder hineinzugehen. Diesen Gedanken hat Dante bereits im ›Inferno‹ und im ›Paradiso‹ seiner ›Göttlichen Komödie‹ in dichterischer Vision gestaltet. Schon die Psychokatharsis von Ludwig Frank und die alte Hypnoseforschung von Boris Sidis, Oskar Vogt und anderen haben auf die grundlegende Bedeutung solcher Bilderlebnisse hingewiesen. Im Alpha-Zustand aber treten diese Bilder wesentlich schneller und zuverlässiger, lebendiger und fruchtbarer auf. Solche inneren Bilderlebnisse ergänzen und verkürzen eine Entstressungssituation wesentlich. –

Als vor zwei Jahrtausenden die Goten die sturmbewegte Weite und die unergründliche Tiefe des menschlichen Herzens kennzeichnen wollten, wählten sie zum Vergleich die ›Wallende See‹, die ›sai vala‹, die dem deutschen Wort Seele wie dem englischen soul den Namen gegeben hat. »Seele der Menschen, wie gleichst du dem Wasser«, sagte aus dieser Erkenntnis heraus auch schon Goethe. In der Traumpsychologie steht der Traum vom Wasser auch gleichbedeutend mit dem Begriff Seele. Das Training erreicht die Bilderwelt in jenen tiefen Schichten, in der die Märchenwelt und die Begriffe einer kindhaft archaischen Zauberwelt herrschen. Alle Bilder lassen sich in Trance erreichen.

Es ist allgemein bekannt, daß unser Körper mit Regulationsmechanismen und Systemen ausgestattet ist, die automatisch arbeiten – das Atmungssystem, der Blutkreislauf und andere. Es ist bekannt, daß solche Systeme durch Gedanken und Ereignisse beeinflußt werden können. Wenn wir erschrecken, halten wir den Atem an, wenn wir daran denken, wie jemand eine Zitrone ausquetscht, zieht sich der Mund zusammen.

Forschungen haben gezeigt, daß es auch möglich ist, solche autonomen Vorgänge willentlich zu beeinflussen, indem wir unsere Aufmerksamkeit darauf konzentrieren. Bei dem Versuch, auf diese Weise eine physiologische Veränderung herbeizuführen, ist es wichtig zu erkennen, daß sie nicht mit Zwang oder aktivem Willen erreicht wird, sondern dadurch, daß wir uns die beabsichtigte Veränderung in einem entspannten Zustand vorstellen. Die Entspannung ist wichtig, weil es in diesem Zustand am leichtesten ist, die losgelöste und doch erwartungsvolle Haltung einzunehmen, die für das Eintreten der gewünschten Veränderung nützlich ist.

Diese Veränderungen ergeben sich im Wesentlichen aus dem psycho-physiologischen Prinzip, das da lautet: Jede Veränderung des physiologischen Zustandes wird begleitet von einer entsprechend bewußten oder unbewußten Veränderung des geistig-emotionalen Zustands, bewußt oder unbewußt begleitet von einer entsprechenden Veränderung des physiologischen Zustandes. Dieses Prinzip erlaubt, daß sich ein natürlicher Vorgang – die psychosomatische Selbstregulierung – entfaltet. Die Möglichkeit, das ›Bewußtsein zu erweitern‹, besteht nicht in einer Transzendierung der Welt, sondern im Hinabsteigen in das Unbewußte. Unterhalb der Ebene des Bewußtseins sind ganze Welten tätig; ein Wirrwarr von Vorstellungen, Impulsen und körperlichen Empfindungen treten dort in Interaktion und tauschen Informationen aus.

Es wirft sich die Frage auf, warum wir uns auf das Abenteuer, in die ›Seele hinabzusteigen‹, einlassen sollten. Dazu fällt mir ein tibetanisches Kindermärchen ein, die Geschichte eines hungrigen Bärens, der mit Vorliebe Jagd auf Murmeltiere machte, die im unterirdischen Winterschlaf lagen. Der Bär scharrte den Boden auf, bis er das Murmeltier gefunden hatte. Dann versetzte er ihm einen tüchtigen Klaps, der es bewußtlos machte. In dem Gedanken, es erledigt zu haben, legte er es für den späteren Verzehr beiseite. Das Murmeltier erwachte jedoch aus seiner Ohnmacht und lief davon. Der Bär bemerkte dies jedoch nicht, grub ein weiteres Murmeltier aus, versetzte auch diesem einen Schlag und legte es ebenfalls beiseite. Aber dem Bär reichte dies nicht. Er schnüffelte herum, bis er ein drittes Murmeltier gefunden hatte. In der Zwischenzeit war das zweite Tier ebenfalls aus seiner Ohnmacht erwacht und hatte sich schleunigst aus dem Staub gemacht. Und so ging es immer weiter. Der Bär verlor seine ganze Beute bis auf ein Murmeltier, das er gerade in den Pratzen hielt.

Ergeht es uns eigentlich sehr viel anders als diesem Bären? Wir sind stets bemüht, unsere Selbstbilder aufzufrischen, ohne jemals recht zufrieden zu sein mit dem, was wir haben. Da wir unsere Energien daran verschwenden, bestimmte Erwartungen zu erfüllen, fehlt sie uns als tragende Stütze unseres Daseins. Wir haben keine Fühlung mehr mit unserem eigentlichen Wesen. Trotz aller Anstrengungen haben wir nicht viel mehr vorzuweisen als Erinnerungen und Zukunftsträume.

Aber sind diese Selbstbilder wirklich die alleinige Ursache für unsere Unzufriedenheit? Gibt es nicht auch ein paar echte Probleme, die für unsere Unzufriedenheit zumindest mitverantwortlich sind? Zum Beispiel wenn wir kein schönes Haus, keine gute Stellung oder nicht genug Geld haben?

Vielleicht werden wir auch von den anderen nicht genug geliebt, oder wir sind nicht attraktiv genug? Es ist sehr verführerisch, solchen äußerlichen Ursachen unsere Schwierigkeiten anzulasten. Schauen wir aber genauer hin, müssen wir einsehen, daß unser Unglück einzig und allein darauf beruht, daß wir den Selbstbildern erlauben, unser Leben zu bestimmen. Hinter den Selbstbildern stehen aber immer die inneren Kinder, die wir in uns tragen. Sobald wir das begriffen haben, können wir unsere Probleme auch leichter lösen.

Wie können wir nun die Verwirklichung in die eigenen starren Selbstvorstellungen abbauen und lernen, flexibler, offener für die unmittelbare Erfahrung zu werden? Zuerst müssen wir diese Selbstbilder als Projektionen des Unbewußten erkennen und sehen, was sie wirklich sind: Bilder, die der Geist schafft und die keinen Wirklichkeitsgehalt haben. Warum ihnen dann überhaupt hörig werden? Natürlich mag es anfänglich schwer sein, den Gedanken und Emotionen, die uns so sehr zur Gewohnheit geworden sind, daß wir sie nicht klar und objektiv beurteilen können, nicht mehr zu gehorchen. Es ist wie mit einem guten Freund, dessen Ratschläge wir viele Jahre lang befolgt haben. Aus heiterem Himmel erfahren wir nun, er hat uns die ganze Zeit belogen. Um Gewißheit zu erlangen, müssen wir die Worte des Freundes überprüfen und uns unsere eigene Meinung bilden.

Mit unseren Selbstbildern verhält es sich nicht anders. Wir müssen sie aufs sorgfältigste überprüfen. Dann können wir auch ihren wirklichen Wert erkennen lernen.

Im Alpha-Training können wir unsere Selbstbilder ins Auge fassen, sie sogar verstärken, die Emotionen aufheizen lassen, damit sie sich auftürmen und mächtig und gewaltig werden. Sie werden so plastisch und lebensvoll, daß wir sie fast berühren können. Wir fühlen sie unmittelbar und direkt. Auf der Welle dieser schäumenden Energie reitend, entfachen wir unsere Bewußtheit, so daß wir zu einer gewissen Distanz des Bildergeschehens kommen. Wir treten sozusagen einen Schritt zurück, betrachten die Situation und erleben voller Erstaunen, wie das Bild zerfällt, sobald wir nur den Mut haben, ihm standzuhalten und ihm nicht auszuweichen. Der wesentliche Punkt hierbei ist, daß sich nicht nur das Bild verändert — was an und für sich fast unbedeutend wäre —, sondern daß die Veränderung des Bildes dazu führt, die Dinge in einer neuen Art und Weise zu sehen und neue Gefühle einfließen zu lassen. Diese Veränderung kann einen sehr konkreten Einfluß auf unser Verhalten haben.

Natürlich dürfen wir nicht erwarten, daß all das ganz von allein und sofort passiert, auch wenn es durchaus der Fall sein kann. Wenn wir wollen, daß diese Veränderung in uns Wurzeln schlägt, empfiehlt es sich, das positive Bild wiederholt zuzulassen.

Alle Bilder, die erscheinen, kommen aus unserer Psyche und sind somit unser eigenes Produkt. Um sie besser kennenzulernen und sie besser zu besitzen, ist es gut, wenn wir uns mit ihnen identifizieren.

Es gibt eine ganze Reihe von geistigen Entwicklungsmöglichkeiten. Aber um sie zu beschreiben, müssen wir das Alpha-Training noch von einer anderen Seite her betrachten: Kontrolle, Fokussieren — also an den Brennpunkt des Geschehens gehen — und Konzentration. Alpha-Training ist ein Prozeß, der unsere geistigen Fähigkeiten vertieft bis zu dem Punkt, da uns neue Kräfte und neue geistige Zustände zugänglich werden. Beginnen wir mit der Steigerung des Fokussierens.

Alpha-Training formt ein begrenztes, qualifiziertes Umfeld in unserem Geist. In einem solchen Umfeld haben einige Dinge Zutritt, andere nicht. Ein Haus ist so ein qualifiziertes Umfeld, weil nur wenige Zutritt haben. Eine menschliche Zelle ist auch so ein qualifiziertes Umfeld, weil sie durch ihre Membrane alles Nützliche einläßt und alles ausschließt, das nutzlos oder schädlich sein kann. —

Ein verkehrsreicher Platz in einer Stadt ist keine eingegrenzte, qualifizierte Umgebung, weil jedermann zu jeder Zeit über einen solchen Platz gehen oder fahren kann. Am häufigsten können wir unseren Geist mit einem solchen Platz in einer großen Stadt vergleichen: Er enthält alle möglichen Gedanken, Ideen, Bilder, Sorgen, Erinnerungen und Erwartungen in konfusem Wirbel. Indem wir nur Gedanken zulassen, die ein einziges Thema betreffen, schaffen wir ein qualifiziertes, eingegrenztes Umfeld.

Während das Feld unsere Aufmerksamkeit in unserem Geist begrenzt und definiert wird, vertieft sich das Verständnis für das Thema. Zuerst wird der analytische Geist ins Spiel gebracht. Wir neigen dazu, die verschiedenen Einzelaspekte des Themas zu sehen. Dann steigen dazu passende Erinnerungen auf. Verschiedene zusammenhängende Ideen schieben sich in unsere Aufmerksamkeit, weil wir zulassen, daß diese Einsichten erhellt werden, die normalerweise unter dem Andrang der täglichen Gedanken und des Beschäftigtseins versinken. Allmählich, während die Fähigkeit des Fokussierens stärker wird — möglicherweise erst nach längerem Üben —, erkennen wir, daß die Unberechenbarkeit in den oberflächlichen Lagen unseres Geistes zurückgelassen wird. Der Geist gibt sich mehr mit dem Essentiellen ab und weniger mit dem Zufälligen und Beiläufigen. Wir sehen die tiefere und größere Bedeutung des Themas, und schließlich verwandelt sich das aktive Denken in stilles Verweilen beim wahren Kern des Themas, dem unsere Aufmerksamkeit gilt.

Mir geht es darum, den Menschen Erfahrungen zu vermitteln, die ihnen klarmachen, daß jeder in der Lage ist, sich selbst nach seinen Vorstellungen zu verändern. Sei es, daß Sie Ihre

Schmerzen unter Kontrolle halten, Ihre Schlafgewohnheiten ändern oder tiefgreifende Persönlichkeitsveränderungen anstreben wollen: Ich möchte Ihnen helfen, diese Ziele zu erreichen. Alpha-Training ist in der Tat dafür ein sehr wirksames Instrument.

Oft werde ich gefragt, wann man Alpha-Training einsetzen kann. Die Frage ist aber nicht, was kann man mit Alpha-Training machen, sondern wie kann man Alpha-Training nutzen bei allem, was man tut. Alpha-Training ist so etwas wie ein Werkzeugkasten. Wenn wir einen Satz Schraubenschlüssel haben, heißt das noch lange nicht, daß wir ein Auto reparieren können. Wir müssen wissen, wie man mit dem Schraubenschlüssel umgeht. Und da liegt das häufigste Mißverständnis in bezug auf das Alpha-Training. Es wird als Gegenstand betrachtet. Das ist es aber nicht, sondern es bietet ein Bündel von Möglichkeiten, die man benützen kann, um jemanden in einen veränderten Bewußtseinszustand zu versetzen und dann auf der unbewußten Ebene arbeiten zu können.

Alpha-Training wirkt beim passiven Geschehenlassen. Ich habe immer wieder die Erfahrung machen können, daß angespanntes Wollen dem Bilderfluß entgegenwirkt. Dieses passive Verhalten ist für manche Kursteilnehmer nicht einfach. Ihr ganzes Leben lang haben sie die Dinge vom Verstand her kontrolliert und müssen nun lernen, sich passiv zu verhalten und nicht nur die Dinge, sondern auch die Bilder auf sich zukommen lassen. Dabei sind es ja innere Ängste, die eine Kontrollfunktion des Bewußtseins haben errichten lassen. Der aktive Wille bewirkt häufig das Gegenteil von dem, was wir erreichen möchten. Wenn Patienten in einer Biofeedback-Therapie beispielsweise versuchen, ihre Hände zu erwärmen, werden die Hände fast immer kühler. Wenn sie ihr Wollen dann aufgeben, werden die Hände in der Regel bald wärmer. Ein anderes Beispiel für aktives und passives Wollen ist das Einschlafen. Wer sich zum Einschlafen zwingen will, der wird immer wacher, bis er schließlich erschöpft, aber hellwach ist. Mit Hilfe des passiven Willens fühlen wir aber sehr schnell, wie wir immer müder werden und die unruhigen Gedanken immer mehr zurücktreten. Mancher meint, er könne über ›Schäfchenzählen‹ zum Einschlafen kommen. Wenn er dann bei tausend angekommen ist, beginnt er, die Schafe zu scheren, danach macht er sich Gedanken über den Preis der Wolle, den er erzielen wird oder ob er die Wolle überhaupt verkaufen wird. Was er gemacht hat, ist sich zu konzentrieren, den Geist aktiv und wach zu machen, indem er intellektuelle Arbeit leistet. Wenn wir das mit dem passiven Willen machen, dann könnten wir uns zum Beispiel vorstellen, am einsamen Strand zu liegen und dem Rauschen der Wellen zuzuhören. Selbstverständlich ohne die Wellen zu zählen. Oder sich vorstellen, am Rande eines Kornfeldes zu liegen und dem Wind zu lauschen, der über die Ähren streicht, oder unter einer Eiche zu liegen und dem Rascheln der Blätter zuzuhören.

Die Paradoxie des passiven Willens muß man erlebt haben, um sie zu verstehen. Wenn man sie jedoch erlebt, scheint die Harmonie nach außen zu streben. Was wir also im Alpha-Training machen, ist den Menschen von einer erwartungsvollen Haltung abzubringen. Wenn wir ihm zuviel versprechen, versetzt er sich in eine angespannte Erwartungshaltung und wir haben Mühe, ihn wieder davon zu befreien.

Wenn Sie ein Alpha-Mensch werden wollen, wenn Sie die Verantwortung für sich übernehmen, werden Sie eine Menge Ihrer Lieblingsbösewichter aufgeben müssen: Eltern, unfähige Psychotherapeuten, Leute, die Sie heruntermachen oder einengen. Was diese Ihnen angetan haben, ist unbedeutend. Für Sie sind diese Leute nichts anderes als äußere Realitäten. Für Sie ist wichtig, was Sie sich selbst antun. Ein gebrochenes Bein und ein psychisches Problem sind sich in dieser Hinsicht gar nicht so unähnlich. Es ist zweitrangig, wie es dazu kam. Die Ursache liegt schon in der Vergangenheit. Der Gegenwart ist es gegeben, den Heilungsprozeß in Gang zu setzen. Sie müssen den vielen Tricks mutig ins Auge sehen, deren Zweck darin liegt, Sie von Ihrer Verantwortung für sich selbst loszusprechen. Man sagt leicht: »Ich kann nicht«, wenn man meint: »Ich will nicht!«

»Ich möchte schon, aber ich kann nicht«, lautet vielleicht übersetzt: »Ich möchte schon, aber ich will nicht.« — was ein

Licht auf Ihre Probleme werfen kann. Ein Klient entschuldigte sich immer mit: »Daran ist meine Neurose schuld!« Ich ließ ihn sagen: »Es ist mein Persönlichkeitsdefekt.« Immer wieder mußte er es wiederholen. Zuerst weinte er, dann begriff er, daß das viel unschöner klang, als »meine Neurose«. Allmählich kapierte er, daß er sich selbst im Wege stand.

Wir können unser Gehirn nicht umgehen und trotzdem irgendwelche Gefühle in unserem Körper empfinden. Der Intellekt überlagert die Gefühle, sagt man. Jedem unserer Gefühle ist ein Gedanke vorausgegangen, ohne unser Gehirn können wir nicht fühlen. Wenn wir aber unsere Gedanken steuern und unsere Gefühle wiederum aus den Gedanken resultieren, dann können wir auch unsere Gefühle steuern, indem wir nämlich unsere Gedanken beeinflussen, die ihnen vorausgehen. Viele Zeitgenossen meinen, manche Dinge oder Menschen würden sie unglücklich machen; das stimmt aber nicht, wenn Sie sich an die äußere und innere Realität erinnern. Diese Zeitgenossen machen sich selbst unglücklich durch das, was sie über diese Dinge und Menschen denken! Ein freier und gesunder Mensch zu werden, das heißt lernen, anders zu denken. Wenn wir erst unsere Gedanken ändern können, werden bald neue Gefühle zum Vorschein kommen und damit haben wir schon den ersten Schritt in Richtung persönliche Freiheit getan. Für die Depressiven und Melancholischen, Traurigen unter uns heißt das: Nicht was andere denken, nur was wir selbst denken, drückt uns nieder. Darum müssen wir lernen, unsere Gedanken in die richtige Richtung zu bringen. Das können wir mit dem Alpha-Training erreichen. Anfangs mag das noch schwierig erscheinen. Aber denken Sie an Ihre ersten Fahrversuche mit dem Auto. Sie standen damals vor einem schier unlösbaren Problem: drei Pedale, aber nur zwei Füße, um sie zu bedienen. Als erstes wurde Ihnen klar, was für eine komplizierte Sache das war. Die Kupplung langsam kommen lassen… Verflixt, zu schnell, mörderisch dieses Rucken und das Krachen im Getriebe. Ganz langsam loslassen. Den rechten Fuß auf der Bremse, aber um Gottes Willen die Kupplung nicht vergessen, sonst wird der Motor wieder abgewürgt. Eine Unzahl innerer

Signale: unablässig bei der Sache sein, mit dem Gehirn arbeiten. Was mache ich jetzt? Sich der Sache bewußt sein und schließlich, nach vielen Versuchen, Fehlern, neuen Anläufen kommt der Tag, an dem Sie sich in Ihren Wagen setzen und einfach losfahren. Kein Motorabwürgen, kein ruckhaftes Anfahren, kein Überlegen mehr. Das Autofahren ist Ihnen in Fleisch und Blut übergegangen. Und wie haben Sie das erreicht? Mit sehr viel Mühe, mit sehr viel am gegebenen Augenblick orientierten Denken, mit Überlegung und Anstrengung. Genauso ist das mit dem Alpha-Training. Sie müssen sehr viel lernen, überlegen, sortieren, einordnen. Vieles scheint Ihnen wie böhmische Dörfer. Aber auch hier führen Geduld und Ausdauer zum Ziel. Wenn Sie die Übungen ernst nehmen, kommen Sie eines Tages auch sicher zum Ziel, dann werden Sie Ihren Wagen, Ihr Ich beherrschen. Dann sind Sie ein Alpha-Mensch.

Wenn Sie jetzt immer noch glauben, daß es nicht Ihr eigener Entschluß ist, unglücklich zu sein, dann stellen Sie sich einmal folgende Entwicklung vor: Jedesmal, wenn Sie sich unglücklich fühlen, werden Sie einer Behandlung unterzogen, die Ihnen unangenehm ist. Sei es, daß Sie über lange Zeiträume hinweg irgendwo allein eingesperrt sind, sei es, daß Sie in einen vollbesetzten Aufzug gequetscht werden, in dem Sie dann tagelang stehen müssen. Vielleicht wird Ihnen auch die Nahrung entzogen, oder Sie müssen etwas essen, was Ihnen aus tiefster Seele zuwider ist. Oder Sie werden gefoltert, körperlich gefoltert, nicht seelisch, wie Sie es ständig selbst tun. Stellen Sie sich vor, eine dieser Strafen wird Ihnen solange auferlegt, bis Sie Ihre Gefühle des Unglücklichseins ablegen. Was glauben Sie, wie lange Sie daran noch festhalten würden? Es ist anzunehmen, daß Sie die Kontrolle über die Situation sehr schnell in den Griff bekommen. Die Frage ist also nicht, ob Sie Ihre Gefühle beherrschen können, sondern ob Sie es auch tatsächlich tun. Wieviel müssen Sie ertragen, bis Sie es tatsächlich dazu bringen?

Sie haben die Wahl, jedes Erlebnis erfreulich und fruchtbar zu gestalten! Stumpfsinnige und langweilige Parties und

Komiteesitzungen sind sehr gut geeignet, neue Gefühle anzusteuern. Wenn Sie sich langweilen, können Sie Ihren Geist in aufregender Weise arbeiten lassen, indem Sie dem Gesprächsthema durch eine gezielte Bemerkung eine entscheidende Wende geben, das Anfangskapitel Ihres Romans schreiben oder Pläne entwerfen, in Zukunft solche Lebenslagen zu vermeiden. Aktiv von Ihrem Verstand Gebrauch zu machen heißt, die Menschen und Situationen, die Ihnen die meisten Schwierigkeiten bereiten, in Gedanken abzuschätzen und ständig Anstrengungen zu unternehmen, befriedigend mit ihnen zurechtzukommen. Wenn Sie zu den Leuten gehören, die sich ständig im Restaurant über nachlässige und schlampige Bedienung aufregen, dann überlegen Sie sich doch erst einmal die Gründe, die dafür sprechen, sich nicht über irgendwelche Personen oder Dinge zu ärgern, die nicht Ihren Wünschen entsprechen. Sie sind zu wertvoll, um sich über jemand anderen zu ärgern, vor allem nicht über jemand, der in Ihrem Leben praktisch keine Rolle spielt. Überlegen Sie sich dann Ihr weiteres Vorgehen, um die Umgebung zu verändern. Verlassen Sie das Lokal, oder tun Sie sonst etwas. Aber lassen Sie es bloß nicht beim einfachen Ärger bewenden! Machen Sie Gebrauch von Ihrer Fähigkeit, die Situation in der Hand zu behalten, und Sie verfügen am Ende über das Talent, sich nicht mehr aus der Ruhe bringen zu lassen, wenn etwas schiefgeht.

Machen Sie einmal mit mir die Checkliste Ihrer Persönlichkeit. Wenn Sie diese Checkliste in allen Punkten positiv abhaken können, dann schenken Sie dieses Buch einem Menschen, der es nötiger hat als Sie. Aber nur dann.

Gerechtigkeit

Wer danach trachtet, seiner Überzeugung gemäß zu entscheiden und sich dabei bescheiden in die gegebenen Möglichkeiten einordnet, der ist ernsthaft. Anderen gegenüber verhält er sich gerecht. Ich möchte Ihnen gerne am Beispiel der Gerechtigkeit Schritt für Schritt zeigen, wie wir zur philosophisch-wissenschaftlichen Bestimmung der ethischen Grundnorm ›Gerechtigkeit‹ kommen.

Die Selbstachtung entsteht durch die ›ehrliche Überzeugung‹. Wer sich zugleich selbst bescheidet, sich also an das hält, was wirklich und tatsächlich ist, und sich in die gegebenen Möglichkeiten einordnet, der ist ehrlich und bescheiden, also ernsthaft. Dieses Selbstwertgefühl brauchen wir nur in eine Handlung umzumünzen, dann entspricht sie der Gerechtigkeit. Wenn Sie so handeln, daß der Grundsatz Ihres Handelns jederzeit als allgemeingültiges Gesetz gelten könnte, wird das Selbstgefühl ›Ernsthaftigkeit‹ zu einer ethischen Grundnorm: zur Gerechtigkeit, zum sachgerechten, realitätsbezogenen Verhalten, zur Fairness.

Also: Ich-Norm: ernst − Sozial-Norm: Gerechtigkeit.

Aufgeschlossenheit

Wer sich frei und unabhängig fühlt und zugleich Vertrauen in seine Kraft und Fähigkeiten hat, der ist heiter. Er ist anderen gegenüber, also in seiner sozialen Einstellung, aufgeschlossen und nimmt an ihren Anliegen teil. Die beiden Selbstgefühle: Selbstentfaltung und Selbstvertrauen ergeben somit die soziale Haltung und ethische Grundnorm: Aufgeschlossenheit und Teilnahme.

Diese Einstellung ist keine Selbstverständlichkeit. Der Ehemuffel, der seine Zeitung als Paravent benützt, oder der Vorgesetzte, der nur Ideen gut findet, die ihm seit Kindheit vertraut sind oder von ihm selbst stammen, versündigt sich gegen das 11. Gebot: Du sollst nicht verschlossen sein.

Also: Ich-Norm: heiter − Sozial-Norm: aufgeschlossene Teilnahme.

Verantwortung

Wer aus ehrlicher Überzeugung Entscheidungen trifft, also echtes und festes Selbstwertgefühl hat, und zugleich Vertrauen in seine Kraft und Fähigkeit besitzt, der ist selbstsicher. Der Selbstsichere weicht nicht aus. Er ist auch nicht schwach und nachgiebig. Er ist bereit, Verantwortung zu übernehmen und aus Überzeugung und Vertrauen in seine Kraft Hilfe zu leisten, wo er es für richtig hält.

Wer sein Gefühl der Selbstsicherheit in ein soziales Verhalten umsetzt, der ist hilfsbereit und verantwortungsbewußt. Diese ethische Grundnorm nennen wir: hilfsbereite Verantwortung.

Also: Ich-Norm: selbstsicher − Sozial-Norm: hilfsbereite Verantwortung.

Toleranz

Wer sich aus Bescheidenheit einordnet und sich zugleich frei und unabhängig fühlt, gehört zu den glücklichen Menschen, die sich keine unnötigen Sorgen machen und sich unbelastet fühlen. Bei einem unbelasteten Selbstgefühl verhält man sich anderen Menschen gegenüber tolerant. Ein toleranter Mensch ist zur Zusammenarbeit bereit. Er ist kooperativ (darum heißt unser Institut auch Institut für kooperative Psychologie), denn er ist frei von autoritären Machtansprüchen. Er ist auch bereit, Rücksicht zu nehmen, verantwortbare Kompromisse zu schließen und weiß, daß mit den berechtigten Interessen anderer eine Übereinkunft angestrebt werden soll.

Also: Ich-Norm: unbelastet − Sozial-Norm: Toleranz.

Aufrichtigkeit

Aufrichtigkeit setzt voraus, daß sich einer selbständig fühlt. Wer unter Druck einer Abhängigkeit steht wie beispielsweise ein Kind, das Verständnislosigkeit und Strafe befürchten muß, wird kaum aufrichtig sein.

Die Selbständigkeit ist eine Verbindung aus den beiden Selbstgefühlen Unabhängigkeit und ehrlicher Überzeugung.

Wer diese Selbstgefühle hat, wer sich ohne materielle, sexuelle oder ideologische Abhängigkeit selbständig fühlt, der kann in seinem sozialen Verhalten aufrichtig und ehrlich sein. Nur solche Menschen sind glaubwürdig.

Also: Ich-Norm: selbständig — Sozial-Norm: Aufrichtigkeit.

Wohl-Wollen

Das Wohl eines anderen wollen, ist ein Zeichen von Güte oder echter Liebe. Gütige Liebe und Wohlwollen setzen einen inneren Zustand von Zufriedenheit voraus. Zufriedenheit ist eine Verbindung von zwei Selbstgefühlen. Einerseits die Selbstbescheidung, also die Bereitschaft, sich in die gegebenen Möglichkeiten einzuordnen, und andererseits das Selbstvertrauen. Denn wirklich zufrieden kann nur jemand sein, der Vertrauen in seine Kraft und seine Fähigkeiten hat. An dieser letzten ethischen Grundnorm, dem gütigen Wohl-Wollen, möchte ich Ihnen noch einmal zeigen, wie aus dem Selbstgefühl der inneren Realität durch richtiges Handeln die äußere Realität, die ethische Handlung entsteht: Vertrauen in die eigene Kraft und Selbstbescheidung, diese beiden Selbstgefühle ergeben den Zustand der Zufriedenheit. Aus der Zufriedenheit entsteht durch rechtes Handeln eine gütig-wohlwollende Haltung gegenüber anderen.

Also: Ich-Norm: zufrieden — Sozial-Norm: gütiges Wohl-Wollen.

Sie werden mir zustimmen, daß wir an unseren Ecken feilen und polieren müssen. Einen Menschen, in dem all diese Eigenschaften vereinigt sind, gibt es selten. Aber wir können uns in diese Richtung entwickeln. Wenn wir beginnen, uns in unserem Alltag bewußter wahrzunehmen, machen wir häufig die Erfahrung, daß wir eigentlich anders sind, als wir es zu sein glauben. Wir erleben, daß wir in unserem Inneren verschiedene Rollen, Subpersonalitäten besitzen. Zunächst werden uns nur einige dieser Rollen bewußt werden, nämlich die, die wir leichter akzeptieren können und von denen wir das Gefühl haben, daß sie zu uns passen. Aber mit ansteigender innerer Realität erweitert sich unsere Vorstellung von unserer Persönlichkeit und wir sehen, daß wir auch Seiten in uns haben, die wir vorher nicht für möglich hielten. Selbstentfaltung in diesem Sinne bedeutet also, die unbewußten Rollen und Subpersonalitäten in uns zu spüren und sie in unser Selbstbild zu integrieren.

Der Mensch ist aufgebaut in Gegensätzen. Einmal ist jemand ärgerlich, ein andermal liebenswürdig. Mal ist jemand stark, dann wieder unsicher und schwach. Selbstentfaltung heißt hier: Fähig zu werden, auch diese anderen Teile in sich zu erfahren und sich mit ihnen auszusöhnen. Kein Mensch kann immer nur positiv sein, niemand immer harmonisch in sich sein. Es sei denn, er würde andere Dinge in sich unterdrücken. Das aber kann gefährlich werden, wie Sie sich leicht vorstellen können.

Wichtig ist, daß Sie sich eine positive Grundeinstellung zulegen.

Die inneren Bilder im Alpha-Training sind keine ›Stummfilme‹. Im Gegenteil. Das rechte Bildmaterial wird auch von Dialogen begleitet. Mehr noch, wie ein Regisseur können wir die einzelnen Figuren bitten, miteinander zu reden, wir können uns aber auch selbst in den Dialog einschalten. Mittels des Dialogs mit den inneren Figuren wird Unbewußtes bewußt gemacht.

Am Anfang des Alpha-Trainings zweifeln einige Teilnehmer, ob sie die Worte, die die inneren Figuren sagen, diesen nicht selbst in den Mund gelegt haben. Diese Zweifel zerstreuen sich aber bald von selbst. Dann nämlich, wenn die inneren Figuren Dinge sagen, die unmöglich aus dem Bewußtsein kommen können. Solche Antworten können ein Hinweis auf das Leben des Betreffenden selbst oder mehr noch, können Lebensweisheiten sein, die es zu beachten gilt.

Fortschritt setzt die Fähigkeit des Geschehenlassens voraus. Diese Fähigkeit ist eines der großen Geheimnisse großer Meister: Es ist das Geschehenlassen, das ›Tun im Nichtstun‹, das Sichgehenlassen. Sich sozusagen den inneren Prozessen übergeben. Diese Haltung ist oft der Schlüssel, der die Tür zum inneren Weg öffnet.

Psychische Prozessee passiv hinzunehmen, das scheint eine der großen Schwierigkeiten unserer Zeit zu sein. Es gibt viele Leute, deren Bewußtsein ständig helfend, korrigierend eingreift und die nicht die Geduld haben, der sich in Entwicklung befindlichen Seele Ruhe und Zeit zu gönnen.

Auch im Alpha-Training liegt die Wirkung im passiven Geschehenlassen. Das ist gar nicht so einfach, wie es aussieht. Aber nicht selten konnten wir erleben, daß gerade das Aktiv-seinwollen die Dinge in ihrem Fluß gehemmt haben. Lassen wir die Dinge geschehen, wohlwollend abwartend, dann können wir nach einiger Zeit beobachten, daß wir einen ›gewaltigen Flußlauf‹ überquert haben. Der Anfänger hat immer das Gefühl, etwas tun zu müssen. Gelingt es jedoch, den Bildern schweigend und staunend zu folgen, kann er sich selbst auf einer Ebene erfahren, kann Dinge erleben, kann erkennen, daß ein großes Wissen in ihm bislang geschlummert hat. Öffnet er diese Türen, kann er die Erfahrung machen, daß eine Ebene in ihm lebt, die ihn in Ehrfurcht vor sich selbst versetzen kann.

Wenn wir Alpha-Training praktizieren, ist es wichtig zu wissen, daß eine Übung, die unseren Intellekt anspricht, uns in der Regel sehr wenig bringen kann. Alles Gedankliche verleitet, sich am Begrifflichen zu halten und letztlich die Vorherrschaft des Ichs nicht aufzugeben. Worauf es ankommt, ist sich ver-trauensvoll den eigenen Tiefen, dem inneren Wesenskern zu überlassen. Nämlich jenem Bereich, wo weder be- noch verur-teilt wird, wo nicht gewertet, verglichen wird. Wir alle haben einen tiefverwurzelten Wunsch in uns: Wir wollen so geliebt werden, wie wir sind, mit allen guten und schlechten Seiten. Wollen wir, daß sich dieser Wunsch einmal verwirklicht? Dann müssen wir selbst damit anfangen, den Intellekt dahingehend auszuschalten, daß wir selbst weder uns noch das Bildmaterial bewerten und vergleichen. Gegenwärtig sind wir so, wie wir sind. Lassen wir uns, andere Menschen und die Dinge so sein, wie sie im Augenblick sind, kann sich aus dieser Haltung heraus der Fortschritt entwickeln.

Die große Entspannung

Wenn wir begreifen, daß wir in unserer Hinwendung zur Welt, zum Außen, die Beziehung zum Inneren verloren haben, werden wir Motivation und Ausdauer finden, uns durch Übung wieder nach innen, unserem Ursprung zuzuwenden. Alpha-Training kann man nicht einfach ausprobieren wie irgendeine Technik. Alpha-Training hat vor allem für jene Menschen Sinn, die ganz danach verlangen, daß sich in ihrem Innern etwas ändern möge, die immer schon einen Weg danach gesucht haben. Sie werden erkennen, daß sie nun ein Medium in die Hand bekommen, diesen langgehegten Wunsch zu verwirklichen.

Wenden wir uns dem Streß zu. Jede chronische Muskelspannung übt fortwährend Streß auf den Körper aus. Diese Vorstellung ist beängstigend.

Hans Selye, der den Begriff ›Streß‹ prägte, hat darauf hingewiesen, daß fortwährender Streß der körperlichen Gesundheit schadet. Dabei spielt es kaum eine Rolle, um welche Art von Streß es sich handelt; der Körper reagiert auf jeden Streß mit einem allgemeinen Anpassungssyndrom.

Das Syndrom besteht aus drei Phasen.

Phase 1 heißt Alarmreaktion. Der Körper reagiert auf akuten Streß, indem er Hormone des Nebennierenmarks ausschüttet, um seine Energien zur Bekämpfung des Streß zu mobilisieren. Stellt der Streß eine physische Bedrohung des Körpers dar, besteht die Alarmreaktion in einem entzündlichen Prozeß. Wenn es dem Körper gelingt, der Verletzung Herr zu werden und den Streß abzuwenden, beruhigt er sich und stellt seinen homöostatischen − ausgeglichenen − Zustand wieder her.

Wenn der Streß jedoch fortdauert, beginnt Phase 2. In dieser Phase versucht der Körper, sich dem Streß anzupassen. Er bildet besonders viel Kortison und Kortisol (Hormone der Nebennierenrinde), die entzündungshemmend wirken. Der Anpassungsprozeß erfordert aber ebenfalls Energie, so daß die Energiereserven des Körpers auch hierbei angezapft werden. Phase 2 ist wie ein kalter Krieg, denn der Körper bemüht sich, den Widersacher ›Streß‹ in Schach zu halten, zumal er ihn nicht besiegen kann. Phase 2 kann sehr lange dauern, aber letztlich wird der Körper schwach. Phase 3 heißt Erschöpfungsstadium. Der Körper hat nicht mehr die Energie, den Streß in Schach zu halten, und der Zusammenbruch setzt ein. Für uns ist Phase 3 besonders wichtig. Sie ist wohl das weitverbreitetste Leiden unseres Kulturkreises – nur gibt man ihm meist einen anderen Namen, nämlich chronische Müdigkeit oder Abgeschlagenheit. Meiner Ansicht nach steht ein Mensch, der chronisch müde oder abgeschlagen ist, an der Schwelle zur totalen Erschöpfung. Die Ursache ist der ständige Streß, den seine chronischen Muskelanspannungen auf ihn ausüben. Dieser körperliche Streß bindet Energie, die sonst genutzt werden könnte, um dem Streß des täglichen Lebens standzuhalten. Wenn es beim Alpha-Training gelingt, die Muskelverspannung eines Menschen zu lockern, stellt er unweigerlich fest, daß er mit dem Streß seiner persönlichen Situation auf einmal viel besser zurechtkommen kann. Das Geheimnis dieser Fähigkeit liegt darin, daß er wieder genügend Energie besitzt, um dem Streß standzuhalten. Mindestens so mächtig wie der Streß unserer äußeren Umwelt wirken Gedanken und vor allem Gefühle aus dem hellen (bewußten), schummrigen (halbbewußten) und dunklen (unbewußten) Räumen unseres Seelenhaushalts ›von innen‹ als Stressoren, die uns in Alarmbereitschaft versetzen und in Höchstspannung hineinpeitschen können.

Da ›Unter-den-Teppich-kehren‹, ›Den-Daumen-draufhalten‹ keine dauerhafte Lösung ist, wie ich an anderer Stelle noch ausführlich aufzeigen werde, ist der einzige Weg zur Streßbalance der, Schritt für Schritt die Angst vor den eigenen Gedanken und Phantasien zu entschärfen.

Die meist aus der Kindheit stammenden, mit Angst verbundenen und deshalb gern unterdrückten Gedanken und Phantasien wollen wir von nun an der Einfachheit halber ›alte Stresse‹ nennen. Diese alten Stresse führen immer wieder dazu, daß uns Geschehnisse in unserer Umwelt belasten, die uns nicht belasten müßten. Sie sind wie latenter Sprengstoff, die nur einen kleinen Anstoß zu ihrer Aktivierung benötigen.

Die ›Urprogrammierung‹ der Anpassungssysteme waren beim Menschen in seiner Frühgeschichte absolut angemessen und sinnvoll: Jede gefahrvolle Situation von außen — Feinde, wilde Tiere oder Naturgewalten waren damals die Stressoren — löste automatisch über das Vegetativum die Streßreaktion im Körper aus. Der Körper wurde in Sekunden instinktiv in vegetative Alarmbereitschaft versetzt, um alle verfügbaren Kräfte zum Kampf, zum Angriff oder notfalls auch zum Flüchten zu mobilisieren. Der Streßmechanismus diente und dient der Aufgabe, dem Körper eine plötzlich erforderlich gewordene Körper-Energie freizusetzen, wie ich bereits erläutert habe. Die mit Streßsituationen bezeichnete angespannte Reaktionslage des Körpers, diese vegetative Alarmbereitschaft, als ursprünglich sinnvoller biologischer Anpassungs- und Verteidigungsmechanismus entstand unter der Einwirkung übermäßig starker Umweltreize. Körperliche Energien wurden für körperliche ›Einsätze‹ bereitgestellt. Wie funktioniert nun dieses Alarmsystem Streß?

Im wesentlichen geht dabei folgendes vor sich:

Bei Streß schüttet der Sympathikus sofort Adrenalin und Noradrenalin aus dem Nebennierenmark in den Kreislauf aus. Durch diesen Reiz wird zunächst der Hypothalamus angeregt. Er veranlaßt über die Hypophyse wiederum die Nebennieren, weiteres Adrenalin und Noradrenalin auszuschütten. Das Adrenalin mobilisiert die Zuckerreserven, verengt die Blutgefäße, erhöht die Blutgerinnung und unterdrückt Immunreaktionen. Das Noradrenalin dagegen aktiviert die Fettreserven des Körpers, beschleunigt die Herzaktion und den Kreislauf. Der angeregte Sympathikus sorgt für die Erhöhung der Muskelspannung und der allgemeinen Aufmerksamkeit, die Atmung wird intensiviert, auch die Pupillen erweitern sich (wer kämpfen will, muß optimal sehen). Als typische Reaktion tritt eine begrenzte parasympathische Aktivität auf, die sich besonders auf Magen, Darm und Harndrang auswirkt.

Dieser Streßmechanismus mobilisiert also instinktiv das verfügbare Energie-Reservoir für Notfall-Situationen und extreme Leistungen — der Organismus wurde so für eine optimale Überlebenschance auf die Gefahrensituation der früheren Menschheitsgenerationen angepaßt. Diese vom Körper zur Verfügung gestellten Leistungsreserven wurden von unseren Vorfahren auch im Kampf oder auf der Flucht in Anspruch genommen. Das Vegetativum konnte wieder zurückschalten. Wir erkennen, wie sinnvoll die Streßreaktion bei unseren Urvätern in jeder Phase ablief. Ohne diese hätten sie keine Überlebenschance besessen. Inzwischen leben wir nicht mehr als Jäger in freier Wildbahn. Unser Körper reagiert aber immer noch, als würden wir Grizzlys und Wölfe jagen. Obwohl die im heutigen Alltag erlebten ›Gefahren‹ — im wesentlichen sind es Konflikte, Frustrationen — fast nie durch Kampf oder Flucht bewältigt werden können, reagiert unser Körper angesichts psychischer Bedrohung noch genauso wie in jenen Urzeiten. Unser Körper befindet sich oftmals darüber hinaus in einem Daueralarm, das Vegetativum ist nicht in der Lage zurückzuschalten. Wir werden von einer Streßsituation in die andere gejagt und kommen nicht zur Ruhe.

Der Psychiater Thomas H. Holmes von der University of Washington School of Medicine erklärt, daß jede Häufung von Ereignissen, die den Menschen vor beträchtliche persönliche Anpassungsprobleme stellt, Streß verursacht, wobei es keine Rolle spielt, ob diese Ereignisse freudiger oder trauriger Art sind. Und dieser Streß kann, so fährt Holmes fort, die verschiedenen Krankheiten auslösen.

Holmes legte rund 400 Versuchspersonen eine Liste mit 43 bedeutenden Lebensereignissen vor, also beispielsweise Eheschließungen, persönliche Erfolge, ein Wechsel der finanziellen Umstände, das Verlassen des elterlichen Hauses durch Sohn oder Tochter, eine Scheidung. Die 400 Testpersonen wurden

aufgefordert, diese Ereignisse nach dem Grad der durch sie ver-
ursachten persönlichen Anpassung zu ordnen. Die zehn Ereignisse, die den einzelnen am schwersten belasteten, waren: Tod
des Ehepartners, Scheidung, vorübergehende Trennung vom
Ehepartner, Gefängnishaft, Todesfall in der Familie, Verletzung oder Krankheit, Eheschließung, Kündigung des Arbeits-
verhältnisses, Wiederversöhnung der Ehepartner, Pensionie-
rung. Danach sollten die Versuchspersonen jahrweise alle wichtigen Ereignisse ihres Lebens während der vergangenen zehn
Jahre niederschreiben. Diese Listen wurden dann mit den persönlichen Krankheitsgeschichten verglichen. In jedem Fall
zeigte sich, daß einem Jahr, in dem die betreffende Person ein-
schneidende Veränderungen bewältigen mußte, ein Jahr mit
ernsten Erkrankungen folgte. Holmes schloß daraus, daß die
Krankheitsanfälligkeit aufgrund belastender Situationen von
der Leistungsfähigkeit des individuellen Immunitätssystems
abhängt. Dieses Abwehrsystem kann durch Angst, Aufregung
und Anstrengung geschwächt werden. Belastende Ereignisse
können außerdem die Hormonproduktion beeinflussen und so
das emotionale Gleichgewicht beeinträchtigen. Das Kapitel
Krankheit und Hormone habe ich in meinem Buch: ›Die Kräfte
der Hypnose‹ (Heyne) ausführlich beschrieben.

Wie auch immer, es scheint festzustehen, daß wir durch
große Ereignisse krank werden können.

Der Mensch besitzt glücklicherweise nicht nur die Fähigkeit
zur Streßreaktion, sondern auch die Fähigkeit zur Entspannungsreaktion. Während bei der Streßreaktion alle erhaltenden
Funktionen zugunsten der aktivierenden, handelnden Funktionen gedrosselt werden, geschieht bei der Entspannung genau
das Gegenteil: Alle Funktionen des Körpers, die für ein aktives
Verhalten der Umwelt gegenüber erforderlich sind, werden
zugunsten der erhaltenden und erholenden Funktionen zurück-
gestellt.

Diese Entspannungsreaktion gibt uns die Möglichkeit, uns
zu erholen und unseren Körper auszubalancieren. Zu dieser
Entspannung gelangen wir durch das Alpha-Training. Die
Übungen im Alpha-Training, die methodisch entwickelt

worden sind, um den Entspannungseffekt zu vertiefen, können auch gezielter eingesetzt werden als andere Entspannungstechniken. Es geht um die Ruhigstellung der Körpers, Verringerung der muskulären Spannungen und Beruhigung der mentalen Aktivität. Die Entspannung wird dabei auf der körperlichen Ebene von Zuständen begleitet, die der Streßreaktion entgegengesetzt sind. Die Atemfrequenz ist herabgesetzt, ebenso Herzschlag und Blutdruck, und auch der Grundumsatz des Körpers verlangsamt sich, die Muskeln werden weich und elastisch. Der Entspannungszustand befreit nicht nur von dem momentanen Streß und verschafft uns eine Ruhepause, wir können ihn vielmehr auch dazu nutzen, unsere alten, zum größten Teil unbewußten Stresse abzubauen und zu lösen. Denn zum einen setzt der Entspannungszustand den Widerstand gegen unbewußtes Material (seelische Verdrängung wird nämlich begleitet von muskulärer Anspannung) herab, so daß wir uns ihm in der Entspannung konfrontieren können, und zum anderen kann in der Entspannung Angst besonders leicht abgebaut werden. Der Entspannungseffekt des Alpha-Trainings wird noch verstärkt durch die Imagination, durch ›gesteuerte Träume‹. Diese Bilderschau verstärkt den psychologischen Effekt der Tiefenentspannung. Wichtig ist dabei, daß die ›Bilder‹ farbig erlebt werden.

Wenn wir nun im folgenden beginnen, den Entspannungscode einzuüben, dann möchte ich Ihnen einen Vorschlag machen: Sprechen Sie sich diesen vorgegebenen Text auf eine Kassette, dann haben Sie keine Mühe, sich ganz der Entspannung hinzugeben. Später werden Sie weder die Kassette noch diesen sogenannten ›Big Relax‹, den großen Entspannungscode, benötigen. Nach etwa vierzehn Tagen können Sie zu der vereinfachten Form übergehen, zu der Sie dann keine Kassette mehr brauchen. – Zum Üben sollen Sie, soweit möglich, sich bequem hinlegen, die Schuhe ausziehen, zu enge Kleidung lockern und zunächst ein wenig in sich hineinfühlen, wo Sie noch verspannt sind, den Atem dorthin fließen lassen und abwarten, bis Sie ruhiger geworden sind. Erst dann schließen Sie die Augen.

Der ›Big Relax‹:

Atmen Sie tief ein. Konzentrieren Sie sich auf das Ende des Steißbeins. Dort entwickelt sich ein winziger roter Punkt in Größe eines Stecknadelkopfes. Er beginnt intensiv zu leuchten, zu strahlen, vergrößert sich immer mehr, bis er in den ganzen Bereich ausstrahlt. Das rote Licht strahlt in Ihre Beine hinein, und Sie spüren, wie sich dort eine bleierne Schwere breitmacht, wie die Beine zu ›zerfließen‹ beginnen, sich ganz der Entspannung hingeben.

Atmen Sie wieder tief ein, und während Sie ausatmen, konzentrieren Sie sich auf jenen Punkt der Wirbelsäule, die dem Venushügel gegenüber liegt. Dort entwickelt sich ein orangefarbener Punkt in Größe eines Senfkorns, beginnt zu leuchten und zu strahlen, wird immer größer. Das orangefarbene Licht strahlt in den Beckenraum hinein. Sie spüren, wie es dort warm wird, wie alle Muskeln loslassen. Sie entspannen auch alle inneren Organe im Beckenraum. Sie schaffen Platz und Raum.

Atmen Sie wiederum tief ein, und beim Ausatmen konzentrieren Sie sich auf einen Punkt an der Wirbelsäule gegenüber dem Bauchnabel. Dort entwickelt sich ein winzig kleiner gelber Punkt, wird größer, beginnt wie ein Scheinwerfer zu leuchten, strahlt den ganzen Bauchraum aus. Sie spüren, wie Sie alle inneren Organe im Bauchraum entspannen, wie der Bauch locker und weich wird, wie alles innerlich zu fließen beginnt, der Bauch wird warm und weich.

Atmen Sie erneut tief ein, und beim Ausatmen stellen Sie sich vor, daß sich an der Wirbelsäule gegenüber dem Brustbein in Höhe des Herzens ein winzig kleiner grüner Punkt entwickelt, der nicht größer ist als der äußere Punkt eines Laserstrahlers. Dieser grüne Punkt wird immer größer. Diese grüne Leuchtkraft strahlt in den Brustraum hinein. Sie entspannen alle inneren Organe des Brustraumes, insbesondere das Herz, lassen es frei, weit und offen werden. Grün strahlt ebenfalls zu den Schulterblättern hoch, in die Arme bis zu den Fingerspitzen hinein. Sie spüren, wie diese Partien weich und geschmeidig werden, wie Sie locker lassen, alles beginnt zu fließen, immer mehr breitet sich in Ihnen eine große Ruhe aus.

Atmen Sie tief ein, und beim Ausatmen spüren Sie, wie sich an der Wirbelsäule, gegenüber dem Kehlkopf ein winzig kleiner hellblauer Punkt entwickelt, zu strahlen beginnt, den ganzen Halsbereich ausstrahlt, alles öffnet, weich und locker macht.

Atmen Sie tief ein, und beim Ausatmen spüren Sie, wie sich an der Wirbelsäule gegenüber der Nasenwurzel ein winziger lilafarbener Punkt entwickelt. Der beginnt zu leuchten, strahlt das ganze Gesicht aus. Gleichzeitig strahlt er nach innen zum Gehirn. Sie entspannen die Augenpartie und reinigen im Gehirn das Sehzentrum.

Sie entspannen die Nasenpartie und reinigen im Kopf das Geruchszentrum.

Sie entspannen die Mundpartie und reinigen im Kopf das Geschmacks- und Sprachzentrum.

Sie entspannen die Ohrenpartie und reinigen im Kopf das Zentrum des Hörens.

Atmen Sie nochmals tief ein, und beim Ausatmen stellen Sie sich einen violetten Punkt in der Mitte der Schädeldecke vor. Je stärker dieser Punkt zu strahlen beginnt, desto mehr öffnen Sie die inneren feinstofflichen Kanäle, werden offen, transparent. Sie spüren, daß Sie im Hier und Jetzt sind. Nun beginnt die violette Farbe zu wandern, legt sich wie ein Schutzmantel um den ganzen Körper. Sie sind tief entspannt, nichts von außen kann in Sie eindringen. Sie sind entspannt, geborgen und geschützt.

Geben Sie sich ganz dieser Entspannung hin. Sie wollen nichts, Sie tun nichts, letzte Gedankenfetzen ziehen wie Wolken davon. Sie sind ruhig und entspannt im Hier und Jetzt.

Nach etwa fünfzehn Minuten bereiten Sie sich darauf vor, ins Wachbewußtsein zu gelangen. Sie zählen langsam bis fünf:

1 – 2 Sie kommen immer höher und höher, Ihr Wachbewußtsein übernimmt wieder die Regie –

3   alle Körperfunktionen sind intakt. Sie harmonisieren untereinander –

4   Sie werden immer wacher –

5   Augen auf.
     Jetzt recken Sie sich, Sie strecken sich, gähnen und liegen noch fünf Minuten still.

Üben Sie diese Chakrenentspannung, diesen ›Big Relax‹ etwa eine Woche lang täglich etwa fünfzehn Minuten. Wählen Sie eine Tageszeit, in der Sie noch nicht zu müde sind. Nach der ersten Woche können Sie mit einer vereinfachten Form arbeiten, die ich Ihnen noch vorstellen werde.

Lassen Sie mich erzählen, warum wir immer wieder so frappierende Erfahrungen mit der Chakrenentspannung machen.

Viele Leute haben sich im Bereich der Medizin, vor allem in der Psychosomatik, der Wissenschaft von den Zusammenhängen zwischen körperlichem und seelischem Geschehen, darum bemüht, die Übergänge vom Emotionalen ins Physische zu verstehen. Der berühmte Mediziner Hans Selye zum Beispiel versuchte die Frage zu klären, wie sich Gefühle im Körper ausdrücken. Er bezeichnete die Körpersymptome, die unter anderem bei Angst entstehen, als Streß-Syndrom. Er wies auf die wichtige Rolle des vegetativen – dem Willen nicht unterliegenden – Nervensystems und der Hormondrüsen bei der Entstehung der Streßsyndrome hin. Ich habe schon an anderer Stelle darauf hingewiesen.

In vielerlei Hinsicht besteht eine sehr enge Verknüpfung zwischen dem vegetativen Nervensystem und den Hormondrüsen. Wichtig ist, daß das vegetative Nervensystem die Tätigkeit der Hormondrüsen regelt. Von diesem Nervensystem geht eine Art Führung aus. Wir wissen, daß dieses Nervensystem durch Gefühlserlebnisse angeregt wird. Wut, Ärger, Trauer, Angst und Freude lösen spezifische Tätigkeitsmuster im vegetativen Nervensystem aus und regen auch die entsprechenden Hormondrüsen an. Diese wiederum fördern oder hemmen den Stoffwechsel, regen die glatte Muskulatur an, und es kommt zu entsprechend sinnvollen, gut koordinierten Körperaktivitäten.

Neue Forschungen des deutschen Wissenschaftlers Alfred Popp haben ergeben, daß der menschliche Körper in ein Energiefeld eingebettet ist, das geistig beeinflußt werden kann, umgekehrt aber auch alle Vorgänge im Körper steuert. Er konnte sogenannte Biophotonen nachweisen, die von den Zellen abgestrahlt werden und die meßbare Grundlage dieses Feldes bilden.

Aus östlichen Überlieferungen ist seit Jahrtausenden ein anderes Modell bekannt, das die Zusammenhänge und Übergänge von geistigen und körperlichen Ebenen beschreibt und nicht wissenschaftlicher Forschung, sondern Erkenntnissen aus der Innenschau erleuchteter Menschen entspringt. Dieses Modell sieht den Menschen als ein Wesen, das aus verschiedenen feinstofflichen und seinem grobstofflichen, mit unseren normalen Sinnesorganen wahrnehmbaren Körper besteht. Nach diesem auch im Yoga gebräuchlichen Vorstellungsmodell teilen sich Gefühle über sogenannte astrale Schwingungen mit. Diese gehen vom Astral- oder Gefühlskörper aus, wenn der Mensch gefühlsmäßig berührt ist. Über bestimmte Bahnen in diesem Feinstoffkörper, die Nadis heißen, pflanzen sich Schwingungen im Astralkörper fort und werden in seinen Zentren oder Energiesammelpunkten verteilt, verstärkt, abgeschwächt oder umgewandelt. Die sieben wichtigsten Zentren sind entlang der Wirbelsäule angeordnet. Sie werden Chakren genannt — Sanskrit für ›Rad‹ oder ›Kreis‹ — wegen ihrer kreisförmigen feinstofflichen Gestalt. Von diesen Chakren werden die Schwingungen in den physischen Körper geleitet, wobei bestimmte Organe bevorzugt und intensiver versorgt weden. Diese Schwingungen sind nicht nur Energieformen, die Energien spenden, sondern auch Informationsträger.

Nun gibt es eine auffallende Entsprechung zwischen vegetativem Nervensystem und Hormondrüsen einerseits und Nadis und Chakren andererseits. Folgende Beispiele mögen diese Entsprechung verdeutlichen:

1. Erotische Gefühle führen zu physiologischen Veränderungen in der Genitalgegend, in der Nähe des zweiten Chakras, das wir mit der Farbe Orange öffnen.

2. Heftige Angst bei unmittelbarer Gefahr wird man in der Magengegend etwa in Höhe des Sonnengeflechts wahrnehmen. Diese Angst beruhigen wir über die Farbe Gelb. Das Sonnengeflecht, ein wichtiges Zentrum des vegetativen Nervensystems, aktiviert die Nebennierendrüsen, die Adrenalin in den Blutkreislaut ausschütten. Über die Blutbahnen werden Organe, die

bei Flucht oder Kampf gebraucht werden, in Bereitschaft gebracht.

3. Differenzierter Gefühlsregungen wie Trauer, Verlust, Freude wird man oft in der Herzgegend gewahr, wo das Herz-chakra sitzt, das wir mit der Heilfarbe Grün belegt haben. Der Thymus und die anderen lymphatischen Organe, die das immu-nologische Abwehrsystem bilden, bekommen Eindrücke und Informationen, die wichtig für die Abwehrkraft gegen Infektio-nen sind. Die feinstoffliche Entsprechung zum Herzen, das Herz-Chakra, hat mit der seelischen Reinigung, mit der Ver-breitung von Gefühlen zu tun. Dementsprechend sind auch der lymphatische Apparat und die lymphatischen Gewebe, wie Thymus, Milz und Lymphknoten, an der Reinigung des Kör-pers beteiligt.

4. Die Gefühle, die im Herz-Chakra gereinigt werden, neigen dazu, sich dem Mitmenschen mitzuteilen, und zwar direkt, von Herz zu Herz, von Chakra zu Chakra oder über die Sprache. Der astrale Informationsstrom aus dem Herz-Chakra steigt die Wirbelsäule entlang auf und erhält im Halschakra über die Farbe Hellblau die Informationen der obersten zwei Chakren, die mit dem Gehirn verknüpft sind. Auf diese Weise werden Intuitionen und Vorstellungen mit den Herz-Empfindungen zu einer Gestalt verbunden, die sowohl sprachlich als auch telepa-thisch vermittelt werden kann. Das Hals-Chakra reguliert den Ausdruck der feinen seelischen Regungen. Es gibt dem Kehl-kopf Informationen und Energie für diese sprachlichen Äuße-rungen, beeinflußt die Schilddrüse und somit auch den Basis-Stoffwechsel im ganzen Körper. Menschen, deren Ausdrucks-verhalten auf Hochtouren läuft, leiden vielfach an einer Über-funktion der Schilddrüse. Eine Hemmung des differenzierten Ausdrucks geht oft mit einer Unterfunktion der Schilddrüse einher.

Ein japanischer Forscher, Hiroshi Motoyama, hat verschiedene hochkomplizierte und mit Computern verbundene Geräte ent-wickelt, mit denen er diese feinstofflichen Energien untersucht hat. Seine sogenannte Chakra-Maschine beispielsweise mißt Veränderungen im Feinstoffhaushalt über Prozesse in einem von der Maschine künstlich erzeugten elektromagnetischen Feld, in das der menschliche Körper hineingestellt wird. Die elektromagnetischen Prozesse werden auf einem Bildschirm sichtbar gemacht. Mit einem anderen Gerät hat er die aus der chinesischen Medizin bekannten Akupunkturpunkte und zugehörigen Energiebahnen, die Meridiane, vermessen. Dieser Apparat nimmt mittels an betreffenden Körperstellen befestigter Elektroden elektrische Größen von der menschlichen Hautoberfläche ab. Er konnte auf diese Weise belegen, daß es auf dem Wege reiner Vorstellung und Imagination möglich ist, die Chakren zu aktivieren.

Ein Chakra ist ein Energiezentrum mit Kernpunkt im Rückenmark und unmittelbar vor der Wirbelsäule.

Es ist in der Form eines Zylinders angeordnet.

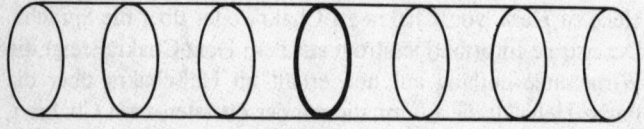

Zentrum

Ein Chakra aktiviert sich pulsierend nach beiden Seiten (vor- und rückwärts), keinesfalls rotierend, indem es Energieringe pulsierend abstößt. Das Pulsieren wird ständig schneller, bis es die Geschwindigkeit einer Vibration hat, die dann in einen ununterbrochen fließenden Strom mit feststehenden Energieringen übergeht.

Das Energiezentrum ist weder ein Punkt noch eine Scheibe, sondern eine Kugel, je nach Chakra mit einem Durchmesser bis zu 20 Zentimeter, die sich wie eine Blüte nach beiden Seiten öffnet (wobei es verschiedene Öffnungsarten gibt), bis eine Röhre entstanden ist. Ein gut strahlendes Chakra hat keine Eigenrotation mehr, kein Pulsieren, kein Vibrieren. Es steht da wie eine ›Säule‹.

66

Nachdem Sie nun eine Woche lang die Chakrenentspannung geübt haben, können wir zu der vereinfachten Form übergehen. Der ›Big Relax‹ ist mittlerweile konditioniert, so daß die vereinfachte Form nun ausreichen müßte, um Sie in den erwünschten Entspannungszustand zu versetzen.

Atmen Sie tief ein, und während Sie ausatmen, stellen Sie sich vor: Rot öffnet sich.

Atmen Sie tief ein, und während Sie ausatmen, fühlen Sie: Orange öffnet sich.

Atmen Sie erneut tief ein, und während Sie ausatmen, wissen Sie: Gelb öffnet sich.

Sie atmen tief ein, und während Sie ausatmen: Öffnet sich Grün.

Sie atmen tief ein, und während Sie ausatmen: Öffnet sich Hellblau.

Sie atmen tief ein, und während Sie ausatmen: Öffnet sich Lila.

Sie atmen tief ein, und während Sie ausatmen: Öffnet sich Violett.

Während Sie sich an den neuen Entspannungscode gewöhnen, ist es gut, zwischen den einzelnen Phasen jeweils eine kurze Pause einzulegen. Sie spüren dabei, wie sich die einzelnen Bereiche öffnen. Zeigen Sie aber auch jetzt keine Erwartungshaltung, seien Sie überzeugt, daß es so und nicht anders geschehen wird. Auch hier ist Passivität wichtiger als aktives Wollen.

Sie werden nun wissen wollen, warum wir die Farben des Regenbogens zu Hilfe nehmen.

Der Franzose Michael Aivanhof sagte einmal: »Das Prisma zerlegt das Licht in sieben Farben. Hinter diesem banal wirkenden Phänomen verbirgt sich ein großes Geheimnis.«

Wir haben also auch noch die symbolträchtige Zahl sieben, mit der wir arbeiten. Die Zahl sieben ist eine magische Zahl. Sie kommt allerorten vor: Schneewittchen und die sieben Zwerge, die sieben Raben, die Siebenmeilenstiefel. Die Woche hat auch sieben Tage. Und wir finden das Siebener-Symbol allerorten.

Auch im Alpha-Training kommt es gelegentlich vor, und wir sind immer wieder über die Wirkung erstaunt. Sieben Chakren, das sind sieben Energiefelder und sieben Farben, das sind sieben Kräfte. Wir wissen heute, daß das Selbst des Menschen, der Persönlichkeitskern, aus sieben ›Teilpersönlichkeiten‹ besteht, die von Mensch zu Mensch verschieden sind und die gerade die unterschiedlichen Charakteristika der einzelnen Menschen zeigen.

Farbe ist Licht, das in verschiedene Wellenlängen oder Schwingungsfrequenzen zerlegt wurde. Ein Objekt, welches alle Lichtwellen absorbiert und keine davon zurückwirft, wird schwarz genannt; eines, das alle Lichtwellen zurückwirft, wird weiß genannt. Ein Gegenstand erscheint rot, wenn alle Farben des darauf treffenden Lichts mit Ausnahme von Rot reflektiert werden.

Jede Farbe zeichnet sich durch eine bestimmte Schwingungsfrequenz aus. Diese Schwingungsfrequenz ruft in uns eine Erfahrung der Wärme oder Kälte hervor. Rot hat die längste Wellenlänge und die langsamste Schwingungsfrequenz. Violett zeichnet sich mit seiner kürzesten Wellenlänge und durch die höchste Schwingungsfrequenz aus. Entgegen allen Erwartungen erzeugt die hohe Frequenz des Blauspektrums ein Gefühl der Kälte und die niedrige Frequenz von Rot ein Gefühl der Wärme — eine Tatsache, mit der sich die Wissenschaft nur schwer abfinden mag.

Zumindest unbewußt leben wir alle in dem Glauben, daß Farben bestimmte Wirkungen haben. Wie unser täglicher Sprachgebrauch zeigt, nehmen wir es als gegeben hin, daß Farben bestimmte Qualitäten haben. Wenn wir von Zornesröte, von Gelb-sein vor Neid reden, ist das nicht sehr weit hergeholt. Bei der Zornesröte können wir sagen, daß sie tief im Wurzelchakra entsteht, daß also Zorn aus der Triebebene aufsteigt, jenem Chakra, dem die Farbe Rot zugeordnet ist. Wenn wir davon reden, daß jemand gelb vor Neid wird, dann handelt es sich um das dritte Chakra, dem die Farbe Gelb zugeordnet ist, dem Bauchbereich also, in dem Leber und Galle uns ›gelb vor Neid‹ werden lassen.

Ich möchte Sie nun noch mit einer weiteren Entspannungstechnik bekanntmachen, die Sie anwenden können, wenn Ihnen die Chakrenentspannung nicht liegt.

Legen Sie sich bequem hin, öffnen Sie Ihre Kleidung, damit Sie nichts einengt. Lassen Sie den Atem frei fließen. Wir alle sind mehr oder weniger Sklaven der Zeit, und in dieser Entspannungsübung können wir uns ein wenig von ihrem Druck befreien.

Stellen Sie sich eine goldene Uhr vor. Lassen Sie nun die Uhrzeiger sich so schnell im Kreise drehen, daß sie nicht mehr sichtbar sind und zu einem leuchtenden Ball werden. Sie spüren, wie Sie sich aus dem gegenwärtigen Augenblick in einen alles einschließenden kosmischen Rhythmus hinausbewegen. Stellen Sie sich vor, Sie seien ein Kind des gesamten Universums. Sie sind nicht länger an die Zeit gebunden. Sie schweben vielmehr in einem pulsierenden und atmenden Ozean. Sie sind der Pulsschlag des Kosmos, zu dem auch der Planet Erde gehört. Schauen Sie von oben auf die Erde herab, sehen Sie die kosmischen Energien auf die Erde hinabregnen und die Erdstrahlen von der Erde hinaufsteigen. Stellen Sie sich die Energiefelder um die Erde vor. Sehen Sie, wie sich der gesamte Planet darum bemüht, sich mit Ihnen zu entwickeln.

Zählen Sie nun, nachdem diese Übung etwa fünfzehn Minuten gedauert hat, langsam von eins bis fünf, und bereiten Sie sich darauf vor, ins Wachbewußtsein zurückzukehren.

Nachdem Sie nun die Entspannung beherrschen, möchte ich Sie mit der Welt Ihrer inneren Bilder vertraut machen. Wenn Sie beginnen, die Übungen nachzuvollziehen, machen Sie sich auf den Weg, ein Alpha-Mensch zu werden. Sie werden immer tiefer in die eigene innere Welt eindringen, sich von einer neuen Ebene her kennenlernen und dabei erstaunt sein, was alles in Ihnen lebt. Wir beginnen mit harmonisierenden Übungen, also jenen Übungen, die Ihnen innere Ruhe und Gelassenheit bringen. Dazu eignen sich besonders die Rosenübungen.

Entspannen Sie sich über die Chakrenentspannung. Stellen Sie sich vor, Sie betreten einen paradiesischen Garten. Dort betrachten Sie einen Rosenstrauch. Sie sehen vor sich einen Stiel mit Blättern und eine Rosenknospe. Die Knospe ist grün, denn die Kelchblätter sind noch geschlossen. Aber ganz an der Spitze kann man einen rosafarbenen Punkt erkennen. Stellen Sie sich das lebhaft vor, indem Sie das Bild in den Mittelpunkt Ihres Bewußtseins rücken.

Jetzt beginnt allmählich eine langsame Bewegung. Die Kelchblätter fangen ganz langsam an, sich zu entfalten, drehen ihre Spitzen nach außen und enthüllen die rosafarbenen Blütenblätter. Die Kelchblätter entfalten sich, bis Sie die ganze Knospe sehen können. Jetzt folgen die Blütenblätter. Sie öffnen sich, bis Sie eine voll erblühte Rose sehen können. Versuchen Sie nun, den Duft der Rose wahrzunehmen und ihren charakteristischen unverwechselbaren Geruch in sich aufzunehmen: so zart, so süß und lieblich.

Erweitern Sie jetzt die Visualisierung, und schließen Sie den ganzen Rosenstrauch ein; stellen Sie sich die Lebenskraft vor, die von der Wurzel bis zur Blüte aufsteigt und den Vorgang des Öffnens bewirkt. Identifizieren Sie sich nun mit Ihrer ganzen Persönlichkeit mit der Rose. Das gleiche Leben, das das Universum belebt und das Wunder der Rose bewirkt hat, bringt in Ihnen ein ähnliches Wunder hervor — das Erwecken und die Entfaltung der ganzen Persönlichkeitskräfte. Verharren Sie jetzt in diesem Zustand, ohne etwas zu wünschen, spüren Sie einfach in sich hinein, wie die Kräfte sich in Ihnen entfalten möchten. Seien Sie absolut passiv. Ihre passive Aufmerksamkeit ist nur auf die Rose und das Fließen der inneren Gefühle gerichtet.

Nach etwa fünfzehn Minuten — mit der Zeit bekommen Sie ein Gefühl für die Länge der Übung — richten Sie sich darauf ein, wieder ins Wachbewußtsein zurückzukehren. Sie zählen langsam von eins bis fünf, öffnen die Augen, recken und strecken sich, gähnen anhaltend und lassen das Erlebnis in sich ausklingen.

Die Rose gilt schon seit Urzeiten als Blume der Liebe. So war sie beispielsweise für die alten Griechen identisch mit der Liebesgöttin Aphrodite. Im Bilderleben verkörpert die Rose das

Weibliche in seiner Gefühlsfunktion. Im Mittelalter wurde die Rose zu einem Symbol der Gottesmutter und der himmlischen Liebe. In der mittelalterlichen Alchimie zeigt die Rose die Rubedo, die letzte Stufe des alchimistischen Wandlungsprozesses zur Erlangung des Lebenselexiers an. Außerdem war die siebenblättrige Rose für die Alchimisten ein Symbol für die sieben Planeten, die ihnen zugeordneten Metalle und schließlich für die sieben Stufen des alchimistischen Wandlungsprozesses.

Für das Alpha-Training ist die Rose Hinweis auf seelische Entfaltung. Das Öffnen der Rosenblütenblätter bewirkt gerade bei verschlossenen Menschen den Vorgang des allmählichen inneren Öffnens. Wenn wir täglich mit dieser Rosenübung arbeiten, können wir nach einiger Zeit feststellen, daß sich etwas in uns geöffnet hat, daß etwas zu fließen beginnt. Das Konzept des Fließens muß hier näher erläutert werden. Fließen ist eine Bewegung im Organismus, die sich am Beispiel des Blutkreislaufes erläutern läßt. Während das Blut durch den Körper fließt, trägt es Stoffwechselprodukte und Sauerstoff zu den Organen und Geweben, versorgt diese also mit Energie; gleichzeitig entfernt es die Stoffe, die bei der Verbrennung angefallen sind. Es ist aber mehr als ein Trägerstoff — es ist eine energetisch geladene Körperflüssigkeit. Wenn es eine bestimmte Stelle im Körper erreicht, schenkt es ihr Leben, Wärme und Erregung. Es ist die Verkörperung und Überbringung des Eros.

Außer dem Blut gibt es noch andere energetisch geladene Körperflüssigkeiten. Der Erregungsfluß beschränkt sich nicht nur auf das Blut, sondern erfaßt alle Körperflüssigkeiten. Bei einer Alpha-Übung, besonders bei der Rosenübung verändern sich deshalb alle energetischen Prozesse im Körper.

Viele Teilnehmer von Alpha-Trainings-Seminaren meinen immer, man müsse eine ganze Menge an Übungsmöglichkeiten kennen, um sich persönlich zu entfalten. Das ist ein Irrtum. Obwohl ich Ihnen in diesem Buch eine große Anzahl von Übungsmöglichkeiten vorstelle, würde allein die Rosenübung genügen, einen Wandlungsprozeß in Ihnen zu vollziehen. Ich möchte Ihnen erläutern, wie Sie diese Rosenübung abwandeln oder vertiefen können: Sie können zum Beispiel einer Rosenknospe einen Namen geben. Diese Namensgebung wirkt wie ein Signal auf das Unbewußte. Das bedeutet, daß sich der Teilbereich Ihrer Psyche in Ihnen öffnet, der diesem Oberbegriff zugeordnet ist. Nehmen wir das Beispiel Liebe. Sie geben Ihrer Rose den Namen ›Rose der Liebe‹. Wenn Sie nun allerdings meinen, daß mit dieser Namensgebung Gefühle von Liebe und Harmonie entstehen, dann kann das, muß aber nicht so sein. Wenn Sie beispielsweise in Ihrer Kindheit erleben mußten, daß Liebe sozusagen ein ›Fremdwort‹ war, mit anderen Worten daß der Begriff Liebe in Ihrem Leben Enttäuschungen gebracht hat, dann werden diese Gefühle der Enttäuschung symbolhaft oder direkt auftauchen. Das bedeutet, das ›Reiseerlebnis‹ kann unangenehm, aber fruchtbar werden. Fruchtbar deswegen, weil die enttäuschenden Gefühle, die Sie ein Leben lang belastet haben, über diesen Weg ausgeschwemmt werden. Zu diesem Zweck stellen wir uns vor, wir wären Däumchenklein, steigen in den Kelch der Rose der Liebe, lassen uns in den Stengel abwärts in jenes Reich des Unbewußten gleiten, wo alles mit Liebe, aber auch Liebesfrustration eingelagert ist.

Wenn wir durch den Rosenstengel reisen, kann es gelegentlich passieren, daß wir ein Gefühl von Enge auf der Brust verspüren. Das ist ein Signal dafür, daß unsere eigene Geburt sehr ›eng‹ war, wir also unter Geburtsstreß standen. Unser Körper erinnert sich über die Reise durch den Rosenstengel an die Reise durch den Geburtskanal.

Wir können alle möglichen Begriffe für die Namensfindung verwenden. Wenn wir aber Traurigkeit verspüren, dann hat es wenig Sinn, die Rose der Traurigkeit zu wählen, weil der innere Schmerz das Unbewußte verschließen und wir an die Ursachen der unbewußten Traurigkeit nicht herankommen würden. Wählten wir aber statt dessen die Rose der Freude, tut sich nach aller Wahrscheinlichkeit das ›Reich der Traurigkeit‹ auf, weil wir gegen Freude keine Abwehr aufbauen.

Schauen wir uns einmal eine freie Rosenimagination an, die von einer etwa vierzigjährigen Frau, Mutter von fünf Kindern, gemacht wurde. Sie wählte die Rose des Urvertrauens: »Stehe vor dem Rosenstock. Sie ist so zu, daß ich gar nicht hineinkomme. Sitze jetzt endlich in der Mitte des Kelches. Es ist wunderschön dort. Die Rose hat rosafarbene Blütenblätter und riecht sehr intensiv. Ein Gang (der Stengel) führt nach unten. Die Wände sind aus Glas, sie strahlen Kühle aus. Ich rutsche aus, es ist sehr scharfkantig. Dazwischen sind Kletterrosen, ich reiße mir die Haut auf. Es ist wie im Urwald. Der Gang ist ganz zu (Enge der Mutter bei der Geburt der Frau). Es ist irgendwie verschüttet, ich kann es ausräumen. Es geht steil nach unten. Da ist mehr Licht. Ich komme in ein Gewölbe. Eine Miniaturlandschaft. Ein von Wasser umgebener Berg. Die Wände sind steil und schwimmen. (Die rote Farbe signalisiert Aggression.) Jetzt ist das ein Springbrunnen geworden. Ich gehe hinein, aber es ist kalt da drinnen. Sehe einen alten Mann auf einem Sessel. Ich habe seine Füße umarmt. Mir wird ganz warm dabei. Er hat seine Hand auf meinen Kopf gelegt und mir gesagt: Alles wird gut. Er weiß von meinen Schwierigkeiten und meint, daß es besser für mich sei, im Augenblick abzuwarten.

Sehe einen Apfelbaum mit vielen Äpfeln. Es ist ein seltsamer Apfelbaum. Die rechte Hälfte der hängenden Äpfel zeigt mir mein Privatleben, die linke das Arbeitsleben. Versuche, von den Äpfeln zu essen, der ›Privatapfel‹ schmeckt besser, der andere bitterer, aber er macht mich gleichzeitig kräftiger. Links sehe ich jetzt einen Lichtgang. Ein sehr schöner Weg. Es funkelt. Ich komme zu einer Wiese. Da ist wieder ein Apfelbaum. Der ist aber nicht so schön wie der erste. Die Spitzen sind ausgedörrt. Aber alles andere ist voller Früchte. Schaue mir die Wurzeln des Baumes an. Dort ist es voller Insekten und Würmer. Steige in die Wurzeln ein und gehe in die Tiefe. Efeu ist da. Der Baum wird ganz trocken. Ich bin ganz entsetzt, weil der Baum schwarz ist. Innen ist eine Küche. Da liegt ein Kranker, eine Frau, leidet an Depressionen. Wenn ich die Aggression herauslasse, sprengt das die Küche. Nun ist der Baum verschwunden. Sehe eine Winterlandschaft. Alles bereitet sich vor. Tiere rühren sich in ihrem Winterschlaf. Auch die Samen sind voller Kraft. Alles wird lebendig. Jetzt wird Frühling, die Schneeglöckchen kommen heraus. Die lachen. Im Baum brodelt jetzt das Leben.«

Ohne diese Übung näher deuten zu wollen, können wir einiges mehr herauslesen, wenn wir den Baum als den Lebensbaum betrachten. Es gibt Schönes und weniger Schönes. Wollten wir diese Übung deuten, müßten wir viele andere Übungen der Frau vergleichsweise heranziehen. Aber soviel verrät uns diese Übung: Sie zeigt einen Wandlungsprozeß an. Zum Schluß kommen die Blumen, ist Lachen da, und der Baum bekommt Lebenskraft. –

Es gibt noch eine ganze Reihe harmonisierender Übungen, aber hier gilt das alte Lebensgesetz: Weniger ist mehr.

Kommen wir nun zu den Übungen des Selbstbildes.

»Inwendig lernt kein Mensch sein Innerstes erkennen«, sagte Goethe in ›Tasso‹, »denn er mißt nach eigenem Maß sich bald zu klein und leider oft zu groß.«

In der Selbstreflexion werden uns stets nur Teile eines selbst zurechtgemachten Bildes bewußt. Jeder besitzt sozusagen drei Charaktere:

1. einen, von dem er glaubt, daß er ihn besitzt, sein subjektives Selbstbild,

2. einen, den er zu haben wünscht, sein Leit- oder Wunschbild,

3. einen, von dem er nichts weiß, sein Wesensbild.

Wir dürfen uns den Charakter nicht in der Art eines konkret erkennbaren Gegenstandes vorstellen, der zwar an verborgener Stelle sitzt, aber nach einigem Bemühen doch zu fassen ist. Das Gebilde Charakter ist viel zu fein abgestuft, als daß es sich in seiner Ganzheit erfassen ließe.

Es ist gerade der reduzierte Mensch, der uns als ›normal‹ vorgestellt wird. Gerade der reduzierte Mensch ist am erfolgreichsten und kommt – scheinbar ohne Probleme – in seiner reduzierten Welt zurecht.

Im täglichen Leben mit unseren Mitmenschen, die auf solche Weise besser ›funktionieren‹ als wir selbst, fühlen wir uns nicht selten unterlegen. Männer denken über sich selbst als logisch, als geordnet, ohne zu merken, daß solche Begriffe ihre Spon-

taneität unterdrücken. Das Leben ist weder logisch noch ord-
nungsgemäß. Das beunruhigt besonders jene Männer, die
Chaos mit Hilflosigkeit gleichstellen. Es gibt aber durchaus
auch Männer, die das Leben mit seiner Schönheit und Herrlich-
keit erkennen.

Aber Männer und Frauen haben Angst vor der Hilflosigkeit.
Eine Angst, die so groß ist, daß wir Hilflosigkeit meiden. Aber
Hilflosigkeit ist der Beginn unserer Menschlichkeit und muß
angenommen und integriert werden. Mit der Ablehnung dieser
fundamentalen Menschlichkeit verblaßt das Leben für viele
von uns und wird zur Farce.

Warum hassen Männer ihre Hilflosigkeit? Und warum
hassen manche Frauen, häufig jene, die besonders attraktiv
und erfolgreich zu sein scheinen, hilflose Männer? Hilflosigkeit
ist gefürchtet, weil sie oft zur Vorbedingung unserer Unterjo-
chung wurde. Wenn Eltern die Hilflosigkeit ihrer Kinder aus-
nützen, um sie zu Objekten zu machen, durch die sie ihre
›eigene Selbstachtung‹ erhalten, wird Hilflosigkeit zu unserem
Feind. Es ist also nicht die Hilflosigkeit an sich, sondern ihr
instrumenteller Charakter, der Kontext unserer Erfahrung von
ihr, der uns Hilflosigkeit so gefährlich, so unannehmbar macht.

Wenn das Kind nie zu fühlen bekommt, daß es um seiner
selbst willen geachtet und geliebt wird, wird aus der Hilflosigkeit, mit der es auf allen Entwicklungsstufen konfrontiert ist,
eine unaufhaltsame Angst. Die Winzigkeit des Kindes, seine
Machtlosigkeit, seine Bedeutungslosigkeit, seine Minderwertigkeit machen es unmöglich, sein eigenes Selbst zu finden. Unter
solchen Umständen kann ein Kind nicht an sich selbst festhalten, da es dem Chaos ausgesetzt ist, dem überflutenden Einströmen von ungeordneten Sinnesempfindungen: eine unmögliche
Hilflosigkeit.

Seine seelische Integration wird dann entweder auseinander-
fallen, oder es wird sich den Eltern anpassen und zu einem
angepaßten Menschen werden. Deswegen wird Hilflosigkeit
mit dem Verlust des Selbst gleichgesetzt.

Der Umgang mit sich selbst geschieht zum allergrößten Teil
unbewußt, ähnlich wie die meisten lebenswichtigen Körper-

funktionen wie Herzschlag, Atmung, Verdauung. Nur ausnahmsweise wird er von der Reflexion erfaßt. Aber er bildet wohl die Grundlage für alle weiteren nach außen gerichteten Erlebnisse.

Wer mit sich selbst zerfallen ist, kann nicht im Einklang mit der Welt leben. Wer sich selbst haßt, mißachtet, ist auch zu keiner Liebe anderer fähig – ebenso wie jemand, der in sich selbst verliebt ist. Wer tief an sich selbst zweifelt, wird weder einen festen Halt im Glauben finden noch anderen solchen Halt geben können. Wer sich selbst betrügt, kann auch seinen Mitmenschen gegenüber nicht wahrhaft und aufrichtig sein. Wer sich selbst quält und erniedrigt, kann andere nicht erheben und erfreuen. Und wie auch sonst die Beziehung eines Menschen zu sich selbst gestört sein mag, wir können sicher sein, daß sich dies im ganzen Umkreis seiner Erlebnisse auswirken wird.

Die Frage nach dem Selbstbild kann nur über die Selbsterkenntnis geklärt werden. Die Selbsterkenntnis kann fruchtbar sein, weil ihr immer wieder Fragen gestellt werden, die zwar nie ganz gelöst werden können, aber die doch stets neue Teilantworten anbieten. Diese Fragen sind zwar für jeden einzelnen Menschen und in jeder einzelnen Situation verschieden; aber ihrer hauptsächlichen Thematik nach ähneln sie sich.

Für die Arbeit am Selbstbild bieten sich eine ganze Reihe von Alpha-Übungen an. Eine davon möchte ich hier vorstellen. Sie kann uns wesentlich helfen, an unserem Selbstbild zu arbeiten. Böte ich Ihnen alle Übungen an, würde Sie das nur verwirren. Wie bei der Rosenübung ist es nützlich, sich an eine Übung zu halten, um dem Unbewußten die Möglichkeit der Entfaltung zu bieten. Zu vieles Experimentieren könnte das Unbewußte verwirren.

Wir nennen diese Übung die ›Spiegelbildübung‹ oder auch die Übung mit dem ›Doppelgänger‹.

Ich werde alle folgenden Übungen nicht in der vollen Textvorgabe wie bei der Rosenübung zeigen, weil wir möglichst wenig Textvorgabe machen wollen, um dem Unbewußten die Möglichkeit zu bieten, das ›eigene Bild‹ sich entfalten zu lassen.

Sie legen sich zu dieser Übung bequem hin, versuchen, nicht gestört zu werden. Dann machen Sie die Chakrenentspannung. Sobald der ganze Körper entspannt ist, stellen Sie sich eine wunderschöne Landschaft vor, eine Sommer- oder Frühlingslandschaft mit einem See. Sie erleben, wie Sie zu dem See hinübergehen, sich niederknien und Ihr Gesicht nahe an das Wasser heranbringen. Die Wasseroberfläche wird Ihr Gesicht widerspiegeln. Es kann passieren, daß Sie aber nicht Ihr gegenwärtiges Gesicht sehen, sondern das Gesicht Ihrer Kindheit oder Ihr Gesicht in einem anderen Lebensabschnitt. Wie immer das Gesicht aussehen mag, schieben Sie es nicht weg. Daß es gerade so und nicht anders zu Ihnen kommt, hat etwas mit Ihrem inneren Selbstbild zu tun. Betrachten Sie dieses Gesicht eine Weile, und achten Sie auf Ihre Gefühle. Erst wenn Sie eine Regung in sich verspüren, greifen Ihre Hände in das Wasser und ziehen diesen ›Doppelgänger‹, diese ›Doppelgängerin‹ aus dem Wasser heraus. Lassen Sie es zu, daß sie sich Ihnen gegenübersetzt, und beginnen Sie nun einen Dialog mit Ihrer zweiten Persönlichkeit.

Ich möchte Ihnen hier eine ganze Reihe von Fragen vorstellen, die Sie an Ihr zweites Ich richten können:

1. Die Frage nach Ihrem Wesen

Sie erfahren es immer wieder, daß Sie sich nicht völlig kennen. Ihre Gefühle, Stimmungen, Ihre Denkrichtungen, Willensziele und Verhaltensweisen wechseln oft auf eine Art, die häufig überrascht. Oder wir entdecken Wesenszüge an uns, die gar nicht zu dem Bild passen wollen, das wir bisher von uns hatten. Damit wirft sich ein Problem auf. Denn es liegt uns natürlich sehr viel daran, all das, was wir an uns selbst erfahren, möglichst sinnvoll einem Bild von unserer Persönlichkeit zuzuordnen. Wir möchten wissen, wer wir wirklich sind. Fremdes, Nichtpassendes soll gedeutet werden, damit es uns nicht mehr irritiert. Neues soll vom Altbekannten her zu erklären sein oder mit ihm doch wenigstens in irgendeinem Zusammenhang stehen. So finden wir immer wieder Grund, über uns und unser Leben nachzudenken.

2. Die Frage nach unserem Wert

Es geht uns nicht nur um eine rein nüchterne, objektive Feststellung dessen, was wir sind. Noch viel wichtiger ist uns die Frage nach unserem persönlichen Wert. Was liegt an Wertvollem in uns? Was gelten wir? Je nach den Maßstäben, die wir anlegen, können es moralische Werte des Guten, Gerechten, Wahrhaften, Vollkommenen, Heiligen sein oder solche der Sympathie, der Beliebtheit, der Bekanntheit oder Berühmtheit. Was wir an derartigen Werten bei uns finden, erhöht unser Selbstwertgefühl, und dieses wiederum ist nötig, damit wir uns dem Leben gegenüber behaupten können. Von Selbsterkenntnis kann hier allerdings nur dann die Rede sein, wenn wir auch wirklich vorhandene Werte unseres Selbst entdecken. Mit einem rein illusionären Selbstgefühl, mit wahnhaften Einbildungen wäre uns nicht gedient. Das würde nur zur Unfruchtbarkeit des weiteren Umganges mit uns selbst führen.

3. Die Frage nach unserem Weg

Die bisherigen Fragen galten dem, was gegenwärtig ist. Nun wollen wir auch darüber etwas erfahren, was künftig werden kann und werden soll. Wir wollen Möglichkeiten und Wege zu einer sinnvollen Weiterentwicklung unserer Persönlichkeit, zur Selbstverwirklichung sehen. Immer wieder müssen wir Entscheidungen zu unserem Besten treffen. Je mehr Wege wir konkret vor uns sehen und je klarer wir unter ihnen den allein richtigen oder den relativ besten wählen können, um so fruchtbarer ist unsere Selbsterkenntnis.

4. Die Frage nach unserer Kraft

Wir müssen uns gleichfalls fragen, ob unsere Kräfte und Fähigkeiten auch ausreichen werden, um uns an das gewünschte Ziel zu bringen.

Alles Wollen und Planen muß im Bereich des Möglichen bleiben. Wir dürfen uns nicht überfordern und so ein Versagen herbeiführen, dürfen aber auch nicht unsere besten Kräfte ungenutzt lassen. Also gilt es zu erfahren, wo unsere Stärken und Schwächen liegen. Dazu gehört auch die Frage, ob sich die Stärken steigern, die Schwächen überwinden oder wenigstens ausgleichen lassen und ob noch etwas Unentdecktes und Unentwickeltes in uns ist, woraus uns neue, bisher unbekannte Kräfte zufließen können.

Alle diese Erfahrungen — ob sie nun unser Wesen, unseren Wert, unseren Weg oder unsere Kraft betreffen — werden nicht immer in voller Bewußtheit gemacht. In Trance, wo unser störendes Ego etwas eingeschränkt ist, können wir näher an unseren Wesenskern herankommen und tiefere Antworten und Einsichten bekommen. Dazu kann uns die Spiegelbildübung verhelfen. Ich möchte Ihnen das an einem Beispiel zeigen.

Es ist die Übung einer alleinstehenden 36jährigen Frau. »Ich sehe das Wasser, einen Pfad, Obstbäume. Die Oberfläche des Sees ist leicht gekräuselt. Das Wasser ist dunkel, an den Rändern grün. Als Spiegelbild schaut mir eine dunkle Gestalt mit Dornenkrone, langem Kleid, ganz in Schwarz entgegen. Ich hebe sie aus dem Wasser. Sie hat blonde Haare, trägt ein Baby auf dem Arm. Der rechte Busen ist entblößt, ist wahnsinnig üppig. Ich habe nicht solchen Busen. Spreche sie daraufhin an. Sie meint, durch meine Trägheit sei ich so dürr. Es ist keine Ausgewogenheit in der Gestalt meines Spiegelbildes: Riesenbusen, dürre Gestalt. Mein Spiegelbild meint, der Busen wolle mir sagen, daß ich dem Wesentlichen aus dem Weg gehe, nämlich meiner Rolle als Frau und Mutter. Sie sagt, daß ich mein Leben mit Unwesentlichem vollstopfe. Lasse mich durch unwesentliche Kleinigkeiten ablenken, und das Wesentliche meines Lebens bleibt liegen. Sie nimmt mich bei der Hand und sagt, das hätte etwas mit meiner Faulheit zu tun. Diese Faulheit hätte aber etwas mit meiner Mutter zu tun. Bei meiner Mutter durfte ich nie ›faul‹ sein, mußte immer etwas tun. So kam ich nie zu den wesentlichen Dingen. Wir sitzen da, mein Spiegelbild und ich, und halten uns an der Hand. Plötzlich bemerke ich, daß sie abnimmt, ich aber gleichermaßen zunehme. Das Baby, das vorher ganz winzig war, ist jetzt normal groß.

Mein Spiegelbild sagt mir, daß ich im Haushalt zu unordentlich sei, keine Kontrolle über meinen Haushalt habe. Außerdem sei ich zu hart zu den mir als Lehrerin anvertrauten

Kindern. Ich solle mehr mit dem Herzen und mit Liebe walten. Mein Spiegelbild zeigt mir aber auch meine positiven Seiten: Ich bin lernbegierig, lerne, die anderen zu verstehen, könnte immer mehr lernen, andere zu lieben, wenn ich dazu bereit wäre. Es sagt mir, daß ich mit Kindern gut umgehen kann, wenn ich will. Dieser Punkt sei meine Stärke und meine Schwäche zugleich. Vielleicht liegt das auch daran, weil ich keine eigenen Kinder habe. Ich soll mehr Liebe entwickeln, zur Erde, zur Natur, zu den Blumen, daraus kann ich viel Kraft schöpfen. Jetzt verschmelzen mein Spiegelbild und ich miteinander. Ich werde zur Lichtseite, das Spiegelbild zur Schattenseite. Dann verschwindet das Dunkle. Ich bin ganz von Licht durchstrahlt. Ich werde zu einer Säule, die zum Himmel geht. Links und rechts davon vibriert ein anderes Licht, spüre die Säule aus meinem Bauch herauskommen. Hell und Dunkel liegen beieinander und bekämpfen sich nicht. Das Dunkle ist auch hell und das Helle ebenso dunkel. In jeder Zelle von mir ist beides drin. Das verhindert, daß ich überheblich werde. Ich finde das toll, ist mir klar bewußt. Die Säule ist nun nur noch Licht.«

Selbsterkenntnis, Selbsterziehung, Selbstverwirklichung gibt es immer nur in dem Maße, in dem wir in der Wirklichkeit zu leben vermögen. Solange wir die Wirklichkeit nicht bejahen, sind wir von allem Glück und Erfolg ausgeschlossen. Denn alles illusionäre, nur subjektive Glück hat keinen Bestand.

Es wird von der Wirklichkeit gar zu schnell und schmerzlich enttäuscht. Und ein Nirvana, ein völliges Aufhören alles Wünschens, Begehrens, ist kein Glück, es ist nur Leidlosigkeit. Glück gibt es nur dann, wenn subjektives Erleben und objektive Wirklichkeit im Einklang miteinander stehen und bejaht werden. Das Ja zur subjektiven Wirklichkeit unseres Selbst ist uns möglich, wenn wir das Kind in uns anerkennen und ihm gegenüber eine Haltung annehmen, die es zuläßt, sich in uns wohlzufühlen. Damit wir nicht ein ungutes Kind in einem späteren Erwachsenen entwickeln, müssen wir mit der Arbeit schon sehr früh bei den Kindern beginnen. Wie wir hier mit dem Alpha-Training vorgehen können, soll das nächste Kapitel zeigen.

Alpha-Training mit Kindern

Die Tiefenpsychologie hat sich seit jeher intensiv mit Märchen beschäftigt. Sie versucht, Beweise dafür zu erbringen, daß viele der scheinbar veralteten Märchen-Inhalte noch in Träumen von Kindern und Erwachsenen lebendig sind. Die Funktion des Märchens besteht darin, Kindern bei der verarbeitenden Bewältigung ihrer phantastisch wuchernden und stark triebbestimmten Traumbilder zu helfen. Märchenähnliche Träume und Imaginationen helfen den Kindern über Entwicklungsschwerpunkte hinweg. Arbeit mit Märchen, insbesondere innerhalb der Imagination, kann als Entwicklungshilfe für Kinder gesehen werden. Heutige äußere Lebensumstände unterscheiden sich zwar von den Lebensweisen der im Märchen agierenden Personen, aber die Probleme der menschlichen Reifung sind dieselben geblieben. Märchen und damit auch die Imaginationen helfen darum Kindern, mit ihren Lebensproblemen besser fertig zu werden.

Es gibt eine Vielzahl von Hilfestellungen für Erwachsene, die wieder zu sich selbst finden möchten, Kinder aber sind von diesem Angebot sehr vernachlässigt. Es scheint, als ob Probleme der Kinder nicht ernst genug genommen werden. Gerade im werdenden Menschen kann man viel Schaden verhüten, wenn man Probleme sichtbar macht, aber nur dann, wenn wir unsere Kinder bei der Hand nehmen und sie über diese Klippen hinübergeleiten, so daß sie unbeschadet auf der anderen Seite ankommen. Kindern können wir frühestens Hilfe anbieten, wenn sie ins Schulalter kommen. Ich hoffe, daß Eltern, Lehrer und vor allem die Kinder Nutzen aus dem, was ich hier vorschlage, ziehen können.

Zwischen der Welt außerhalb und innerhalb unseres Körpers sind viele Beziehungen zu finden. In ihrer Wahrheit verborgen liegen die Schlüssel zu den Geheimnissen des Lebens und — was für den Menschen am wichtigsten ist — die Schlüssel zum Verständnis der Natur der eigenen Seele.

Wenn Sie mit Kindern arbeiten wollen, empfehle ich, kleine Gruppen mit etwa 6 – 8 gleichaltrigen Kindern zu bilden. Die Übungen sind so aufgebaut, daß sie den individuellen Bedürfnissen der Kinder angepaßt sind.

Es zeigt sich mehr und mehr, daß traditionelle Erziehungssysteme für die Entwicklung der Kinder hinderlich sind. Schon im Begriff ›Erziehung‹ deutet sich etwas von dem Drill an, dem manche Kinder unterworfen sind. Kinder benötigen Leitung und Führung — keinen ›Drill‹ und erst recht keine Dressur. Die zunehmende Ruhelosigkeit vieler junger Menschen heutzutage ist immer mehr der Ausdruck der Frage nach dem Sinn des Lebens.

Kinder nehmen, je älter sie werden, die unerklärlichen Unterschiede zwischen ihrem eigenen inneren Leben und ihrer äußeren Umgebung wahr, Unterschiede zwischen ihren Gefühlen und den Anforderungen, die die Erwachsenen an sie stellen, Unterschiede zwischen Aussagen und Handlungen ihrer Eltern, Unterschiede zwischen dem eigenen inneren Leben und der äußeren Umgebung. Kinder haben kaum die Möglichkeit, diese Unterschiede als Leerräume zu erkennen, ihnen entgegenzuwirken oder sie zu umgehen. Letztendlich werden sie in sie hineingedrängt; sie geraten in eine Entscheidungs- und Überzeugungswelt, die nicht ihre eigene ist.

Weil sie sich den Problemen nicht stellen können, werden sie sie nie bewältigen können.

Angesichts dieser Lage wird es deutlich, daß wir einen anderen Umgang, neue Kommunikationsformen, andere Lebensweisen mit unseren Kindern finden müssen, wollen wir sie uns nicht entfremden. Hier möchte das Alpha-Training helfen: Brücken im Bewußtsein zu bauen, die diese Leerräume schließen. Der erwachsene Mensch, der mit Kindern umgeht, sollte folgendes anstreben:

1. Das Wohl des Kindes und seine gesamte, gesunde Persönlichkeitsentwicklung uneigennützig zu fördern. Das Kind soll sich gemäß seinen Anlagen und Fähigkeiten zu seinem eigenen Lebensziel und nicht dorthin, wohin die Erwachsenen es hinhaben möchten, entwickeln.

2. Innerhalb dieses Rahmens die allgemeinbildenden, speziellen Begabungen und persönlichen Wünsche des Kindes besonders berücksichtigen.

3. Die inneren Kräfte, die aus dem Wesenskern des Kindes kommen, aktivieren und fördern, ihm Richtungen vorgeben, ihm einen größeren Freiraum schaffen und ihm damit helfen, im Laufe seiner Entwicklung autonom zu werden.

Autonomie beinhaltet die Fähigkeit, ein Selbst zu haben, das auf dem Zugang zu eigenen Gefühlen und Bedürfnissen gründet. Bei einer Fehlentwicklung der Autonomie bleiben Gefühle und Bedürfnisse unausgewogen, und der Mensch findet nicht zu sich selbst. Daher ist es wichtig, daß jemand, der ein Kind führen und leiten will, sich selbst seiner Autonomie bewußt ist.

Wir können sagen, daß wir uns im Spiegel der Augen unserer Mutter erkennen lernen. Das bedeutet: das Bewußtsein der Mutter und ihre Selbstachtung werden zum bestimmenden Anteil der Entwicklung unseres eigenen Selbst.

Nehmen wir als Beispiel die Mutter, die ihren Säugling, obwohl sie ihn liebt, gleich nach dem Wickeln und Füttern ins Bett legt, obwohl das Baby schreit. Sie fühlt sich zärtlich zu dem Kind hingezogen, aber sie wurde so erzogen, daß sie meint, daß man Kinder nach dem Wickeln hinlegen müsse. Sie folgt also einem Programm, das sie niemals kritisch überprüft hat. Sie folgt ihrer ›Erziehung‹, anstatt dem Bedürfnis des Kindes nach Nähe, Liebe und Geborgenheit entgegenzukommen. Das geschieht, weil in ihrer Entwicklung ihre eigenen Ansprüche übergangen wurden. Eine solche Mutter hat keinen Zugang zur eigenen Autonomie und deswegen auch nicht zu der ihres Kindes. Es geschieht etwas Unausgesprochenes: Die Mutter läßt ihren Säugling leiden, ohne sich dessen bewußt zu sein. Das unbewußt Ungeheuerliche ist die Art und Weise, wie unser Verhältnis zur Realität als Waffe gebraucht wird, um ein Kind zu peinigen. Wir haben es hier mit einer verleugneten Feindseligkeit zu tun, die viele Menschen von Geburt an umgibt und deswegen vom Opfer gegenüber dem, der Unterwerfung fordert, anerkannt wird. Scheinbar fehlt dem Kind ja nichts! Doch das Kind bleibt in seiner Entwicklung weit entfernt vom Gefühl der Autonomie, es wird ständig das Gefühl in sich herumtragen, daß ihm etwas fehlt: nämlich Liebe und Geborgenheit.

Erst dadurch, daß ein Kind die Zuwendung seiner Mutter emphatisch erfühlen kann, wird es ihm möglich, seine eigenen Gefühle im Spiegelbild der Mutter zu erfühlen und somit zu gestalten. Mutter und Kind entwickeln sich gleichsam erfühlend. Und darum ist es wichtig, die Bedürfnisse des Kindes schon im Säuglingsalter ernst zu nehmen.

Wenn Gehorsam an die Stelle von Autonomie tritt, führt er schlichtweg zur Entmenschlichung. Gehorsam ist ein Machtmittel der Erziehung. Daß er im Angesicht von Macht und Autorität zu einer allgemeinen Verleugnung der eigenen Gefühle führt, ist verständlich. Über Macht und Autorität wird Anpassung verlangt und Menschsein dadurch unterdrückt. Gefühle und Bedürfnisse müssen sich dann über Verschiebung im Körper manifestieren, und es kommt dann zu psychosomatischen Störungen.

Gehorsam ist Anpassung und kein Lernprozeß. Lernprozesse finden durch Einsicht statt. Einsicht setzt aber Erfahrung voraus. Darum ist es nötig, Kindern Erfahrungen zu vermitteln.

Lernen durch Einsicht bietet erst die Voraussetzungen für die Bewältigung des Lebens.

Es ist der Zwang zum Macht-Image, der uns immer wieder vom Erleben der wahren Wirklichkeit abhält. Dieser Zwang führt zum irrationalen Leitbild des ›wirklichen‹ Mannes und der ›richtigen‹ Frau. Es ist ein Vorurteil, wenn wir vom intellektuellen Mann und der emotionalen Frau sprechen. Es gibt keine Unterschiede in der Empfindsamkeit der Geschlechter. Zärtlichkeit, Freude, Kummer sind bei beiden Geschlechtern gleichermaßen verteilt und werden ausgedrückt. Wo außer den biologischen Unterschieden noch weitere auftreten, sind sie durch Erziehung erworben, und es ist dann der Geist der Erziehung, der die Geschlechter trennt.

Wenn man sich als Mann zarte Gefühle verbietet, ist das eine Folge der Erziehung. Wenn Frauen sich maskulin, hart und kühl geben, ist das ebenso ein Produkt der Erziehung. Leider schwingen sich diejenigen zu unseren ›Führern‹ auf, die meinen, die Idealvorstellungen, die wir von Männlichkeit haben, am besten zu verkörpern. Viele Frauen unterliegen kritiklos dieser Faszination und zwingen dadurch ihre männlichen Partner, sich jenen Idealen anzupassen. Beide mißachten die innere Stimme und bestrafen all diejenigen mit Verachtung, die einen ausgleichenden Weg suchen. Männlichkeitswahn bringt Kriege und erbarmungslosen Konkurrenzkampf hervor, wobei der Herzinfarkt nur *eine* Form von Selbstvernichtung ist.

Wie können wir eine Basis schaffen, auf der Männer und Frauen sich ebenbürtig begegnen? Die Wurzeln dazu werden in der Kindheit gelegt. Begegnung zwischen Mann und Frau bedeutet doch: Berührung in der Tiefe des Seins. Wenn Männer Frauen verachten und Frauen über Männer die Nase rümpfen, kommen wir keinen Schritt weiter. Durch Hinführung zum Du in der Kindheit können solche Barrieren jedoch abgebaut werden. Erst wenn die Geschlechter angstfrei miteinander leben können, können wir wirkliches Sein erfahren, können Leid und Krankheit abgebaut werden, denn solche Nähe vermittelt uns das Gefühl von Geborgenheit und Sein im anderen.

Solange aber einer von zwei Menschen das Gefühl von Überlegenheit braucht, solange gibt es keine wirkliche Gemeinsamkeit. Der Verrat an den Geschlechtern wird über Mütter und Väter postuliert. Das zu sagen bedeutet nicht, Mütter und Väter anzuklagen, denn auch sie unterlagen der Macht ihrer Väter und Mütter. Was es gilt, ist umzudenken, Kinder nicht mehr erziehen, sondern behutsam führen und leiten. Sie nicht für die Schule, die Firma, den Chef heranwachsen zu lassen, sondern für sich selbst. Die Lebenstüchtigkeit ergibt sich nicht allein dadurch, daß ein Mensch gelernt hat, zu gehorchen, um zunächst den Eltern das Leben zu erleichtern und später ein ›guter‹ Untergebener zu sein. Lebenstüchtigkeit ergibt sich aus der Autonomie, die dem Menschen ermöglicht, sein Leben gemäß seinen Bedürfnissen und Fähigkeiten zu gestalten. Männer denken über sich selbst als logisch, als geordnet, ohne zu merken, daß sie mit solchen Begriffen die Spontaneität erdrücken, vor der sie sich fürchten. Das Leben ist weder logisch noch geordnet. Lebendigkeit bedeutet Chaos. Aber Chaos bedeutet nicht Hilflosigkeit. Chaos bedeutet, spontan und lebendig auf immer neue Situationen zu reagieren, und nicht, sich in feste Formen pressen zu lassen. Chaos ruft nach Kreativität. Wenn ein Kind nie zu fühlen bekommt, daß es um seiner selbst willen geachtet und geliebt wird, wird es die Ebene der Hilflosigkeit nie überwinden. Daraus entwickelt sich Angst. Die Winzigkeit des Kindes, seine Machtlosigkeit, seine scheinbare Bedeutungslosigkeit, seine ›Minderwertigkeit‹ machen es ihm unmöglich, sein eigenes Selbst zu finden. So kann es sich nicht an sich selbst festhalten, da es dem Chaos ausgeliefert ist, dem überflutenden Einströmen von Außenreizen: Seine seelische Integration fällt auseinander, oder es wird durch die Eltern in eine Form gegossen.

Es scheint nur einen Ausweg aus solchem Chaos zu geben: Der Weg über die Macht, d.h. über Trotz, Bockigkeit oder Krankheit Macht über die Eltern zu gewinnen. Es erlebt ja, wie die Eltern sich gegenseitig ausbeuten, und findet hier ein Ventil, das es dann auch in der späteren Ehe anwenden kann.

Weil Kinder, wenn auch unwissentlich, oft in die Irre geführt werden können, möchten wir Eltern durch das Alpha-Training die Möglichkeit bieten, das Lebensschiff ihrer Kinder wieder ins rechte Fahrwasser zu lenken.

Kinder müssen sehr viel lernen, wollen sie später einmal den Lebenskampf gut überstehen. Manche Kinder aber zeigen beim Lernen Schwierigkeiten. »Der könnte schon, aber der will bloß nicht«, meinen Eltern nicht selten, wenn es nicht so klappt.

Aber Wille allein genügt nicht. Ein Gewichtsheber kann soviel Gewicht heben, wie seine Kräfte zulassen, wenn er will. Eine schwächere Frau kann das nicht, selbst wenn sie will. Es gibt Grenzen des Könnens. Wenn Kinder Lernschwierigkeiten haben, hat das nicht immer mit Nicht-Wollen zu tun, sondern mit psychischen Blockaden. Kein Mensch rennt einfach blind einen Berg hoch, ohne nicht vorher ans Ziel zu denken. Darum ist es so wichtig, gerade bei der Ausbildung auf Begabungs-schwerpunkte zu achten. Das heißt, dem Kind gemäß zu handeln, anstatt es in eine Richtung laufen zu lassen, die nicht seinen Fähigkeiten entspricht. Wenn ein Kind aus einer Akade-mikerfamilie stammt, der Vater vielleicht Arzt ist, dann heißt es noch lange nicht, daß der Sohn oder die Tochter auch eine Arztbegabung ›in sich tragen‹.

Jede Willenshandlung ist auf ein Ziel gerichtet, für dessen Erreichung ein Kräfteeinsatz notwendig ist. Das Ziel kann nicht erreicht werden, wenn das Kind nicht über die nötigen Kräfte verfügt. Wer blind auf ein Ziel losrennt, muß das Risiko eines Fehlschlags mit einkalkulieren. Wenn ein Kind schulisch versagt, dann kann das bedeuten, daß nicht das Kind versagt hat, sondern die Eltern mit einer falschen Zielvorgabe. Nur wenn wir Fähigkeit, Kraft und Motivation des Kindes berück-sichtigen, kann ein bestimmtes Ziel erreicht werden. Und: Es müssen Vorgaben sein, die dem Wesen des Kindes entsprechen, wenn das Kind nicht versagen soll. Wir müssen erkennen, daß Wollen und Sollen nicht das Gleiche sind. Das Sollen kommt meist über Gebote und Verbote. Das Wollen geschieht durch Einsicht. Das Sollen führt zu Konflikten, das Wollen kann zur Lebensaufgabe werden. Das Sollen des Kindes entspringt dem Wollen der Eltern. Das Sollen erzeugt Widerstand, bringt also Druck in die familiäre Atmosphäre und führt unweigerlich zum Gegendruck von seiten der Eltern. Derartige Spannungen können Kinder in die Isolation führen, die wiederum läßt schu-lische Leistungen sinken, und nicht selten wird ein Kind dann zum Versager abgestempelt, nur weil es nicht konnte und wollte, wie die Eltern sich das vorgestellt hatten.

Wir wollen das an einem Beispiel verdeutlichen:

Stellen Sie sich einen Fluß vor, mit vielen Windungen und Schleifen, wie er sich im Laufe der Jahre gebildet hat. Dieser Fluß tritt gelegentlich über die Ufer, wenn es zuviel geregnet hat (Ge- und Verbote). Nun gibt es naive Gemüter, die einfach hohe Wehre bauen, damit das Wasser nicht mehr wie früher überlaufen kann. Aber das Wasser wird im Flußbett steigen und steigen, und eines Tages wird es auch diese Wehre überfluten oder woanders austreten, und die Verheerungen werden ärger sein als zuvor (Krankheit — Neurose). Baut man aber diesem Fluß ein Bett, das dem Wasser genügend Platz bietet, oder sichert man den Flußlauf durch Schleusen, dann wird der Fluß keinen Schaden anrichten. Man hat der Kraft des Wassers (der Seele) genügend Raum gegeben.

Für Kinder kann das Alpha-Training eine dieser Schleusen sein. Das Alpha-Training bietet die Möglichkeit, den Seelenstrom in einen ruhigen Flußlauf zu leiten.

Das Lernen macht dem Kind ebenfalls Schwierigkeiten. Die Fähigkeit, sich zu konzentrieren oder die Aufmerksamkeit für eine bestimmte Zeitdauer auf ein bestimmtes Thema zu richten, steht im direkten Verhältnis zum Erlernten. Unter Lernen verstehe ich nicht nur den Erwerb von irgendwelchem Wissen, sondern Lernen bedeutet auch, in den Lehrstoff so tief einzudringen, daß er sich mit Leben füllt. Sich zu konzentrieren heißt, sich in etwas zu vertiefen. Das heißt in einer Sache aufzugehen. Um dieses Ziel zu erreichen, müssen wir ein Kind motivieren, sich für ein Thema zu interessieren. Interesse heißt, dabei zu sein. Aber nicht selten wird ein Kind unter Leistungsdruck gesetzt. Der erzeugt Angst. Angst aber engt ein, und es kommt zum Leistungsabfall. Auch für ein Kind gilt die Kettenreaktion: Dies oder jenes möchte ich ganz genau wissen (Entscheidung). Im Verlauf der Entscheidung kommt die Erfahrung: Die Sache gefällt mir, da möchte ich mehr darüber wissen (Interesse). Wenn ich das alles einmal weiß, wird es mir im Leben sehr viel nützen (Glaube — Überzeugung). Damit hat sich das Kind auf ein Thema konzentriert. Wenn es dagegen wankelmütig ist, schwankend, wenn es seine Aufmerksamkeit in viele Richtungen lenkt, wird das Interesse zersplittert, und es kommt nichts Nützliches zustande. Auch im Erwachsenenalter hat der sprunghafte Denker oder der gelegentliche Beobachter nicht die Fähigkeit oder Kraft, seinen Geist auf eine einzige Sache, die er für richtig hält, zu lenken und dann dabei zu bleiben. Die Konzentration geistiger Energie öffnet das Tor zu den tieferen Bedeutungs-Schichten. Die Vorstellungs- oder Ideenkraft, die wir Tag für Tag anwenden, schafft unsere Hoffnungen und Ängste, diese bedingen unsere allgemeine Haltung, die wiederum unsere Umgebung und das, was uns widerfährt, was dann wieder unsere Gefühle und Vorstellungen ausmacht und so weiter, in endloser Folge.

Wenn wir uns bewußt machen, daß wir täglich in unseren Vorstellungen unsere Wirklichkeit schaffen, können wir beginnen, unsere Vorstellungen und Gedanken in bestimmte Richtungen zu lenken.

Wenn Kinder in ihrem natürlichen Gebrauch von Vorstellungen unterstützt werden, kann ihnen, einfacher als Erwachsenen, weil sie weniger gewohnheitsversklavt sind, beigebracht werden, ihre Vorstellungen auf aufbauende Ziele zu richten. Man kann ihnen dabei helfen, ihre Vorstellungen in schöpferischer Form zu äußern, und mit der Entwicklung des Verstandes können sie langsam die Formen und Wirkungen, die ihre Vorstellungen verursacht haben, erkennen. Natürlich ist es ein beträchtlicher Schritt, der von der Idee, der Vision oder dem Ideal zur Wirklichkeit führt.

Allerdings: Nur durch praktisches Ausprobieren und Experimentieren können wir diese Ziele erreichen. Das zentrale Anliegen unserer Kindererziehung ist es, praktische Wege aufzuzeigen, um neues Licht in das Leben des Kindes zu bringen — für ihr Zuhause, ihre Betätigung nach der Schule. Was wir mit dieser Arbeit erreichen möchten, ist, den Kindern mehr Raum für sich selbst, für ihren Entwicklungsprozeß zu schaffen. Dafür gibt es gewisse Voraussetzungen. Eine davon ist eine liebevolle Umgebung, in der ein Kind erkennt, daß es keinen Grund zur Furcht hat, wo ihm der nötige Respekt gezollt wird, in der es sich wirklich entwickeln kann. Geduld und Freiheit statt Druck fördern eine ausgeglichene, rhythmische Entwicklung. Wo Ehrlichkeit, Verständnis und Vertrauen herrschen, wird ein Kind sich ausdrücken und selbstmotivierte Aktivitäten entwickeln können, die Erwachsenen gehen darauf ein und bieten Hilfestellung an, wenn es Schwierigkeiten gibt.

Gerade bei Kindern ist das Alpha-Training sehr erfolgreich. Kinder, unbelastet und frei von Zweifeln, üben gern mit dieser Methode. Besonders geeignet ist das Alpha-Training aber bei Schulleistungsschwierigkeiten. Wie kommt es überhaupt bei Kindern zu Leistungsblockaden?

Vielleicht kennen Sie auch einen Vater, der zu seinem Sohn sagt: »Also Bürschchen, wenn du mir noch mal mit einer Fünf nach Hause kommst, dann kannst du was erleben!« Ein anderer Vater: »Nimm dir ein Beispiel an mir. Was glaubst du wohl, warum ich im Leben so weit gekommen bin? Na, warum wohl? Nur, weil ich fleißig war, weil ich mich zusammengerissen habe, weil ich auf Zack war. Also reiß dich zusammen und mach keinen Ärger, sonst…«

Zusammenreißen bringt Nachteile. Das Kind verkrampft aufgrund der Panikmache der Väter. Auch Lehrer können Schulkindern Angst einjagen. Angst aber ist ein schlechter Begleiter und Ratgeber, wenn es darum geht, etwas zu lernen. Angst ist Enge, Beengung, Einengung des Blickfeldes. Bewußt oder unbewußt wird Angst an Angst gereiht. Bis die Eltern irgendwann einmal einsehen, daß sie ein Versagerkind haben, ein Kind, das es eben nicht schafft. Durch Angst entstehen Denk- und Lernblockaden. Lehrer und Eltern erreichen durch Einflößen von Angst genau das Gegenteil dessen, was sie anstreben. Denken beruht auf chemisch-elektrischen Vorgängen im Gehirn und in Nerven. Die Stelle, an der sich zwei Nervenstränge berühren, nennt man Synapse. An der Synapse springt der chemisch-elektrische Reiz von einem Nerv auf den anderen über. Angst nun aber veranlaßt unsere Nebennieren, Adrenalin und Noradrenalin (Angriffs- und Fluchthormone) auszuwerfen, die die Übertragung der chemisch-elektrischen Reize an den Synapsen beeinflussen und den Denkvorgang beeinträchtigen. Und wo passiert das häufiger als in der Schule? Jeder kennt den Zustand, in dem sich der Kopf plötzlich leer anfühlt: Wir fühlen uns blockiert. Sogar Bundeskanzler Helmut Kohl hatte kürzlich einen ›black-out‹.

Diese Situation tritt häufig bei Prüfungen ein. Man weiß alles, und doch ist plötzlich diese Leere im Gehirn, und alles, was man wußte, ist plötzlich wie weggewischt. Und das nur, weil wir Angst vor der Prüfung haben.

Worauf es ankommt, ist, spielerisch und entspannt zu lernen. Über Interesse haben wir schon gesprochen. Wo kein Interesse da ist, gibt es kein Lernen. Darüber hinaus müssen wir erkennen, daß Lernen Handeln ist. Für dieses Handeln müssen wir unseren Kindern eine Motivation zeigen.

Solange Kinder nicht wissen, wozu sie einen erlernten Stoff einmal benötigen, solange können wir kaum ihr Interesse wecken. Das Interesse aber wecken wir dadurch, indem wir ihnen die Dinge der Welt in bunten Bildern schildern. Bloße Worte sind für Kinder oft zu neutral, zu nichtssagend. Sie können nichts damit anfangen.

Ein neues Motiv fordert neues Handeln. Nehmen wir einmal an, Ihr Sohn zeigt eine Schwäche im Umgang mit Zahlen, spielt aber auch gern mit technischem Spielzeug, vielleicht mit der Eisenbahn. Sie könnten ihm erklären, daß der Beruf eines Lokführers sehr interessant sei. Interessanter aber könne es sein, bei der Entwicklung neuer Triebwagen mitzuhelfen. Dazu müsse er aber etwas von Zahlen, Mathematik verstehen. Es kommt nur darauf an, Dinge bildhaft, lebendig zu schildern, das Interesse des Kindes zu wecken.

Schon Augustinus hat gesagt: »In dir muß brennen, was du in anderen entzünden willst.«

Mit Angstmacherei hat noch keiner auf lange Sicht einen guten Schüler aus seinem Sohn gemacht. Druck erzeugt Gegendruck; sobald Sie Druck ausüben, wird Ihr Kind irgendwann bockig, es versucht, Ihrem Druck auszuweichen, indem es bockt.

Wir können nur mit Hilfe der Vorstellung gute Wirkungen erzielen. Unsere Vorstellung heißt: Wir sehen unser Kind als einen lebenstüchtigen Menschen, als einen Sohn oder eine Tochter, die gern in die Schule gehen.

Wir bringen dadurch unseren Kindern mehr Interesse entgegen, wir fördern sie wohlwollend, wir setzen eine positive Erwartungshaltung, die sich dem Unbewußten des Kindes mitteilt. Es fühlt sich nicht allein und wird alles versuchen, uns nicht zu enttäuschen. Darüber hinaus können wir es noch direkt mit dem Alpha-Training motivieren.

Vor allem sollten wir unsere Kinder, wenn sie gute Schüler werden sollen, in ihrem Selbstvertrauen stärken. Dazu gehört Lob, wenn es angebracht ist. Wo gesundes Selbstvertrauen herrscht, da ist für Angst kein Platz, da müssen wir uns um die Leistungen der Kinder keine Sorgen machen. Beziehen Sie die Phantasiewelt Ihrer Kinder mit ein. In unserem modernen Zeitalter neigt man zu der Auffassung, sämtliche Probleme müssen ausschließlich mit der strengen Nüchternheit naturwissenschaftlicher und mathematischer Methoden gelöst werden. Wir vergessen dabei, daß die großen Fortschritte der Menschheit weitgehend der Phantasie zu verdanken sind.

Phantasie ist die Fähigkeit, neue Vorstellungen mit vorhandenen Vorstellungen in einer neuen Weise, die noch nicht erlebt wurde, zu verbinden. Die Kräfte der Phantasie können nicht von selbst wachsen − sie müssen genährt werden durch großartige Einflüsse und nachhaltige Erlebnisse. Darum sollten wir nie auf die Idee kommen, die Phantasiewelt der Kinder zu unterdrücken. Im Gegenteil, beziehen wir die Phantasiewelt in den Lernprozeß mit ein, nehmen wir sie zu Hilfe, um den Kindern zu helfen, leichter zu lernen.

Wir können Kinder auf das Alpha-Training vorbereiten, indem wir mit ihnen sprechen und ihnen sagen, daß es eine Möglichkeit gibt, in unserem Körper ganz ruhig und still zu sein, damit wir sehen und hören können, was tief in unserem Innern, nicht aber außen um uns herum, vorgeht. So können wir erfahren, wer wir tatsächlich sind. Bevor wir zu üben beginnen, schalten wir möglichst allen äußeren Lärm aus und hören dann auf die inneren Töne. Wir sagen den Kindern, daß sie ihren Körper ganz ruhig halten sollen, weil Bewegung Aufmerksamkeit beansprucht. Besser aber ist es, den Frieden tief im Innern zu spüren.

Als erstes gehen wir mit Kindern so vor, daß wir die große Chakrenentspannung einüben, um dann nach einer gewissen Zeit die einfache Formel zu verwenden.

Die Arbeit mit Kindern muß sehr einfühlsam vor sich gehen. Wenn wir die Chakrenentspannung über Farben machen, dann sprechen wir hinterher mit den Kindern über ihre Gedanken und Gefühle, lassen uns von ihnen berichten, was ihnen bei den verschiedenen Farben durch den Kopf ging, welche Gefühle sie beim Visualisieren der einzelnen Farben hatten. Sprechen Sie mit den Kindern darüber, welches ihre Lieblingsfarben sind. Häßliche und kleinliche Gefühle machen verschwommene Farben. Sind die Gefühle klar, zeigen sich auch die Farben in einer leuchtenden Klarheit. Sprechen Sie mit den Kindern über die Farben des Regenbogens, erzählen Sie ihnen, daß es diese Regenbogenfarben auch in unserem Innern gibt. Diese inneren Farben werden durch das Spektrum unserer inneren Sonne hervorgebracht. Wenn wir so weit sind, können wir mit den Kindern zur ersten Visualisierung übergehen. Sie haben sich mittlerweile an den Entspannungscode gewöhnt. Sie haben ihn erlebt, sind innerlich schon ruhiger geworden. Den inneren Frieden wollen wir jetzt vertiefen, indem wir zum Lichtpalast gehen. Halten Sie sich an folgenden Text, und ändern Sie ihn entsprechend der Familiensituation:

»Wir bauen jetzt einen Lichtpalast. Stelle dir einen leuchtend-grünen Lichtstrahl vor. Dieser Lichtfaden kommt direkt aus deinem Herzen. Du siehst, daß er zu meinem Herzen fließt. Ein zweiter grüner Lichtfaden kommt aus deinem Herzen und geht hinüber zum Herzen von Papa. Ein dritter Lichtfaden geht zu deiner Schwester, zu deinem Bruder (hier alle Geschwister nacheinander beim Namen nennen. Großeltern, Lehrer, alle können in den Lichtpalast eingeschlossen werden). Du spürst dabei, daß du immer ruhiger und friedvoller wirst. Gefühle von Freude, Geborgenheit und Zugehörigkeit steigen in dir auf. Jetzt stelle dir vor, daß aus der Stelle am Kehlkopf ein blauer Lichtfaden aus dir kommt und zu mir herübergeht und mich genau an meinem Kehlkopf trifft. Ein weiterer blauer Lichtfaden kommt von dir und geht zu Papa (jetzt bekommen alle Personen, die einen grünen Lichtstrahl bekamen, auch den blauen).« Anschließend lassen wir aus dem Chakra an der Nasenwurzel einen lila Lichtstrahl zu allen vorgegebenen Personen überfließen, und schließlich kommt aus dem Kopfchakra, also aus dem Mittelpunkt des Kopfes ein Lichtstrahl in der Farbe Violett, der ebenfalls zu den betreffenden Personen übergeht.

Nachdem ein solcher Lichtpalast gebaut ist, erklären wir dem Kind, daß es nun mit all diesen Personen verbunden ist, in Ruhe und Frieden mit ihnen leben kann und nichts diese Harmonie stören kann.

Wenn Sie eine Weile mit Ihren Kindern diese Übung gemacht haben, werden Sie feststellen, daß Ihr Kind ruhiger, vertrauensvoller und konzentrierter ist.

Jede Mutter und jeder Vater weiß, daß Kinder kleinere und größere Probleme haben. Häufig können sich Kinder nicht artikulieren. Folgende Übung soll Ihnen und dem Kind helfen, über sein Problem zu sprechen.

Sobald das Kind sich im Entspannungszustand befindet, bitten Sie es, seine Puppe oder sein Lieblingstier zu visualisieren. Erlauben Sie dem Kind, daß Puppe oder Tier in der Imagination lebendig werden. Das Kind kann jetzt diesem ›Liebling‹ von seinem Problem berichten. Während es spricht, soll es das laut tun, so daß Sie verstehen, was gerade im Augenblick im Innern Ihres Kindes vor sich geht. Lassen Sie auch Puppe oder Lieblingstier laut antworten, so daß Sie auch das mitschreiben können. Machen Sie die Übung solange, bis das Problem von allen Seiten durchleuchtet ist. Geben Sie dem Kind vorsichtige Regieanweisungen. Etwa so: »Wenn dein Teddybär die Antwort nicht weiß, dann macht euch doch einmal gemeinsam auf die Wanderschaft. In einer Hütte am Bach wohnt ein weiser alter Mann (eine gute Fee). Sprich doch mit denen darüber.«

Puppe und Lieblingstier sind Projektionsflächen für das Kind. Es hat ein gutes Verhältnis zu ihnen, und über diesen Weg lassen sich viele Probleme lösen. Der weise alte Mann und die gute Fee dagegen sind archetypische kollektive Bilder, von denen sehr häufig die Problemlösung kommt.

Nicht selten haben Kinder Orientierungsschwierigkeiten; Minderwertigkeitsgefühle haben sich bereits in ihnen entwickelt, und sie sondern sich von anderen Kindern ab. In einem solchen Fall setzen wir die Übung ›Mittelpunkt der Welt‹ ein.

»Stelle dir ein Haus vor, ein Haus mit vielen Fenstern. Genauso wie es dieses Haus mit den vielen Fenstern gibt, gibt es dich und deine Seele mit vielen Aus- und Lichtblicken. Erkenne, du bist dein Körper, du bist dein Fühlen. Wie alles auf dieser Welt bestehst auch du aus vielen Einzelteilen. Das Ganze bist dann Du. Das Du ist jenseits deines Körpers und deiner Sinne und Gefühle, es ist eins mit dem Ursprung aller Dinge. Lerne, das wahre Du zu sein. Schaue wieder zu dem Haus hin. Jedes der Fenster hat einen Namen. Es gibt das Fenster der Traurigkeit, des Unmutes, der Furcht. Alle deine Gefühle haben ein Fenster. Wenn du Traurigkeit spürst, dann betrachtest du die Welt durch das Fenster der Traurigkeit. Wenn du Furcht spürst, betrachtest du die Welt durch das Fenster der Furcht. Es gibt aber auch Fenster der Freude, der Liebe. So kannst du deine Welt durch das Fenster der Liebe oder der Freude betrachten. Selbst wenn du Traurigkeit verspürst und durch das Fenster der Traurigkeit schaust, weiß du, daß dein Haus viele Fenster hat, und du brauchst nur das Fenster der Traurigkeit schließen und zu dem Fenster der Freude gehen. So kannst du dich von den negativen Gefühlen abwenden und dich auf die Freude in dir konzentrieren, während du durch die Fenster der Freude und Liebe schaust, kannst du wachsen, spielen und lernen. Alle Fenster der Welt sind dir offen. Du kannst wählen, durch welches du die Welt betrachten willst.«

Wenn das Kind gelernt hat, sich Liebe und Freude zu gestatten, können wir das Erreichte mit folgender Übung vertiefen:

Die Liebesimagination:

»Vor deinem inneren Auge siehst du einen Punkt und darum herum einen Kreis. Der Punkt, den du siehst, das bist du, und der Kreis ist deine Welt um dich. Beobachte, welche Farbe der Punkt und welche Farbe der Kreis hat.

Du bist ganz still… ganz ruhig… Bringe nun Liebe in deinen Punkt, und mit der Liebe wird dein Punkt größer, und je mehr du mit deinem Herzen liebst, desto größer wird der Punkt. Und er wird immer größer und größer, bis der Punkt und der Kreis eins sind. Welche Farbe hat dein Punkt, welche Farbe hat dein Kreis? Zu welcher Farbe hat sich das Ganze verschmolzen? Über den Punkt und den Kreis bist du mit der ganzen Welt verbunden.«

Die Bedeutung der Farben:

Rot	=	Lebenskraft, Realitätsbezogenheit, verwurzelt sein, im Sinne von Sicherheit und Vitalität
Orange	=	Grundbedürfnisse spüren, Lust, Freude, körperliche Lebendigkeit
Gelb	=	Emotionen jeder Art, positiv und negativ, Spontaneität, Geben – Nehmen
Grün	=	die eigentlichen wahren Gefühle, positiv und negativ, sich spüren im eigenen Ego, nicht durch einen anderen, Position der Mitte
Hellblau	=	Kommunikationsfähigkeit, Umsetzung und Realisierung der unteren Chakren, Beziehung zur Mutter
Lila	=	Verstand, Phantasie
Violett	=	wenn das Kind sich selbst in dieser Farbe sieht: wurzellos, sich selbst überlassen, Ausweichen in Hirngespinste, kein Fundament, ansonsten geistige Entwicklungsfähigkeit.

Vergessen Sie niemals, das Kind wieder sorgfältig aus der Entspannung zu wecken. Gehen Sie dabei folgendermaßen vor: »Die Bilder verschwinden jetzt wieder, sie gehen dorthin, wo sie hergekommen sind. Du bereitest dich jetzt darauf vor, wieder hier in dieses Zimmer zu kommen. Ich werde bis fünf zählen, und erst bei fünf öffnest du die Augen.

1 – 2 – 3 – du kommst immer höher, dein Körper fühlt sich wohl und erfrischt an. 4 – gleich wirst du die Augen öffnen und dich recken, strecken und gähnen. 5 Augen auf.«

Es versteht sich von selbst, daß diese Übungen auch von Erwachsenen durchgeführt werden können. Sie geben auch ihnen die innere Ruhestellung und Harmonie.

Alpha-Training und der innere Arzt

»Medicus curat — natura sanat«, wußten schon die alten Römer: Der Arzt behandelt, aber heilen kann nur die Natur. Deshalb wird die Natur in uns, werden die Abwehr- und Selbstheilungskräfte unseres Organismus auch als der ›innere Arzt‹ bezeichnet — gewissermaßen als körpereigene und körperspezifische Kapazität. Es ist ein unverzeihlicher Fehler, wenn wir ihn viel zu selten konsultieren, weil wir zu wenig Vertrauen zu ihm haben. Dieses Vertrauen, der Glaube an seine Fähigkeiten — das ist das Honorar, das er uns abverlangt. Vom Glauben an seine Heilung durchdrungen, hat schon mancher Kranke sämtliche hilfreichen und ordnenden Kräfte mobilisiert.

Viele wissen nichts von den ordnenden Kräften, über die sie verfügen. Der innere Arzt wirkt von uns unbemerkt im Unbewußten. Dabei reagiert unser unbewußtes Ich überaus empfindsam auf jede Information — was wir uns in Form der Selbstbeeinflussung nutzbar machen können. Unterliegen wir doch ohnedies von morgens früh bis abends spät solcher Autosuggestion, meist allerdings von unserem Bewußtsein unkontrolliert. Wer jedoch lernt, diese ›Einflüsterungen‹ zu steuern, vermag auch dem inneren Heilmeister zu erstaunlicher Wirksamkeit zu verhelfen. Die dazu geeigneten Mittel sind Denken, vor allem in Form von bildhafter Vorstellung, Fühlen und die Überzeugungskraft des Glaubens. Man muß nur richtig mit diesen Mitteln umgehen — was aber nicht etwa heißt, sie willentlich durchsetzen zu wollen; hat doch jede Willensanspannung eine Verkrampfung, eine ›Trotzreaktion‹ des insofern vom Willen abhängigen, aber gleichwohl autonom agierenden Unbewußten zur Folge. Auf Erkrankungen bezogen heißt das: Wer sein

Leiden oder eine Sucht mit Gewalt bekämpfen will, macht alles nur noch schlimmer.

Nicht auf die Stärke des Willens, sondern auf die Kraft des Glaubens kommt es an. Bevor sich dieser Glaube in uns aktiviert, ist eine Entscheidung vonnöten, nämlich die, wirklich alles zu tun, um wieder gesund zu werden. Das Unbewußte wird durch bildhafte Vorstellungen beeinflußt. Der Grad ihrer Wirksamkeit hängt ab vom Glauben an sich selbst und vom Vertrauen zu dem inneren Arzt. Aufgrund einer gläubig-vertrauensvollen Geistes- und Gefühlshaltung können wir nicht nur ›Berge versetzen‹, sondern auch jene Kräfte freimachen, die als Ursachen sogenannter Wunderheilungen erkannt werden müssen.

Man kann sich zwar nicht zum Glauben an seine Heilung zwingen, aber durchaus dazu erziehen.

Nachdrücklich möchte ich auf die drei Todsünden gegen den inneren Arzt aufmerksam machen: Da ist zunächst das negative, das heißt destruktive Denken und Sprechen, das zum geistigen Gift wird. Hinzu kommt die Angst, die aufgrund ihrer selbsthypnotischen Wirkung die Funktionen des Organismus lähmt. Und schließlich die Unheilsuggestion, die den unzufriedenen, ängstlichen, selbstquälerischen Schwarzseher dazu zwingt, den Teufel an die Wand zu malen und geradezu in sein Unglück zu flüchten. Für den Leidenden ist das Hineinwühlen ins eigene Unglück aus Selbstmitleid gefährlicher, als es der gefährlichste Krankheitserreger sein könnte.

Noch eines vorweg: Alpha-Training ist keine Therapie, zumindest nicht im herkömmlichen Sinne. Durch das Alpha-Training sollen Sie lernen, sich Ihren ›eigenen inneren Arzt‹ zu erarbeiten, um damit die Heilungschancen zu vergrößern, um die Arbeit Ihres Hausarztes unterstützen zu können. Mir kommt es darauf an, daß Sie innerlich stabiler werden. Daß es heutzutage so viele kranke Menschen gibt, hat etwas mit der Zeit zu tun, in der wir leben. Dahinter steckt aber noch etwas anderes: Das Leben vieler Kranker brachte nicht genug Freude und Befriedigung mit sich. Man redet heute gern von Selbstverwirklichung und Ausschöpfen des menschlichen Potentials, aber derartige Redensarten bleiben bloße Leerformeln, wenn man nicht fragt: »Potential, wofür?« Wenn man ein erfüllteres und reicheres Leben führen will, muß man sein Herz dem Leben und der Liebe öffnen. Ohne Liebe — zu sich selbst, zum Mitmenschen, zur Natur, zum Kosmos — ist ein Mensch kalt, isoliert, inhuman, also unmenschlich.

Die Wärme, die uns mit der Welt vereint, in der wir leben, fließt von unserem Herzen. Das Gefühl der Liebe ist nichts anderes als diese Wärme. Das Ziel des Alpha-Trainings besteht darin, dem Menschen bei der Entwicklung einer ganz bestimmten Fähigkeit zu helfen — der Fähigkeit, Liebe zu geben und zu empfangen. Das Training soll das Herz und den Geist erweitern.

»Heilung ist eine Funktion der Liebe. Liebe ist die größte Therapie, und die Welt braucht Therapeuten, weil der Welt Liebe fehlt.« Diesen Worten des indischen Gurus Bhagwan Shree Rajneesh möchte ich mich anschließen.

So wie Sie Ihre Gefühle in den Griff bekommen können, so haben Sie es in der Hand, bestimmte körperliche Beschwerden, die nicht auf organischen Störungen beruhen, durch Alpha-Training zu beseitigen. Solche wohlbekannten Beschwerden, die oftmals keine körperlichen Ursachen haben, sind zum Beispiel Kopf- und Rückenschmerzen, Magengeschwüre, zu hoher Blutdruck, Hautausschläge und -unreinheiten, Krämpfe, unregelmäßig auftretende Schmerzen und ähnliches mehr.

Der amerikanische Psychiater W. W. Deyer bewies einer Patientin einmal, daß ihre Kopfschmerzen seelischer Natur waren: »Ich hatte einmal eine Klientin, die mir hoch und heilig versicherte, sie hätte seit vier Jahren jeden Morgen Kopfweh gehabt. Jeden Morgen um 6.45 Uhr wartete sie auf das Auftreten der Schmerzen, um dann ihre Tabletten einzunehmen. Überdies hielt sie alle ihre Freunde und Kollegen darüber auf dem laufenden, wie sehr sie litt. Die Klientin wurde darauf hingewiesen, daß sie die Kopfschmerzen selbst wünsche und sie ganz gezielt als Mittel zur Erlangung von Aufmerksamkeit und Mitleid einsetzte. Es wurde ihr behutsam klargemacht, daß sie lernen könne, diesen Mechanismus zu unterbrechen, und in der

Lage sei, den Schmerz zu beherrschen. Am ersten Morgen erwachte sie um 6.30 Uhr und wartete im Bett auf die Kopfschmerzen. Als sie kamen, gelang es ihr, sie zu einer anderen Stelle des Kopfes hinzudenken (!). Sie hatte damit eine neue Entscheidung getroffen. Bald hatte sie gar keine Kopfschmerzen mehr.«

Eine ständig wachsende Zahl von Beweisen spricht für die Auffassung, daß sogar Tumore, Grippe, Arthritis, Herzbeschwerden, ›Unfälle‹ sowie eine Reihe anderer Krankheiten, ja selbst Krebs vom Betroffenen gewollt sind, obwohl sie seit jeher als Übel angesehen wurden. Bei der Behandlung sogenannter ›hoffnungsloser Fälle‹ sind Forscher zu dem Schluß gekommen, daß es ein Mittel zur Besserung des inneren Verfalls sein könnte, dem Patienten dabei zu helfen, die Krankheit abzulehnen. In manchen Kulturen werden Schmerzen so behandelt, indem der Mensch sein Gehirn vollkommen unter Kontrolle bringt, so daß Selbststeuerung gleichbedeutend wird mit der Steuerung des Gehirns.

Der bulgarische Forscher Losanow, der die Suggestologie, ein ähnliches Verfahren wie das Alpha-Training, erforschte, setzte dieses Verfahren zur Schmerzkontrolle ein.

Im Sommer 1965 bat ein fünfzigjähriger Sportlehrer Losanow, ihn suggestologisch zu behandeln, da er sich einer größeren Operation eines komplizierten Leistenbruchs unterziehen wolle. Die Operation wurde gefilmt, im Fernsehen übertragen und lieferte einem internationalen medizinischen Kongreß in Rom im September 1967 den anschaulichen Beweis dafür, was die Suggestologie vermag. Für manche war der Film, als er in den Vereinigten Staaten gezeigt wurde, etwas zu anschaulich. Nichtmediziner im Auditorium schienen mehr zu leiden als der Patient, dem der Bauch aufgeschnitten wurde und der über das Klappern der chirurgischen Instrumente noch Witze machte. Sein Blutverlust war minimal, und der Klinikchef Dr. M. Dimitrof erklärte, daß die Heilung viel schneller verlief als gewöhnlich. Losanow und die anwesenden Ärzte betonten übrigens, daß es sich bei der Suggestologie nicht um Hypnose handele, sondern um eine neue Form bewußter Kontrolle.

Unter Hypnose ist es ebenfalls möglich, Schmerzen vollkommen unter Kontrolle zu bekommen. Das bewies der Münchner Zahnarzt Dr. Harald Richter. Richter führte eine schwierige Kiefernoperation durch, die – ohne Narkosemittel – nur unter Hypnoseeinwirkung ausgeführt wurde. Ich selbst habe mich davon bei Dr. Richter überzeugen dürfen, und der Münchner Zahnarzt erzählte, daß er von internationalen Gremien eingeladen war, um Operationen unter Hypnoseeinwirkung zu demonstrieren. So wurde unter Dr. Richters Anweisung in einer Klinik in Rom eine schmerzhafte Geburt unter Hypnose gezeigt.

Wir können uns also unsere Krankheiten ›angrübeln‹. Unser Gehirn, das aus zehn Billionen arbeitender Zellen besteht, verfügt über eine ausreichende Speicherkapazität zur Annahme von zehn neuen Informationen pro Sekunde. Die Informationsmenge, die das Gehirn vorsichtigen Schätzungen zufolge zu speichern vermag, entspricht etwa 100 Billionen Wörtern, so daß jeder von uns offenkundig nur einen kleinen Bruchteil Speicherungskapazität ausnützt.

Sie sollten solche Steuerungen nicht vorschnell als Quacksalberei abtun. Viele Ärzte mußten sich schon mit Patienten beschäftigen, die eine Erkrankung gewählt haben, für die es bisher keine medizinische Diagnose gibt.

Ein berühmter Psychiater sagte einmal: »Man kann nichts tun, um jemandem zu helfen, bevor dieser nicht bereit ist, alles zu tun – sogar gesund zu werden!«

Am Anfang vieler Erkrankungen steht der Schmerz. Was ist aber Schmerz? Darf man an ihm etwas Krankhaftes sehen, das so rasch wie möglich, notfalls mit schmerzstillenden Mitteln beseitigt werden muß? Sicher ist der Schmerz nicht eine Krankheit an sich, sondern nur ein Symptom, ein Zeichen dafür, daß im Körper etwas nicht stimmt.

Man sagt vom Schmerz, er sei der Hüter der Gesundheit. Würde ein kranker Zahn nicht wehtun, so würden wir den Zahnarzt viel seltener aufsuchen, und hätten wir keine Leibschmerzen, so würde es vielleicht für eine Blinddarmoperation zu spät sein.

Wenn wir also Schmerzen haben, sollten wir zunächst den Arzt aufsuchen. Denn hinter jedem Schmerz kann eine ernsthafte Erkrankung stehen. Wir können aber die Arbeit unseres Arztes unterstützen, indem wir in uns gehen und uns fragen: »Warum habe ich Schmerzen, was will meine Seele mir mit diesen Schmerzen sagen?«

Vielleicht fragen Sie, was hat meine Seele mit meinen Schmerzen zu tun? Nun, Psychosomatiker haben längst herausgefunden, daß zwischen Krankheit, Schmerz und seelischen Konflikten ein enger Zusammenhang besteht. Der Schmerz will uns signalisieren, was mit uns nicht stimmt, wo der seelische Konflikt steckt, was los mit uns ist.

Kopfschmerzen und Kopfdruck sind oft symbolischer Ausdruck verdrängter Wünsche, Ausdruck innerer Spannung und erduldetem Leid. Aber auch Begleitsymptom der Erschöpfung!

Kopfschmerzen können als konversions-hysterisches Syndrom ein breites Spektrum von symbolischen Aussagen darstellen. So kann beispielsweise das Erdulden von Schmerzen dem Patienten durchaus eine passive, masochistische Befriedigung bedeuten.

Die Migränekranken möchten durch Leistungen hervortreten und haben dabei ständig Angst, den gestellten Anforderungen nicht gerecht zu werden. Die Motivation zur Leistung liegt beim Migränekranken meist nicht im Sachinteresse, sondern im Wunsch, durch Leistung Anerkennung und Zuneigung zu erlangen. Der Migränekranke hat immer Angst zu versagen, keinen Erfolg zu haben, kritisiert zu werden, und zieht sich vor der Leistungssituation durch den Anfall selbst aus dem Verkehr. Er flüchtet vor der Realität, er zieht sich zurück. Wer solche Kopfschmerzen hat, daß er niemanden mehr sehen oder hören kann, von dem weiß man, daß er so beim besten Willen keine Leistung erbringen kann. Vielfach löst eine Situation unterdrückter Aggression sofort einen Migräneanfall aus.

Wie beim vorliegenden Fall gibt es für fast jede Erkrankung einen geistigen Background. Wenn Sie sich näher für dieses Thema interessieren, dann möchte ich Ihnen mein Buch: »Entschlüsselte Organsprache — Krankheit als SOS der Seele« empfehlen (Ariston-Verlag). Hier sind die genauen Zusammenhänge vieler Krankheiten erklärt, aber es wird auch aufgezeigt, welche Rolle die Drüsen der inneren Sekretion bei der Entstehung von psychosomatischen Erkrankungen spielen. Vor allem aber, wie gerade das Alpha-Training hier eine Umpolung vornehmen kann.

Der Schmerz will uns immer signalisieren, wo etwas mit uns nicht stimmt, wo der seelische Konflikt steckt.

Entspannen Sie sich über die Chakren, gehen Sie bildhaft in eine Naturlandschaft, legen Sie sich ins Gras, und fühlen Sie im entspannten Zustand Ihren Pulsschlag. Zählen Sie so lange, bis Sie den Rhythmus des Atmens im Gefühl haben, ohne sich konzentrieren zu müssen. Die meisten Anfänger verwenden sechs Pulsschläge für das Einatmen. Halten Sie dann den Atem drei Takte lang an, ausatmen und neu beginnen. Mit der Zeit wird es Ihnen leichtfallen, Ihren Atemrhythmus über noch mehrere Takte auszudehnen. Atmen Sie durch die Nase.

Zum Einüben von Schmerzkontrolle setzen Sie sich im Bild entweder aufrecht hin, oder Sie legen sich auf den Rücken. Atmen Sie so lange im Rhythmus Ihres Pulsschlages, bis Ihnen das ganz selbstverständlich ist. Denken Sie dabei, daß Sie Energie, vitale Kraft atmen. Sie atmen diese Energie ein; beim Ausatmen schicken Sie sie im Geist in den schmerzenden Körperteil zur Anregung der Blutzirkulation und zur Beruhigung der Nerven. Dann atmen Sie wieder Energie und vitale Lebenskraft ein und stellen sich vor, daß Sie mit dieser Energie die Schmerzen vertreiben. Machen Sie das siebenmal, und ruhen Sie dann aus. Denken Sie abwechselnd: Stärkung der Heilkräfte in mir − Vertreibung der Schmerzen. Als Übergang zum Ausruhen atmen Sie tief ein, füllen Bauch und Brustkorb mit Luft. Halten Sie die Luft so lange an, wie Sie können. Spitzen Sie den Mund wie beim Pfeifen, ohne die Wangen aufzublähen, und stoßen Sie die Luft in kurzen, kräftigen Stößen durch den Mund aus. Wiederholen Sie gegebenenfalls den Zyklus siebenmal. Auch hier führen Willenskraft und Anstrengung nicht zum Ziel, sondern ruhige Beherrschung und ein starkes Vorstellungsbild.

Eine weitere Technik, die zur Schmerzkontrolle, zur Entkrampfung oder zur Belebung einzelner Körperteile dient, ist die Lichtübung.

Sie entnehmen Ihrer ›großen Batterie‹ während der Chakrenentspannung in Ihrem Solar-Plexus reines, energiespendendes Licht und leiten es an die pochende oder schmerzende Stelle, zum Beispiel in den Kopf. Denken Sie dabei an die mächtige Energie des Lebens. Am besten liegen Sie dabei wie bei allen Alpha-Übungen auf dem Rücken. Berühren Sie mit Ihren Händen und Fingern leicht den Solar-Plexus. Die Hände sind gewölbt, die Finger einander gegenüber. Atmen Sie in langen, tiefen, gleichmäßigen Zügen. Stellen Sie sich vor, Sie atmen weißes Licht ein, hell und vital wie das Innere der Sonne. Stellen Sie sich vor, wie diese Lichtenergie durch Ihren Unterleib und dann in Ihren Brustraum fließt, während sich Ihre Lungen ausdehnen. Atmen Sie dann aus.

Wenn Sie den Rhythmus heraus haben, imaginieren Sie beim Einatmen, wie dieses große Licht durch Ihren Solar-Plexus bis in die Fingerspitzen strömt und Ihre Hände mit Energie auflädt. Halten Sie den Atem an und legen die Fingerspitzen sachte an die Stirn. Dann atmen Sie langsam aus und stellen sich bildhaft vor, wie die Lichtmenge von Ihren Fingerspitzen mitten durch Ihre Stirnwand strömt, bis der ganze Kopf vom Licht durchflutet ist. Wenn Sie vollkommen ausgeatmet haben, halten Sie die Luft an, während Sie die Hände zum Solar-Plexus zurückführen, und beginnen dann einen neuen Zyklus.

Führen Sie diese Übung immer wieder aus. Wiederholen Sie gegebenenfalls nach einer Pause. Eine konstante, lebhafte Bildvorstellung des weißen Lichts ist wichtig. Es braucht schon eine Weile, bis man die Fähigkeit der Energieaufladung entwickelt. Diese Methode ist auch zur allgemeinen Entspannung geeignet, und daher empfiehlt es sich, sie eine Zeitlang einmal täglich anzuwenden, bevor Sie überhaupt Schmerz verspüren.

Glaube kann Berge versetzen, heißt es. Wie kommen wir zu solch einem Glauben? Wir müssen eine Entscheidung fällen, nämlich die Entscheidung, wirklich wieder gesund zu werden. Jede Überzeugung setzt eine innerliche Entscheidung voraus.

Die aus der Entscheidung wachsenden Kräfte lassen den inneren Arzt aktiv werden. Zweifel dagegen beinhaltet zersetzende Kräfte. Zweifel ist Unentschiedenheit und eine destruktive Überzeugung. Es gibt noch die zersetzenden Kräfte der Umwelt, die dem Kranken manchmal mehr Schaden bringen als die Krankheit selbst. Es ist tragisch, daß viele kranke Menschen nicht nur ihre Depressionen verdrängen, sondern auch noch die Frühsymptome einer Krankheit. Daher stellt sich die Frage: Warum ignorieren so viele Menschen die Warnsignale ihres Körpers, bis es zu spät scheint? Einer der Gründe ist die Angst zu erfahren, daß einem etwas fehlt, und zwar etwas weswegen man sich operieren lassen, womöglich sogar den Lebensstil ändern muß. Es ist nicht die Angst allein, es handelt sich häufig um einen allgemeinen Verdrängungsmechanismus, der gefährlich werden kann. Kranke leiden häufig an dem Gefühl, von ihren Eltern beziehungsweise von einem Elternteil grundsätzlich abgelehnt worden zu sein. Sie haben sich schon als Kind nicht liebenswert gefühlt und daher ständig versucht, ihre Daseinsberechtigung durch Anpassung und Leistung zu erlangen. Ein Gefühl von Selbstverachtung wird durch Selbstüberforderung kompensiert. Der Weg aus der Krankheit gelingt dann am besten, wenn die Krankheit nicht als Schicksalsschlag angesehen wird, sondern als persönliche Entscheidung, die irgendwann einmal getroffen wurde. Allein die Veränderung solcher Einstellungen würde es rechtfertigen, Krankheit in dem Sinne zu verstehen, daß Entscheidungen ein sehr wichtiger Punkt sind.

Vor allem die persönliche Umgebung eines Kranken ist entscheidend dafür, ob er wieder gesund wird oder nicht. Schwerkranke werden immer wieder von den übrigen Familienmitgliedern so behandelt, als müßten sie jeden Moment sterben. Damit tragen die Angehörigen unbewußt zum weiteren fatalen Verlauf der Krankheit bei. Sie geben dem Kranken das Gefühl, seine Hoffnungslosigkeit sei berechtigt. Auch falsches Mitleid ist einer Genesung abträglich. Den Kranken wie einen mündigen Menschen zu behandeln, ist die beste Voraussetzung für einen günstigen Krankheitsverlauf.

Befassen wir uns jetzt mit Imaginationsreisen, die uns etwas über unseren Körper aussagen.

Den Körper erkunden

Entspannen Sie sich über den Chakrencode. Stellen Sie sich vor, Sie reisen auf einem Blutplättchen durch den ganzen Körper. Sie beginnen den Einstieg im linken Fuß, durchqueren ihn und reisen dann durch das Bein hoch zum Beckenraum. Sie sind sich bewußt, daß der Beckenraum die Lebenskraft beinhaltet, erleben, wie das Becken sich weitet, warm durchblutet ist. Es ist der Ort der Lebensfreude, der Stabilität. Im geborgenen Becken der Mutter erwarteten Sie das Leben auf der Welt, im Becken wird Ihre Standhaftigkeit ausbalanciert. Im Becken erleben Sie die Freuden der Liebe und Zusammengehörigkeit. Im Becken liegen Ihre Sexualorgane. Sie schauen sich alles in Ruhe an, schauen, ob alles gesund und gut durchblutet ist. Vom Becken reisen Sie in den Bauchraum. Es ist der Ort, in den harte Gefühle und seelische Schmerzen eingelagert sein können. Schaffen Sie sich Raum im Bauch, erkunden Sie Magen, Därme, Leber und Galle. Sollten Sie hier gelegentlich Beschwerden haben, dann sprechen Sie mit dem erkrankten Organ. Fragen Sie es beispielsweise, was es davon hat, Ihnen Schmerzen zu bereiten, fragen Sie, was es Ihnen über die Schmerzen signalisieren möchte.

Vom Bauchraum aus reisen Sie in den Brustkorb, in dem die feineren Gefühle eingelagert sind. Das Herz ist vom Brustkorb umpanzert, damit es geschützt ist. Aber im Herzen wohnt unsere Liebe, haben sich auch alte ›Liebesleichen‹ vergraben. Schauen Sie sich alles genau an. Achten Sie auf alles, was Sie unterwegs sehen. Was nicht hinpaßt, werfen Sie hinaus, transportieren es ab. Betrachten Sie die gitterartigen Lungenbläschen, das regelmäßige Dehnen und Zusammenziehen des pumpenden Herzens. Seien Sie ein staunender, stiller Beobachter. Sprechen Sie mit dem Herzen wie mit einem guten Freund. Es ist der Ort Ihrer Kraft, Vitalität und Lebensfreude. Schauen Sie sich die Bronchien an, die sich wie Seeanemonen verzweigen. Besichtigen Sie anschließend den Kehlkopf, der in das helle Blau des Halschakras eingebettet liegt. Lassen Sie es zu, daß dieser enge Weg des Körpers sich ausweitet, damit der Austausch zwischen Bewußtem und Unbewußtem stattfinden kann. Reisen Sie weiter zur Zirbeldrüse, dem dritten Auge, es ist der Ort des inneren Sehens. Von hier aus reisen Sie in den Kopf, ins Gehirn. Sie reisen ins Sehzentrum und reinigen dieses Zentrum, damit Sie ›sehend‹ werden. Sie reisen anschließend ins Geruchszentrum, damit Sie feiner riechen können. Reisen Sie anschließend ins Sprach- und Geschmackszentrum, und reinigen Sie hier alles. Reisen Sie schließlich ins Gehörzentrum und reinigen den Ort des Hörens. Von dort aus reisen Sie zum Lotuschakra auf der Schädeldecke, dem Ort geistiger Verbindung mit der Welt. Verschaffen Sie sich hier nochmals Einblick in Ihre gesamte Welt. Von dort reisen Sie wieder zum linken Auge und verlassen über den Tränenkanal Ihren Körper. Zählen Sie langsam bis fünf, und öffnen Sie wieder die Augen.

Wichtig ist, daß Sie sich bei den Imaginationen als gesund erleben können. Wenn das nicht der Fall ist, können Sie sich bei den Körperreisen vorstellen, Sie hätten eine magische Flüssigkeit bei sich, um die erkrankten Stellen einzubalsamieren. Erleben Sie, wie die Organe gesund werden. Erleben Sie in den Gesundheitsimaginationen das leichte, schwingende Leben. Blockierte Energien setzen sich frei, alles kommt zum Fließen.

Sie können bei Erkrankungen auch noch folgendermaßen vorgehen:

Versetzen Sie sich in den Alpha-Zustand. Stellen Sie sich den Körper oder ein bestimmtes Organ in seiner optimalen Funktionsweise vor. Stellen Sie sich weiße Blutkörperchen zum Beispiel bei Infektionen als eine Gruppe von kleinen Zwergen vor, die bis zum Krankheitsherd vorstoßen und dort Ordnung schaffen. Sie bilden sozusagen ein kleines Bergwerk, in dem alles Krankhafte abgebaut, abtransportiert wird. Sehen Sie, wie diese Zwerge Heilkräuter auf die zu heilenden Stellen legen. Beenden Sie derartige Visualisierungen immer mit dem Bild des gesunden gesamten Organismus. Erlauben Sie Ihrem Organismus, einen optimalen gesunden Zustand zu schaffen, in dem Heilung und Gesundheit möglich sind.

Hier eine weitere Möglichkeit im Umgang mit Körper und Gesundheit. Vielleicht besitzen Sie ein Tarotspiel, jenes Kartenspiel, dessen 22 Arkanas die Grundmuster der menschlichen Psyche in sogenannten archetypischen Bildern darstellen. Suchen Sie sich die Karte der Hohepriesterin heraus (in manchen Spielen heißt sie auch Päpstin). Betrachten Sie die dargestellte weise Frauengestalt eine Weile. Dann versetzen Sie sich in den Alpha-Zustand. Machen Sie eine Reise in eine ferne Landschaft. Irgendwo werden Sie auf einen uralten Ziehbrunnen stoßen. Denken Sie einmal an das Märchen vom Froschkönig. Dort kommt so ein Ziehbrunnen vor. Steigen Sie in den Brunnen hinein, durchschwimmen Sie das kristallklare Wasser, bis Sie in eine märchenhaft schöne Landschaft kommen. In einer Höhle wohnt die ›Hüterin der Gesundheit‹. Jene Hohepriesterin, die Sie auf der Tarotkarte erblickt haben. Setzen Sie sich dieser weisen Frau gegenüber, stellen Sie sowohl allgemeine als auch spezielle Fragen, Ihre Gesundheit betreffend. Verlangen Sie keine Antworten. Geben Sie sich ganz dem hin, was zu Ihnen herüberkommt. Die ›Hüterin der Gesundheit‹ spricht zu Ihnen in Worten oder Bildern. Bleiben Sie entspannt und aufnahmefähig. Wenn Sie sicher sind, daß keine Botschaften mehr kommen, bitten Sie die Hüterin der Gesundheit, Sie an die Wurzel Ihrer Erkrankung zu führen, an den Entscheidungspunkt. Gelingt es Ihnen, dorthin vorzustoßen, dann fällen Sie genau dort eine neue Entscheidung zur Gesundheit. Bedanken Sie sich bei der Hohepriesterin, verlassen Sie dieses Land, den Brunnen wieder, zählen Sie bis fünf und öffnen die Augen.

Wenn derartige Übungen nicht immer auf Anhieb funktionieren, fassen Sie sich in Geduld. Machen Sie diese Übung so lange, bis Sie die Antworten erhalten haben, die eine Änderung in Ihrem Leben bewirken. Sobald Sie aber den Kontakt hergestellt haben, machen Sie sich bewußt, daß Sie eine weise Führerin gefunden haben, zu der Sie immer in Ihrer innerlichen Not gehen können. Verschonen Sie sie mit banalen Fragen, gehen Sie nur mit jenen Fragen zu ihr, deren Antworten für Sie von Bedeutung sind. Wichtig ist natürlich, daß Sie, um gesund zu werden, auch die weisen Ratschläge befolgen, die man Ihnen erteilt hat. Wenn Ihnen beispielsweise nahegelegt wird, das Rauchen aufzugeben, dann tun Sie das auch. Wer sich nicht an die Ratschläge der Hüterin der Gesundheit hält, dem entzieht sie sich für immer.

Spannung ist vielen von uns vertraut − allzu vertraut. Im Gegensatz zur Angst wird Spannung im Muskelsystem und der Körperwand empfunden. Häufig wird sie als Beklemmung in der Brust erlebt. Als Rücken- oder Halsschmerzen, als Steifheit der Finger oder Zehen, Zähneknirschen oder als verkrampfter Kiefer. Sie kann Folge des gleichen Urschmerzes sein, der Angst erzeugt. Bei flachem oder scharfem Atem findet man Spannung im Brustkorb. Man findet sie im Gesichtsausdruck, in der Haltung, dem Gehen, Augenzwinkern, Stirnrunzeln. Jemand, der mit den Fingern oder Füßen klopft oder mit den Beinen wippt, drückt Spannung aus.

Spannung ist das Resultat des Zusammenstoßes unbewußter Schmerzen und Verdrängungsenergien. Sie ist vor allem ein Zeichen dafür, daß die Verdrängung effektiv ist − daß das Wesen des frühen Traumas in Schach gehalten wird.

Die Schmerzenergie kann gefiltert und durch Glaubenssysteme gebunden werden, sie schafft fanatische Glaubenssysteme, die neue Vorstellungen und Ideen nicht zulassen. Die Energie der Urschmerzen sucht sich nicht nur ein System aus, sondern infiltriert alles − innere Organe, Körperwand, Muskulatur, Auffassungen und Vorstellungsvermögen. Glaubenssysteme absorbieren, was die Spannung nicht aufnehmen kann, und repräsentieren die letzte evolutionäre Reaktion auf tiefsitzenden Urschmerz. Neurotische Abwehren sind Mechanismen zur Vermeidung von Gefühlen. Der Grund, warum wir eine Abwehr im späteren Leben neurotisch nennen, ist der, daß sie der externen Realität nicht mehr angemessen ist. Die primäre Abwehr ist die biologische Form der Verdrängung − das Ausschließen von Urschmerz aus dem Bewußtsein.

Sobald eine Verdrängung eintritt, setzt sie Myriaden von Reaktivitäten in Gang, die Janov Sekundärabwehren nennt.

Die Sekundärabwehr kann ein bestimmtes zur Gewohnheit gewordenes Aussehen sein — ein Gesichtsausdruck, eine Haltung, Gang oder Bewegungsarten, ein Sprachmuster, starkes Interesse an bestimmten Arten von Ideen oder Vorstellungen, ein völliges Aufgehen in der Arbeit, Zwangsvorstellungen in bezug auf sexuelle Leistungen, eine Gewohnheit wie etwa Rauchen und Trinken, ein unbewußtes Muster falscher Ernährungsweise, ein Vermeiden von Bewegung oder körperliche Aktivität — sie kann einfach alles sein.

Gäbe es keinen verdrängten Schmerz, würden wir fühlen, was wir erleben. Offenheit gegenüber den Gefühlen wäre keine Bedrohung des Systems.

Ist die Verdrängung unzulänglich, verstärkt sich die Sekundärabwehr. Wenn die Abwehrformen wanken, treten Symptome auf. Wenn Drogen oder Tranquilizer verabreicht werden, um die Verdrängung zu forcieren, lassen die Symptome und Abwehrreaktionen nach. Der Mensch kann wieder liebevoll sein, kann lachen und sich für den Augenblick entspannen, weil die Verdrängung verstärkt geworden ist. Sobald diese Medikamente wieder abgesetzt worden sind und der alte Urschmerz aufwallt, werden die Betreffenden erneut unter Symptomen leiden.

Der Mensch, der auf allen Stufen der Entwicklung Abwehrformen entwickelt hat, funktioniert gewöhnlich gut. Er ist sich im allgemeinen der Schmerzen nicht bewußt und kann sich deshalb mit den äußeren Dingen des Lebens beschäftigen. Er ist jedoch gespalten; das eine Selbst gibt sich mit der Welt ab, das andere ist fortwährend mit dem tief vergrabenen wühlenden Schmerz beschäftigt. Er ist nach außen hin orientiert, und das ist ein Teil seiner Abwehr.

Nur wenn äußere Umstände die Abwehr an der Tätigkeit hindern, beginnt der Mensch zu leiden — wenn keine Möglichkeit zum Planen, Organisieren, Gegen-die-Welt-aufbegehren oder was immer er normalerweise zu tun hat, besteht. Andernfalls funktionieren seine Vorstellungen, Pläne, Rationalisierungen, Erklärungen und Einstellungen im Sinne einer Beruhigung des Schmerzes.

Die moderne psychosomatische Medizin ist grundsätzlich der Auffassung, daß Symptome Formen der Kommunikation sind. Als solche sind sie häufig wichtige Anzeichen oder Hinweise auf Entwicklungsprobleme, die im Begriff sind, ins Bewußtsein zu treten. Was Klienten noch nicht in Form von kognitiven oder emotionalen Einsichten klar artikulieren können, findet somatischen Ausdruck als körperliches Symptom. Der konventionelle psychoanalytische Zugang zu solchen Problemen ist die Förderung von ›Einsicht‹, damit die Sprache der Körpersymptome in kognitive und emotionale Erkenntnisse umgesetzt werden kann. Es stellt sich manchmal heraus, daß Klienten, wenn sie über ihre Probleme mit emotionaler Einsicht sprechen können, nicht mehr ihrer körperlichen Symptome bedürfen. Die Imaginationstherapien haben einen wichtigen Beitrag zur Evolution dieser grundlegenden Auffassung der psychosomatischen Medizin geleistet. Die Therapeuten der Tagtraumtherapien haben Möglichkeiten entwickelt, wie symptomatisches Verhalten ›direkt auf einer unbewußten Ebene‹ gelöst werden kann. Das heißt, Symptome können beseitigt werden, indem man mit der Psychodynamik des Klienten dergestalt arbeitet, daß das intellektuelle Bewußtsein nicht weiß, warum das körperliche Symptom verschwindet. Darüber hinaus wird auch das entwicklungsbedingte Problem, das sich in dem Symptom äußerte, auf scheinbar spontane Weise aufgelöst. Die Klienten sind davon in den meisten Fällen angenehm überrascht. Sie sagen, sie seien sich gar nicht bewußt gewesen, daß der Therapeut ihre sexuellen Probleme, ihre Erziehungsprobleme etc. bearbeite. Kommunikation auf zwei Ebenen ist unser Grundsatz bei der direkten Arbeit mit dem Unbewußten. Wir benutzen Worte mit vielen Nebenbedeutungen und Implikationen, so daß die bewußten Bezugsrahmen des Klienten auf einer Ebene Kommunikation empfangen, ihr Unbewußtes jedoch gleichzeitig in den Worten enthaltene Bedeutungsmuster verarbeitet.

Wie sehr innere Bilder auf den Heilungsprozeß einwirken, mag folgendes Beispiel zeigen: Eine Frau, 50 Jahre alt, kam in die therapeutische Praxis und bat um Hilfe. Seit Jahren konnte sie nur noch mit Hilfe starker Schlafmittel schlafen. Zwei Schwerpunkte kristallisierten sich bei dem Erstgespräch heraus. Sie spürte in sich einen unbändigen Haß gegenüber ihrem Freund, mit dem sie lebte, und sie hatte sporadisch auftretende Selbstmordängste. Heute lebt sie friedvoll mit ihrem Bekannten zusammen, und von den Selbstmordabsichten ist ebenfalls nichts geblieben. Im Laufe der Therapie stellte sich heraus, daß sie von ihrer Mutter abgetrieben werden sollte. Dieses Erlebnis lebte unbewußt in ihr und führte zu den Selbstmordängsten. Die Frau, eine Ballettlehrerin, war ständig in Bewegung. Sie verbrauchte tagsüber viel Energie, mit dem Resultat, daß sie ständig unter starken Erschöpfungszuständen litt. Symbolisch betrachtet mußte sie ständig agieren, um sich unbewußt zu beweisen, daß sie lebte, lebendig war, daß die Abtreibung miß-lungen war. Bei der tatsächlichen Niederkunft hatte es erhebli-che Schwierigkeiten gegeben. Diese Geburt erlebte dann die Frau in mehreren Sitzungen noch einmal nach, sie konnte emo-tional den Punkt lösen, der sie ein Leben lang angetrieben hatte.

Ich möchte die dramatische therapeutische Sitzung mit dem Geburtserlebnis hier einmal schildern:

»Ich sehe Wasser. Gleichzeitig sehe ich ein graues, plattes Insekt. Fruchtbare Erde ist da und eine Höhle. Sie ist sehr weit entfernt von mir.« Nachdem die Klientin aufgefordert wurde, die Höhle zu betreten, wandelten sich die Bilder. Eine Höhle, besonders wenn sich in ihr eine Quelle befindet, war zu alten Zeiten meist ein heiliger Ort. Sie war der Göttin der Natur geweiht und von Nymphen — weiblichen Naturgeistern — bewohnt. In den Märchen haftet Höhlen etwas Magisches an. Die Analogie zum weiblichen Uterus ist naheliegend, denn Höhlen sind in ihrem Innern dunkel, moosig und feucht. Als Imagination deutet die Höhle auf eine Problematik des Ur-Weiblichen hin. Hören wir uns weiter das Sitzungsprotokoll an: »Ich empfinde die Höhle nicht als beengend. Ich sehe einen goldenen Kelch. Das Wasser unter meinen Füßen ist wie ein beweglicher Pfad, auf dem ich marschiere. (Wasser ist das Symbol der unbewußten psychischen Energie. In den mythologischen Schöpfungsgeschichten hat das irdische Leben seinen Ursprung im Wasser der Meere. Dies verleiht dem Wasser als Symbol auch einen weiblich-mütterlichen Aspekt.) Die Höhlenwände sind erdig, mit intensivem Erdgeruch. (Auch die Erde ist ein mütterliches Symbol.) Ich sehe einen Ausgang, dahinter eine Mondlandschaft. Sie ist fast silberweiß. Auf dem Boden liegen silberweiße, zackige Steine. Die Mondlandschaft ist eine Art Isolierstation. Der andere gegenüberliegende Ausgang ist gelblich. Der führt ins Leben (!). Ich bin wieder auf dem Wasser (Fruchtwasser). Es breitet sich aus und wird zum Meer. Ich sehe einen Kreis.«

Der Kreis ist eine unendliche Linie und eine vollkommene geometrische Figur. Das erklärt seine Bedeutung als Ganzheitssymbol. Seit Urzeiten wird dem Kreis eine magische Wirkung zugeschrieben. Bereits die Steinzeitmenschen legten ihre Heiligtümer in Kreisform an. In den Mythen und Märchen hat der magische Kreis die Bedeutung eines Schutz- und Abwehrzaubers. Eine vergleichbare Symbolbedeutung hat der Kreis auch in der Imaginationstherapie. Alles, was sich in einem Kreis abspielt, hat eine besondere Bedeutung. Allgemein signalisiert das Unbewußte mit dem Kreis eine Konzentration psychischer Energie. »Der Kreis wird zu einer künstlichen Sonne mit gelblichen Strahlen.« In den vorchristlichen Religionen der Kulturvölker war die Sonne der oberste Himmelsgott. Die Sonnenstrahlen symbolisieren den göttlichen Samen, dem die Erde ihre Fruchtbarkeit verdankt. Die Sonne ist eines der positivsten Symbole bei Imaginationen. Sie versinnbildlicht stets produktive schöpferische Energie, die geistige, künstlerische oder Bewußtseinsprozesse in Gang setzt.

»Ich spüre einen starken Sogeffekt. Die ganze Sonne ist vom Wasser umgeben, außer oben. Das Wasser zieht mich hinein. Es ist auch in diesem Sonneninnenraum. Das ist wieder wie eine Art Universum. Das Wasser bestimmt vollkommen über mich. Ich weiß nicht, wo es hingeht, aber ich kann nichts entscheiden. Ich sehe in der Mitte eine Öffnung, und da zieht's mich hinein. Innen ist gelber Sand. Ich habe das Gefühl, durch eine Röhre gezogen zu werden. Das Wasser ist weg. Ich rutsche jetzt sehr langsam da hinunter. Es ist, als ob stecknadelgroße Menschen um mich herum sind. Keine Gesichter, einfach eine Masse. Jetzt sind sie wieder verschwunden. Es wird ziemlich dunkel. Jetzt wird es noch dunkler. Ich bin unten angekommen. Auf einer verschlossenen Öffnung bin ich gelandet. Ich bohre mit dem Fuß hinein. (So wie der Fetus sich gegen den Uterus stemmt.) Ich habe wieder das blöde Gefühl des Ausgeliefertseins. Ich quäle mich durch die Öffnung und falle in die Schwärze, um mich herum zucken verschiedenfarbige Blitze. Ich kann nach wie vor nichts bestimmen. Jetzt habe ich das Gefühl, als ob sich die Energien zusammenziehen, sie bilden einen Schutz um die Füße. Es ist, als ob eine Kraft da ist, die mich auffängt. Ich kann nicht mehr unterscheiden, ob ich falle oder stehenbleibe. Irgend etwas ist in Bewegung, irgend etwas will mich stärken, es geht ungefähr bis zur Körpermitte. Es ist, als ob der Befehl in der Luft läge, daß diese Energien nur soweit dürften. Ich muß obenherum frei bleiben. Etwas in mir möchte mich aus dem Schutzbereich herausziehen, aber diese Energie hält mich zurück. Zwei Kräfte in mir sind in Widerstreit. Ich habe Angst (!). Die Angst ist das Gefühl, daß zwei Kräfte an mir reißen, als ob sie (die Angst) mich auseinanderreißen will.«

An dieser Stelle wurde die Frau gebeten, einen Dialog mit den ›Kräften‹ zu führen.

Derartige alte Erlebnisse passieren täglich in meiner Praxis. Jeder von uns versucht, sein Körperbild durch die Augen anderer zu sehen, so wird unser Spiegel-Blick ausgelegt durch einen Set sozialer Werte. Wir beurteilen unser Körperbild ständig nach dem Ideal oder einem bevorzugten Standard, der eine kulturelle Neigung widerspiegelt.

Das idealisierte Körperbild hängt auch mit jenen Körperbildern zusammen, die wir bei geschlossenen Augen haben können. Eine derartige Selbstbeobachtung mag innere Genugtuung enthüllen oder aber das Gegenteil, Selbsthaß (Abscheu).

Untersuchungen zeigen, daß Menschen versuchen, einen Körperteil als Seele (Innerstes) ihrer Identität zu spüren bei der Aufforderung, in der Imagination ein solches Körpergegenstück zu identifizieren.

Weiterhin kann die Introjektion von Eltern-Figuren bewiesen werden, wenn Patienten sich vorstellen sollen, in welchem Teil ihres Körpers ihre Eltern wohnen. Sie können die Eltern in ihrem Herzen, ihren Gedärmen, Armen, Beinen, Geschlechtsteilen, Mund, Augen und anderen Körperteilen sehen. Die meisten Patienten sind nicht übermäßig überrascht durch den Körperhinweis auf besondere Organe und antworten ganz natürlich auf eine solche Frage. Im Entwicklungsprozeß kann, falls eine Person falsch durch einen wichtigen anderen gezeichnet wurde, falsche Definition eine körperliche Form annehmen. Die Mutter oder der Vater, die feindlich auftretend in des Patienten Brust ›wohnen‹, sind in Wirklichkeit die falsche Identität oder der verinnerlichte neurotische Konflikt. Der Patient wird aufgefordert, die schlechte Elternfigur aus seinem Körper ›auszutreiben‹ und den Einfluß des anderen zu beseitigen. Ist das getan, kann es zu einer gesünderen Identität führen.

Hier nun weitere Möglichkeiten in der Körperimagination.

1. In welchem Körperteil wohnen Ihre Angst, Zorn, Liebe, Haß, Freude, Schuld, Scham?

2. In welchem Körperteil wohnt Ihre Mutter oder Ihr Vater?

3. Betreten Sie Ihren Körper: Beschreiben Sie die Reise.

4. Lassen Sie Vater oder Mutter Ihren Körper betreten, beschreiben Sie die Reise.

5. Betreten Sie den Körper von Vater oder Mutter! Beschreiben Sie die Reise.

6. Inneres Gespräch von Kopf zu Herz, Kopf zu Eingeweiden, Kopf zu Genitalien und zu anderen Körperteilen oder/und umgekehrt.

7. Weitere Imaginationen, die sich auf ›Pufferzonen-Bereiche‹ beziehen und auf Selbst-Berührung: Wie nah erlauben Sie einem Fremden, an Sie heranzutreten? Welche Teile Ihres Körpers finden Sie am leichtesten zu berühren, welche am schwierigsten?

8. Erfühlen Sie Ihren Körper, welcher Teil erscheint am attraktivsten oder am unattraktivsten?

Fühlen Sie Ihren Körper, welche Teile sind Ihnen am meisten bewußt?

Sensibilisieren Sie Ihren Körper, welches ist der geheimste Teil?

9. Körper-halten-Imagination, die andere mit einbezieht: Stellen Sie sich vor, Sie halten das Gesicht der Mutter oder des Vaters in den Händen.

Diese halten Ihr Gesicht in den Händen.

10. Misch-Imaginationen:

Ihre Mutter (Vater) und Ihr Körper verschmelzen gleichsam, dann trennen Sie Ihren eigenen davon.

11. Gesundheitsvisualisation: Der gesunde Körper.

Versetzen Sie sich in den Alpha-Zustand. Stellen Sie sich einen Brunnenschacht vor. Über eine Strickleiter steigen Sie immer tiefer hinunter. Sie wissen, wenn Sie das untere Ende der Strickleiter erreicht haben, begegnen Sie Ihrem gesunden Körper. Es ist jener Körper, wie Sie ihn allzugern hätten. Es wird eine realistische, aber ideale Vorstellung von Ihrem Körper sein, eine die Sie wirklich erreichen können.

Das Bild Ihres idealen Körpers wird immer realer, Sie sehen es ganz klar. Sie sehen diesen neuen Körper in voller Größe und allen Dimensionen. Sie umarmen diesen Körper, verschmelzen mit ihm. Sie spüren in sich hinein und erfühlen diesen neuen Körper. Spüren Sie, daß Sie in Ihrem wahren Körper angelangt sind, spüren Sie, was es für Sie bedeutet, gesund zu sein. Treffen Sie auf dieser Ebene die Entscheidung, alles zu tun, um diesen Körper auch im realen Leben zu haben, in ihm zu leben. Von jetzt an existiert diese Vorstellung, dieses Körperbild in Ihrem Unbewußten, besteht dort konstant und wird eine wirkende Kraft sein, eine, die Sie zieht und antreibt, bis Ihr Körper und das Idealbild eins sein werden und nicht mehr voneinander zu unterscheiden sind. Sie wissen, Sie werden es erreichen, weil

Sie auf tiefer Ebene dazu eine Entscheidung gefällt haben. Sie werden in Zukunft nur noch jene Dinge zulassen, die Ihrer Gesundheit förderlich sind. Sie wissen, Sie haben jetzt mit diesem neuen Körper die ›Straße der Gesundheit‹ betreten. An dieser Straße werden Sie alles finden, was für Ihre Gesundheit vonnöten ist.

Jetzt lassen Sie die Bilder zurücktreten, zählen Sie bis fünf, und öffnen Sie die Augen.

Alpha-Training im Alltag

Zu allem, was wir in unserem Leben tun, benötigen wir Übung und Erfahrung. Alles Lebendige ist bestimmt, sich zu entfalten — so auch wir, Sie, ich, der Nachbar, der Ehepartner, der Freund, unsere Kinder, eben wir alle. Was wir sein sollen, werden wir aber nicht von selbst. Wir werden nur wir selbst, wenn wir uns, unser Leben selbst in die Hand nehmen, an uns arbeiten, um uns auf die Reise zu machen, das Ziel zu finden, nämlich uns selbst.

Lernen, Üben, Sammeln und Verarbeiten von Erfahrungen, was bedeutet das im Sinne unserer Persönlichkeitsentfaltung? Wenn Sie an Ihr eigenes Leben denken, dann werden Sie sich erinnern, daß manches nicht so lief, wie es hätte sein sollen. Manche Erfahrungen hätten Sie am liebsten nicht gemacht, an andere sind Sie nicht herangekommen. Trotz guten Bemühens und relativer Anstrengung hätte es eigentlich besser gehen sollen, stimmt's?

Große Ereignisse haben meistens auch die entsprechende Wirkung in unserem Leben mit sich gebracht, mal negativ, mal positiv. Aber gerade der Alltag, dieses manchmal nicht enden wollende routinemäßige Aneinanderreihen von Stunden, Tätigkeiten und Begegnungen, die nicht mehr völlig wahrgenommen werden, erschöpft unsere Kräfte. Für viele Menschen ist der Alltag schlichtweg öde und grau. Er ist langweilig im Zeichen des Gewohnten, Gewohnheitsmäßigen. In der Wiederholung des Gleichen droht der Alltag uns zu mechanisieren. Er ist die Tretmühle sich wiederholender Bewegungen und Handlungen.

Auch im emotionellen Bereich läuft alles eher zäh und träge dahin. Mit einem fließenden, sprudelnden Bach hat das alles nichts zu tun. Der Alltag hat längst den Kontakt zu unserem tiefsten Innern unterbrochen. Was das tägliche Leben so ermüdend macht, ist nicht die Routine allein, sondern eher der Umstand, daß wir uns allein und isoliert in einem Meer von Kollegen, Nachbarn, Kindern vorkommen. Aber wir wissen auch längst, daß Menschen um uns allein den Alltagsstreß nicht unterbinden können. Nur wenn wir in Kontakt mit uns selbst geraten, beginnt etwas Neues, Altes in uns zu leben. Unsere täglichen Erfahrungen berühren das tiefe Innerliche in uns nicht mehr. Erst wenn wir uns innerlich wieder begegnen, beginnt etwas längst Vergessenes in uns aufzuleben.

Alles Lebendige unterliegt keiner festen Ordnung, nichts ist festes System. Es unterliegt nur dem Rhythmus der immer wiederkehrenden Wandlung. Ständig ist etwas in uns im Vergehen und andererseits etwas am Werden. Es gibt Augenblicke in unserem Leben, da werden wir aus der Öde des Alltags herausgerissen. Vielleicht hört eine Frau während der Hausarbeit einen Radiovortrag, ein Mann liest während der Frühstückspause, um sich die Zeit zu vertreiben, ein paar Zeilen, völlig unbeabsichtigt, einfach nur so. Und doch ist plötzlich etwas da, das uns aufhorchen läßt. Ein Satz, ein paar Worte, eine Musik, die uns plötzlich innerlich aufhorchen lassen. Wir fühlen uns in der Tiefe berührt; wir spüren eine Ebene in uns, die Alltag nicht zuläßt.

Solche Augenblicke, und die hat jeder schon gehabt, lassen uns plötzlich von der Kraft in uns, von der Glückseligkeit ahnen, wir spüren, da ist mehr als Alltag. Da ist ganz einfach etwas, das unsere Stimmung hebt.

Es gibt andere Augenblicke. Plötzliche Ereignisse können uns in Verzweiflung und Angst stürzen. Denken wir nur an Tschernobyl, erinnern wir uns der ersten Tage der russischen Atomkraftwerk-Katastrophe. Ängstlich hielt die Welt den Atem an. Wir waren nicht nur von der realen Tatsache, sondern auch von dem längst verdrängten Gedanken der ständigen Bedrohung betroffen, die Atomkraftwerke darstellen. Wir sind genötigt, das Unbegreifliche zu akzeptieren, und können gerade im Unbegreiflichen einen tieferen Sinn verspüren. Tschernobyl hat uns aus dem Halbschlaf des Alltags gerissen. Wir wissen plötzlich, was wir nicht wollen: durch Atomstrahlen langsam zugrunde gehen. Es hat sich etwas bewegt. Unsere Welt hat einen Ruck bekommen, verantwortungsbewußte Stimmen werden laut, die Welt ist in Bewegung geraten.

Aber haben wir nicht alle unsere kleinen Tschernobyls in uns? Gibt es nicht auch in unserem Leben kleinere und größere Gefahrenpunkte, die, richtig gelebt, zu tieferer Erkenntnis führen können? Haben nicht auch wir eine Chance, wenn uns plötzlich die Arbeit gekündigt wird, die Frau davonläuft, jemand krank wird? Wirft sich in solchen Augenblicken nicht auch die Frage auf: Was habe ich falsch gemacht? Gibt es nicht auch in unserem Leben Punkte, die uns wach und lebendig machen, und wir erkennen können, wir sind gerade noch mit einem blauen Auge davongekommen? Wir sind jetzt aufgewacht und wissen, wir sind diejenigen, die etwas ändern müssen. Nicht die routinemäßigen Tätigkeiten des Alltags, sondern plötzliche Ereignisse unseres Lebens reißen uns aus der Apathie heraus. Dann kann ein schöpferischer Glaube an das Leben und seinen Sinn gerade dort aufgehen, wo eine bisher gewohnte Welt zerbrach. Nicht anders ergeht es uns, wenn uns ein Schicksalsschlag in die völlige Isolation wirft. Wir sind dialogisch erschaffen und können in der Welt der Isolation nicht leben. Wir brauchen den anderen Menschen, den Ehepartner, den Freund, die Freundin, den Nachbarn, den Kollegen, die Kollegin. Wir suchen die Geborgenheit in menschlicher Gemeinschaft und Liebe. Wo der Alltag uns das verwehrt, kommen wir an eine Grenze, an der wir glauben, nicht mehr am Leben teilzuhaben. Doch nehmen wir das Leben dahingehend an, indem wir mit dem Dalai Lama sagen:

»Die Dinge sind so, wie sie sind«, dann heißt es, im Augenblick ist es so, aber es wird sich wieder ändern. Wir können erkennen, daß wir Mitbestimmer unseres Schicksals sind. Nicht wenige Menschen konnten in einer psychotherapeutischen Behandlung erkennen, daß sie Mitverursacher ihrer Einsamkeit waren. Das beginnt häufig schon in früher Kindheit. Schon manche Kinder fühlen sich einsam und allein. Einsamkeit entsteht, wenn Kinder nicht beachtet werden, wenn sie verletzt, wenn sie bestraft werden und vieles mehr. Einsamkeit entsteht in der Kindheit und entsteht dann, wenn das Mißtrauen sich im Kind ausbreitet. Dort, wo in einer Familie Vertrauen herrscht, kann Einsamkeit nicht entstehen. Aber der wichtigste Faktor ist, so bitter diese Erkenntnis auch sein mag: Einsamkeit entsteht letztlich durch eine Selbstentscheidung. Dadurch, daß das Kind und später der erwachsene Mensch sich von der Welt zurückzieht. Und nur der einzelne kann es sein, der sich durch Selbstentscheidung aus der Einsamkeit heraus wieder der Welt öffnet. Hierfür wäre zum Beispiel die Rosenübung gut geeignet.

Wann immer wir bereit sind, uns in Liebe der Welt zu öffnen, bedingt das einen Wandlungsprozeß. Wir nehmen sozusagen wieder aktiv am Leben teil. Aber gerade am Mißtrauen zerbricht die Liebe der Welt.

Wenn wir über Liebe sprechen, dann möchte ich Ihnen hier einen Weg aufzeigen, Liebe neu zu definieren. Nach herkömmlicher Auffassung heißt es: »Ich liebe dich — ich liebe mich — ich liebe alle Menschen.« Daß wir so ohne weiteres alle Menschen nicht lieben können, selbst wenn Positivisten uns das einzureden versuchen, leuchtet jedem ein. Ich aber behaupte, wir können keinen einzigen Menschen lieben, weder den anderen noch uns selbst. Es liegt an der Begriffsbestimmung. Jemanden lieben bedeutet, etwas aktiv tun. Aber kann man Liebe oder ein anderes Gefühl aktiv tun? Wir können Liebe nur zulassen. Sagen wir aber, »in mir ist Liebe«, dann können wir aus dieser Liebe schöpfen und zu anderen Menschen oder uns fließen lassen. Wir schöpfen sozusagen aus einem unerschöpflichen Topf, nämlich aus dem Geistesbegriff Liebe. Das aktive Tun in der Liebe ist unsere Fürsorge für uns selbst — für andere, unsere Wertschätzung für uns selbst, für andere — unsere Verantwortung für uns, für andere — unser Wohlwollen für uns, für andere. In mir ist Liebe, da ist Liebe nicht nur ein leeres Wort, da ist ein gefüllter Topf mit sehr viel Liebesfähigkeit und Liebeskraft.

Genauso ist es mit den anderen Gefühlszuständen. Wenn ich Wut, Angst, Traurigkeit habe, dann haben mich Wut, Traurigkeit und Angst auch, das heißt, sie können uns beherrschen. Dann können wir sagen: »Du hast mich wütend gemacht, du hast mir Angst eingejagt, du hast mich traurig gemacht.« Damit übergeben wir die Verantwortung dem anderen. Wenn ich aber sage: »In mir ist Wut – in mir ist Angst – in mir ist Traurigkeit«, dann habe ich die Verantwortung für meine Gefühle, dann heißt das, daß nur ich allein diese Gefühle in mir spüre. Der andere mag sie in mir aktiviert haben, aber seit früher Kindheit schleppe ich diesen Topf mit mir herum, und es liegt nur an mir, diesen Behälter auszuschütten, damit er mit Liebe gefüllt werden kann.

Wenn wir die Dinge so betrachten, dann kann aus Wasser Wein werden. Wenn in mir Liebe ist, dann sehe ich die Welt durch die Augen der Liebe. Wenn in mir Traurigkeit ist, dann betrachte ich die Welt durch die Augen der Traurigkeit, und wenn in mir Wut ist, dann nehme ich die Welt durch die Augen der Wut wahr. Das ist der Grund, warum manche Menschen nicht zueinander finden können.

Die Augen sind die Fenster der Seele. Wenn wir nun mit anderen Menschen in Kommunikation sind, dann schaut einer durch das Fenster der Liebe, ein anderer durch das Fenster der Wut, ein anderer durch das Fenster der Traurigkeit. Jeder nimmt die Welt anders wahr.

Oder ein anderes Beispiel. Der Mittelpunkt der Welt scheint wie eine Pyramide, aber jeder von uns steht vor einer anderen Seite der Pyramide und nimmt die Welt nur aus dieser Perspektive wahr. Darum ist es auch so schwer, daß Menschen einander verstehen können. Nur in den Augenblicken, da zwei Menschen durch die Fenster der Liebe schauen, nehmen sie die Welt ›in gleichen Schwingungen‹ wahr. Das erleben sie dann als tiefe Berührung. Der Alltag berührt sie nicht mehr.

Ich möchte Ihnen im folgenden Alpha-Übungen vorstellen, die uns in das Reich der Liebe führen. Oder anders ausgedrückt, das Fenster der Liebe öffnen. Sie versetzen sich jeweils über den Chakrencode in den Alpha-Zustand und vergessen jeweils nicht, sich am Ende der Übung mit den Ziffern eins bis fünf wieder ins Wachbewußtsein zu rufen.

Die Dimensionen der Liebe

Sie sehen ein großes, weites, freundliches Haus. In diesem Haus gibt es ein großes, weites Portal. Darauf steht ganz groß das Wort *Liebe*. Die Tür führt in das Universum der Liebe, und dort finden Sie Menschen, mit denen Sie schon einmal in Liebe verbunden waren. Sie finden Gegenstände, Erinnerungen, Situationen und Bewußtseinsebenen, die mit Ihrer Liebe etwas zu tun hatten.

Sie sind sich also bewußt, daß Sie Ihrer Vergangenheit begegnen, daß Sie alten Gefühlen begegnen. Sie öffnen jetzt die Tür. Lassen Sie ganz spontan die ersten Eindrücke entstehen, ohne im voraus zu entscheiden, was hinter der Tür sichtbar werden sollte. Alles mögliche kann dabei entstehen, ein Symbol, ein Gefühl, eine körperliche Empfindung, eine Musik, ein Duft und anderes.

In gelassener Ruhe betrachten Sie, was Ihnen da begegnet. Es kann sein, daß Sie entdecken, daß Sie nicht die Tür der Liebe geöffnet haben, sondern die Tür der Traurigkeit, der Wut. Das bedeutet, daß in Ihrem Erinnerungsvermögen der Begriff Liebe nicht rein gefiltert ist. Es befinden sich fremde Eindringlinge in Ihrem Haus der Liebe. Alles, was hier nicht hingehört, führen Sie ins Freie. In Ihrem Haus der Liebe hat künftig nur noch die Liebe Raum, alles, was mit Liebe nichts zu tun hat, sind Restbestände, sozusagen ›verweste Leichen‹ alter Liebe. Wir reinigen das Haus der Liebe, machen diese Übung so lange, bis das Haus der Liebe wirklich rein ist.

Wenn Sie es gereinigt haben, werden Sie spüren, wie sich allmählich ein neues Gefühl in Ihnen Platz macht. Jetzt sind Sie bereit, der Liebe zu begegnen. Das Haus ist bestellt. Die Liebe kann Einzug halten. Während Sie das Haus der Liebe reinigen, erkennen Sie an, daß jedes der auftauchenden Bilder nur eines von unzähligen ist, die mit Liebe in Zusammenhang gebracht werden können.

Ende der Übung.

Manch einer wird bei so einer Übung zunächst erschrocken sein, wenn er erfährt, wie alter Liebeskummer und Schmerz wieder aufflackern. Das ist ein Zeichen dafür, daß eine alte Geschichte nicht richtig verarbeitet war. Ich kenne Menschen, die nach einer partnerschaftlichen Beziehung jahrelang allein geblieben sind, weil sie sich den Schmerz nicht angeschaut haben und ihn nicht verabschieden konnten. Sie haben die Welt in all den Jahren durch die Augen von Schmerz, Wut, Haß oder Trauer betrachtet und dabei nicht gemerkt, daß nicht die Welt ›böse‹ ist, sondern daß sie die Welt durch das falsche Fenster betrachtet haben. Erst wenn wir das Alte losgeworden sind, wenn das Gefäß ausgeschüttet ist, kann der Kelch der Liebe gefüllt werden.

Die Verwirklichung der Liebe

Versetzen Sie sich in einen Trancezustand. Erinnern Sie sich an eine Zeit, da Sie die Welt durch die Augen der Liebe gesehen haben. Es geht nicht darum, sich gedanklich zu erinnern, sondern das Gefühl der tiefen Liebe in sich zuzulassen. Erleben Sie die damalige Liebe noch einmal mit all ihren starken Gefühlen. Erleben Sie es nicht als Vergangenes, sondern *jetzt* lieben Sie. Erleben Sie nochmals Blicke, Worte, Berührungen, Gefühle und Erkenntnisse.

Tauchen Sie voll in dieses Erlebnis ein, und lassen Sie sich ganz davon umschließen.

Jetzt erinnern Sie sich daran, daß dieses Erlebnis Vergangenheit ist. Der Mensch, zu dem Ihre Liebe überfloß, der seine Liebe zu Ihnen fließen ließ, ist nicht mehr in Ihrem Leben. Sie erkennen jedoch, daß die Qualität der Liebe, die jene Zeit belebte, zeitlos ist. Die Qualität Liebe ist in Ihnen. Sagen Sie sich und seien Sie sich dessen bewußt:

In mir ist Liebe.

Sie wissen und fühlen: *Ich bin im Kontakt mit meiner Liebe.*

Lassen Sie es zu, daß das Gefühl, in Liebe zu sein, eine Botschaft für Sie enthält, eine Botschaft, die für Sie und Ihre Liebe in Zukunft wichtig ist.

Ende der Übung.

Die nächste Übung zeigt die Liebe und ihren ständigen Wandel in symbolischer Form. Es geht darum, die Qualität der Liebe zu verstärken. Darum ist es wichtig, daß jede Übung nicht nur einmal gemacht wird. Wir sind mit den Alpha-Übungen nicht in einer Konditorei, wo wir mal hier und mal dort naschen. Der Alpha-Mensch ist sich der Verantwortlichkeit seines Seins bewußt. Sie wollen wachsen und reifen, dazu benötigen Sie viel Zeit. Machen Sie daher jede Übung einige Wochen lang, bis Sie weitergehen. Wenn Ihr Geist noch von alten Lieben zu reinigen ist, werden Sie die Welt der Liebe noch nicht erleben können. Fühlen, was tiefe Liebe ist, können Sie erst in der Bereitschaft für das Neue. Wenn irgendwann etwas in Ihnen zu schwinden beginnt, machen Sie mit der nächsten Übung weiter:

Die Metamorphose

Können Sie sich vorstellen, eine Raupe zu sein, die auf einem großen Blatt sitzt? Als Raupe kriechen Sie langsam unter das Blatt und beginnen sich einzuspinnen, bis Sie zu einem runden Ball dünner Seidenfädchen geworden sind. Ganz langsam spinnen Sie sich in goldene seidene Fäden ein. Sie spinnen immer mehr goldene Fäden, bis Sie undurchsichtig von den goldenen Fäden eingesponnen sind. Sie sind nun eingehüllt in weiche, goldene Seide, ruhen in der Dämmerung goldener Samtheit. Sie sind völlig auf sich zurückgezogen, versunken in der weichen Stille. Sie spüren lediglich, daß geheimnisvolle Kräfte der Natur dabei sind, in Ihnen einen Wandlungsprozeß zu vollziehen. Immer stärker spüren Sie, daß die Kraft, die am Werk ist, etwas Liebevolles mit Ihnen vorhat. Wie im Frühling die Natur das Wachsen und Erblühen der Pflanzen zustande bringt, genauso beginnt sich allmählich der Behälter, in dem Sie sich befinden, zu öffnen. Ein Sonnenstrahl dringt in Ihre Dunkelheit ein. In dem Moment, wenn der Sonnenstrahl Sie berührt, erleben Sie eine Woge der Vitalität, und voller Kraft werfen Sie den Ball aus Seidenfäden ganz ab.

Mit dem Abwerfen des Kokons werfen Sie gleichzeitig alles ab, was Ihr Leben bisher belastet hat, was Sie eingeengt, was Sie behindert hat. Erleben Sie: Ich bin jetzt freier, als ich es jemals war!

Aus dem unbeweglichen Leben einer Raupe, aus der Eingeschlossenheit im Kokon ist jetzt ein bunter, schillernder Schmetterling geworden. Sie erleben: Meine bisherigen Grenzen sind in unsichtbare Fernen gerückt. Sie erheben sich, lassen die volle Spannweite Ihrer Flügel durch die Luft gleiten und erleben unter sich eine Welt voller Wunder und Leben. Sie sehen unter sich eine wunderbare Sommerwiese, in der alles, was lebt, einem ständigen Wandel der Zeiten unterliegt. Sie können erkennen, auch mein Leben ist Wandlung. Ich bin frei, frei, Wandlungen zuzulassen.

Ende der Übung.

Alpha-Übungen bedeuten immer Einkehr, Umkehr, Loslassen und Zulassen.

Wandlung löst und befreit, lädt uns auf mit einer neuen Kraft. Was uns gestern noch Last war, verliert sein Gewicht, was eben noch Angst in uns zuließ, bedrängt uns nicht mehr. Was uns verzweifeln ließ, verliert nach einem Wandlungsprozeß seinen Stachel. Wo alles verschlossen war, zeigt sich Öffnung, wo wir gestern noch Dunkelheit erlebten, zeigt sich alles im neuen Licht. Das alles kann sich immer wieder zeigen. Am Anfang aller Verwandlung steht das Bereitwerden zum Spüren, Annehmen, Zulassen der Dinge, die uns begegnen. Verwandlung trifft uns immer in unserer Ganzheit. Begreifen wir, was das bedeutet: Uns selbst und andere ernst nehmen im Ganzen, in der Tiefe und Einheit der gesamten Persönlichkeit.

Zwei Fehlhaltungen sind es vor allem, die die Selbstverwirklichung aus dem Innern verhindern: Verkrampfung und Auflösung. In der Verkrampfung äußert sich das Anhaften in einem den Kräften der Tiefe entfremdeten und immerzu auf seine Sicherheit bedachten Ich. Daraus zeigt sich ein Mangel an Gespür und Verantwortung für uns und unsere Mitmenschen. Verkrampfung und Auflösung behindern jeden Heilungsprozeß im seelischen Sinne. Das Pendeln zwischen diesen beiden

Zuständen verhindert das Eingehen in den persönlichen inneren Kern. In jeder Verkrampfung blockiert ein Übermaß an Eigenwille und die nie nachlassende Steuerung und Beobachtung des allzu wachen Ichs jene inneren wirkenden Kräfte, die nach eigenem Gesetz im Verborgenen walten. Um ungestört wirken zu können, bedürfen sie eines Grundvertrauens, darin wir uns zuversichtlich dem schöpferischen inneren Sein überlassen.

Verkrampfung ist Ausdruck eines Mißtrauens gegenüber den göttlichen Kräften.

In der Aufgelöstheit lassen wir uns gehen und geraten aus der Form. Der aufgelöste Mensch überläßt sich den Kräften in und um ihn, ohne Möglichkeit der Gegensteuerung.

Spannung — Entspannung, Gespanntheit und Gelöstheit sind zwei Seiten jedes lebendigen Ganzen. Viele Menschen aber pendeln zwischen Verspannung und Auflösung hin und her. Mancher sucht, obwohl er von Entspannung redet, die Aufgelöstheit nur, um sich hinterher wieder neu zu verspannen. Was wir im Alpha-Training lernen können, ist eine Gelöstheit, die nicht auflöst, sondern im Gegenteil wesensgemäße Spannung und einen Wandlungsprozeß auslöst. Der Sinn jeder natürlichen Entspannung ist nicht Aufhebung einer jeden Spannung, sondern Umspannung zur echten Spannung hin. Das beinhaltet aber einen inneren Wandlungsprozeß, um die der Verkrampfung zugrunde liegenden Dinge zu lösen. Entspannung des verspannten Körpers, wie es das autogene Training beinhaltet, ist etwas anderes als jene Entspannung, die unseren tiefen Wesenskern mit einschließt. Jede Verspannung ist Ausdruck einer Befangenheit im weltabhängigen Ich. Es geht darum zu lernen, uns als Ich loszulassen, und das nicht nur dann, wenn wir ausgesprochen verspannt sind, erschreckt oder ärgerlich, wenn wir ›hochgehen‹ und uns abwehrend den Kopf festhalten, sondern immer. Jedes Loslassen des Ich-Anteils, das uns in der Verspannung festhält, führt eine leibhaftige Veränderung des ganzen Menschen herbei. Die Fehlspannung wird uns häufig nur als körperliche Verspannung bewußt. Wir können aber lernen, uns in der ganzen Persönlichkeit vor allem vom Kopf her loszulassen. Nur dann werden wir allmählich gelassen.

Den Halt, den die im Ego zentrierte Spannung verleiht, kann man — ohne auseinanderzufallen — nur fahrenlassen, wenn wir uns woanders, nämlich in unserem zentralen Mittelpunkt, einlassen können.

Der Mittelpunkt der Welt

Entspannen Sie sich über die Chakren. Stellen Sie sich intensiv einen in allen Facetten schillernden Diamanten vor. Sie finden diesen wertvollen Stein in einer Berghöhle.

Der Inbegriff des Diamanten ist das Unüberwindliche, Unbesiegbare. Erkennen Sie, daß Sie, der Sie so einen wertvollen Wesenskern in sich tragen, ebenso unüberwindbar und unbesiegbar sind.

Der Diamant repräsentiert Ihr Selbst. Das Selbst ist unüberwindbar. Ängste, Bedrohungen, der Druck des Alltags können Ihrem Ich etwas anhaben, niemals aber Ihrem Selbst. Es bleibt unberührt von den Schatten der Vergangenheit, von den Sorgen von Gegenwart und Zukunft. Es bleibt unberührt von Gier und Habsucht. Es ist Ihr wahrer Kern, die Essenz Ihres Seins. Nun stellen Sie sich vor, Sie dringen in diesen Diamanten ein. Erleben Sie die prächtige Vielfalt Ihres wahren Wesenskerns. Erleben Sie, wie schöpferisch und ausfüllend der Wesenskern ist, in dem Sie sich jetzt befinden.

Ende der Übung.

Jede Verwandlung fordert die Preisgabe von etwas, das die bisherige Lebensform trug — eine Gewohnheit, ein Anspruch, eine Einstellung, eine leidvolle Entwicklung und vieles mehr aufgeben. Alte Dinge aufzugeben fällt vielen Menschen schwer. Darum ist jede Arbeit im Geiste schwer, und ohne fortwährendes Üben gäbe es wohl kaum Erfolg.

Die volle Wirkung des Alpha-Trainings beginnt dort, wo sich der Wandlungsprozeß aufzeigt. Die Form des Bewußtseins wandelt sich vom männlich Aktiven zur weiblichen Schale, die aufnimmt und sich ohne aktives Zutun des Ichs füllt. Der Wandlungsprozeß bedeutet nicht etwa ein aktives Zur-Mitte-Gehen, es ist vielmehr ein innerlicher Prozeß, der den Übenden zur Mitte vorantreibt.

Wenn ein Mensch an seiner Gespaltenheit in Ich und Wesen zu leiden beginnt, wenn er hin- und hergerissen wird und sich als Zweiheit empfindet, dann weiß er, daß er im Ich immer wieder der Alte ist, daß es Teilbereiche in der Persönlichkeit gibt, die immer wieder sterben müssen, damit — ahnungsweise am Anfang und dann immer deutlicher — das Neue werden kann. Im Loslassen des Ichs ist das Ich nicht ein für allemal vergangen. Es ist untergetaucht in die Stille des Wesens; dann taucht es wieder auf und ist neu. In jedem Eingehen wird das Ich stärker mit dem Wesen eins, in jedem Neuwerden bringt es mehr von dieser Verbindung an den Tag, bis der Mensch in sich ganz wird.

Der Umgang mit sich selbst geschieht zum größten Teil unbewußt. Ähnlich wie die meisten lebenswichtigen Körperfunktionen wie Herzschlag, Atmung, Verdauung und andere. Nur ausnahmsweise werden wir von der Reflexion erfaßt.

Aber: Wer mit sich selbst zerfallen ist, kann nicht im Einklang mit der Welt leben. Wer sich selbst haßt und verachtet, ist auch zu keiner vollen warmherzigen Liebe fähig, ebensowenig wie jemand, der in sich selbst verliebt ist. Wer tief an sich selbst zweifelt, wird weder festen Halt in irgendeinem Glauben finden noch anderen einen Halt geben können. Wer sich selbst betrügt, kann sich auch gegenüber seinen Mitmenschen nicht öffnen und wahrhaft verhalten. Wer sich selbst quält und erniedrigt, kann andere nicht erheben und erfreuen. Wie auch immer die Beziehung eines Menschen zu sich selbst gestört sein mag, er wird diese Störung auf seine Umgebung projizieren.

Fruchtbar ist das, was die persönliche Entwicklung eines Menschen fördert. Die Entwicklung ist also unser eigentliches Thema, unser wichtigstes Ziel.

Entwicklung ist keine Entstehung aus dem Nichts. Damit sie geschehen kann, muß schon etwas Lebendiges vorhanden sein sowie eine reale Welt, die dieses Lebendige umgibt. Indem

Leben und Welt einander begegnen und in vielfältige Beziehung zueinander treten, verwandeln sich beide, und das, was bisher nur als Möglichkeit angelegt war, kann nun zur Wirklichkeit werden. Dieser Vorgang ist wie ein Wechselgespräch, bei dem jede Seite der anderen immer neue Fragen stellt und Antworten erteilt. Im Innern des Menschen tauchen Entwicklungsimpulse auf, die zunächst sehr vage und unbestimmt sind. Sie werden an die Wirklichkeit herangetragen, müssen sich mit ihr auseinandersetzen, werden dabei umgeformt und durchgestaltet, bis zuletzt etwas ganz Reales aus ihnen geworden ist.

Alpha-Training und Konflikte

Wenn sich jemand in einen anderen Bewußtseinszustand versetzt und ihm ein bisher unbewußtes Wahrnehmungssystem verfügbar wird, kann es sein, daß das, was aus dem Unbewußten auftaucht, zunächst aus einer seelischen Abstellkammer kommt. Es ist das Unerledigte unseres Lebens, die Dinge, die sozusagen zur Wiedervorlage, zur Neuentscheidung vom Unbewußten vorgelegt werden. Der Weg zum Licht geht durch die Dunkelheit, und das Wiedererleben schmerzlicher Gefühle ist eine Abreaktion der Psyche. Abreaktion ist eine natürliche Antwort, wenn plötzlich ein System freigelegt ist, das schmerzliches oder nicht zu verkraftendes Material aus der Vergangenheit enthält.

Was tun wir, wenn wir im Alpha-Training eine schmerzliche Abreaktion erleben? Sagen Sie sich: »Ich bin traurig, und das ist sehr schmerzlich.« Mit anderen Worten: Lassen Sie das Gefühl zu, das hochkommen will. Sie haben es ja ein Leben lang mit sich herumgeschleppt, und es kann Ihnen gar nichts Besseres passieren, als daß es sich zeigt. Auf diese Weise werden Sie es allmählich los. Versuchen Sie herauszufinden, welche Entscheidung der damaligen schmerzlichen Situation vorausging. War es Ihre Entscheidung oder die Entscheidung einer Bezugsperson? Wenn es eine Fremdentscheidung war, dann schieben Sie in der Imagination diese Entscheidung derjenigen Person wieder zu, von der sie ursprünglich kam. Aber auch wenn Sie diese Fehlentscheidung getroffen haben, löschen Sie sie aus, indem Sie sich sagen: »Das war damals, das gilt heute nicht mehr.« Fällen Sie auf dieser Ebene eine Neuentscheidung. Etwa so: Sie erkennen möglicherweise, daß Sie sich irgendwann als Kind, weil Sie schmerzhaft verletzt wurden, innerlich zurückgezogen haben und in die Isolation geflüchtet sind. Jetzt erkennen Sie, daß Sie durch Ihre eigene Entscheidung, aus Mißtrauen den Menschen gegenüber, in die Einsamkeit geflüchtet sind. Das war Ihre damalige Lebenssituation. Heute, als Erwachsener, kann man Sie derart nicht verletzen, Sie lassen es nicht mehr zu. Sie wollen Liebe und Nähe, Sie wollen Kommunikation. Sie wollen Freundschaft. Also können Sie die Neuentscheidung fällen: »Ich gehe offen und warmherzig auf die Menschen zu. Ich weiß, daß die Menschen, denen ich mich öffne, meine Offenheit und Warmherzigkeit zu schätzen wissen. Es kommen nur solche Menschen auf mich zu, die in mir das gleiche suchen, was ich in ihnen suche: den warmherzigen Dialog.«

Wenn es also in der Alpha-Übung zu einer Abreaktion kommt, dann weinen Sie, und die Tränen zeigen Ihnen den Schmerz und das Unglück der Vergangenheit. Sie werden sehr unglücklich sein, wenn Sie sich an diese Gefühle erinnern und Sie das in Ihrem Körper erneut spüren, bedenken Sie folgendes: Jeder von uns hat in seiner persönlichen Geschichte viele Erlebnisse, die wir als unerfreulich bezeichnen. Solche unerfreulichen Erfahrungen sind oft Basis für spätere Fertigkeiten, für spätere Fähigkeiten, und Leute, die nie durch solche Erfahrungen herausgefordert wurden, können bestimmte Fähigkeiten nicht entwickeln. Die Probleme der Vergangenheit haben uns zu einem erfahrenen Menschen heranreifen lassen. Sie spüren vielleicht den Schmerz noch einmal. Aber grundsätzlich haben Sie damals das eine oder andere Problem ganz gut gelöst.

Wenn Sie gegenwärtig schwere Probleme haben, dann schlage ich Ihnen die folgende Alpha-Übung vor.

Entspannen Sie über Chakrencode. Sie sehen das Bild einer wunderschönen Sommerwiese. Vor Ihnen liegt ein Kalender, der einen Zeitraum bemißt, der von jetzt ab erst fünf Jahre gültig ist. Schlagen Sie genau das gegenwärtige Datum auf, mit der entsprechenden Jahreszahl, die in fünf Jahren sein wird. Sie machen also eine Imaginationsreise in die Zukunft. Es ist nicht meine Absicht, in Ihnen eine bestimmte Art von Hellsichtigkeit zu wecken, sondern ich verfolge mit dieser Übung ein bestimmtes Ziel. Wenn Sie nun also im Bewußtsein jenes in der Zukunft liegenden Tages sind, dann erleben Sie rückblickend, wie Sie die gegenwärtigen Probleme längst gelöst haben. Erleben Sie, daß die Sorgen, die Sie sich gemacht haben, in keinem Verhältnis zu dem Problem stehen.

Wenn Sie so damit umgehen, schrumpft das Problem auf seine wirkliche Größe zusammen, und Sie werden viel leichter damit fertig. Machen Sie das jeden Tag, bis das Problem gelöst ist.

Diesen Umgang mit uns selbst nenne ich ›Erneuerung des Bezugsrahmens‹. Es verändert die Bedeutung dessen, was wir erleben. Auch wenn wir eine Neuentscheidung für Vergangenes treffen, ist das eine Veränderung des Bezugsrahmens.

Wenn Sie während einer Alpha-Übung auf vergangenes Material stoßen, seien Sie neugierig darauf, was damals im einzelnen passierte. Sagen Sie in einer solchen Situation in sich hinein: »Meine Augen und Ohren sind offen für das, was da abgelaufen ist, und ich weiß, wie gut es ist, das hinter mir zu haben.«

Der in uns funktionierende Aufnahmemechanismus läßt sich mit einem Magnetband vergleichen, das sich zurückerstreckt bis zu dem Augenblick unserer Geburt, bis zu unserem ersten Atemzug, zu unserem ersten Schrei.

Daß es sich tatsächlich so verhält, beweist die Hypnose, durch die sich Menschen bis zur Geburt und darüber hinaus zurückversetzen lassen können. Durch die Hypnose, aber auch durch Alpha-Training läßt sich dieses ›Magnetband‹ bis zu den Anfängen unseres Seins zurückspulen.

Zum Beispiel Karin H. Karin ist eine junge Frau, die unter Vaginismus litt. Sie ist eine blühende, schöne junge Frau von sechsundzwanzig Jahren. In ihrem großen Kummer wandte sie sich an mich und ich erfuhr: Obwohl sie eine starke Sehnsucht nach sexuellen Kontakten hatte, war sie nicht in der Lage, sich einem Mann zu öffnen. Sobald sich ihr ein Mann näherte, zog sich ihre Vagina derart krampfartig zusammen, daß nicht einmal ein Finger eingeführt werden konnte. Sie kam zu uns in die Einzelberatungsstunde. Bereits nach wenigen Tagen hatte sie ein einschneidendes Erlebnis. Im Alpha-Zustand führte ich sie zurück bis ins Alter von vier Jahren. Plötzlich begann sie zu wimmern, erst leise, dann immer lauter. Zuletzt schrie sie, die Tränen liefen ihr übers Gesicht, der Körper bäumte sich auf und in einem fort rief sie: »Nein, Mama, hör auf, du sollst nicht weinen, bitte, bitte Mama, hör auf zu weinen!«

Zunächst wußte ich nicht, an welcher Stelle des ›Magnetbandes‹ sie sich befand, welche Situation sich da in ihr wiederbelebte. Vorsichtig stellte ich meine Fragen, und die Antworten waren erschütternd. Karin erlebte als vierjähriges Kind, wie ihre Mutter ein Kind gebar. Die Mutter hatte nicht mehr die Zeit gefunden, in eine Klinik zu fahren, und gebar das Baby daheim. Die kleine Karin hörte das Stöhnen und die Schreie der Mutter, sie sah, wie zwischen ihren Beinen etwas ›Blutiges‹ herauskam. Es wurde ein Brüderchen geboren, und Karin lehnte dieses Kind, das der Mutter so viele Schmerzen verursacht hatte, innerlich ab und war sogar froh darüber, daß dieses Kind nach wenigen Tagen starb.

Diese Gefühle, dieses Erlebnis vergrub sie tief in ihrem Innersten, kein Mensch wußte davon, und als sie Frau wurde, da holte ihr Unbewußtes dieses Bild hervor und ›bewahrte‹ sie durch die Vaginalkrämpfe vor ähnlichem. Die Ursache war ihr längst nicht mehr bekannt. Sie hatte nie mehr an dieses Ereignis gedacht. Damals hatte sie die Entscheidung gefällt, als Frau niemals solche Schmerzen wie die Mutter erleben zu müssen. Ihr Leiden verhinderte, jemals schwanger zu werden.

Auf vielen Gebieten unseres Lebens aber hemmen uns gerade ungelöste Erlebnisse und Erfahrungen, denen wir nicht ins Gesicht geschaut haben. Um den Umfang dieser Hindernisse festzustellen, brauchen wir nur daran zu denken, daß jeder Bewußtseinsinhalt – auch die im Gedächtnis gespeicherten Inhalte also – durch Assoziationen mit gleichen oder ähnlichen Inhalten verknüpft wird, deren Funktion unabhängig vom Zeitpunkt ihrer Aufnahme auch gegen unseren Willen jederzeit einsetzen kann. Die Gesamtsumme aller unserer gegenwärtig gespeicherten Gedanken und Gefühle, der erinnerten wie der nicht erinnerten, hat uns zu dem Menschen werden lassen, der wir heute sind. Je tiefer Erfahrungen in uns einwirken, um so stärker haben sie unsere geistige und emotionale Haltung geformt.

Im Alpha-Training arbeiten wir überwiegend mit Bildern. Darum: Wir sollten ständig üben, klare Bilder zu empfangen. Vergegenwärtigen wir uns immer wieder:

Entspannen über Chakren von den Farben Rot bis Violett. Durch Innenkonzentration, das heißt aktiv sein im Passivsein, die Dinge geschehen lassen.

Gehen Sie soweit, bis Sie die Gedankenstille, das absolute innere Gelöstsein empfinden.

Welche Bilder könnten Sie für Ihr bisheriges Leben ziehen? War es erfüllt von ebenso vielen glücklichen wie unglücklichen Erfahrungen? Dann sollten Sie dieses Verhältnis sehr schnell ändern! Und Sie sollten es sofort durch eine grundlegende Neuorientierung Ihrer geistigen Einsichten verbessern. Unser Unbewußtes neigt dazu, unsere inneren Bilder und Vorstellungen in die Tat umzusetzen. Was immer Sie in Form von geistigen Bildern eingeben, ob gut oder schlecht, wird irgendwann in Ereignisse umgewandelt.

Welche Arten von Bildern haben Sie in sich gespeichert? Sind darunter einige, von denen Sie nicht möchten, daß sie sich jemals realisieren? Gedanken und Vorstellungen, von denen Sie nicht einmal zu Ihren besten Freunden sprechen würden? Es liegt eine große Gefahr im Bereich der geistigen Kraft in ihnen. Sie darf niemals mit unseren geistigen Bildern programmiert werden.

Es kann sein, daß während des Alpha-Trainings auch einmal ein verdrängtes Gefühl, ein unangenehmes Gefühl wie Angst, Depression und anderes hochkommt. Lassen Sie sich dadurch nicht entmutigen, solche Gefühle müssen durchlebt werden, damit wir an das Positive herankommen. Der Vorschlag, in ein unangenehmes Gefühl hineinzutauchen – genau das, was Sie loswerden wollen –, mag wie unnötige Selbstquälerei klingen. Tatsächlich hilft Ihnen das lebhafte Bewußtwerden eines quälenden Gefühls, es in den Griff zu bekommen. Eine Menge neurotischen Verhaltens basiert auf dem verzweifelten Wunsch, schmerzhafte Gefühle zu vermeiden. Sich auf den Schmerz konzentrieren — seinen Sitz zu lokalisieren, die Grenzen seiner Heftigkeit zu erforschen, sich vergangener Erlebnisse zu erinnern, die mit ihm verbunden sind —, ist ein Weg, ihn auf seine wirkliche Größe zu reduzieren. Der Schmerz wird nicht länger dimensionslos und überwältigend bleiben, sondern nur ein Gefühl; das, wenn es erst einmal völlig wahrgenommen ist, überwunden werden kann. Eine gute Methode, um das Bewußtsein eines Gefühls zu stärken, ist, es immer wieder auszudrücken, es immer lauter und mit großer Überzeugung auszusprechen. Hüten Sie sich vor intellektueller Vernebelung! Da offenes, unmittelbares Fühlen die meisten Menschen ängstigt, errichten sie Mauern aus Worten als Barrikaden gegen Gefühle. Wenn ein Gefühl Sie überschwemmt, springen Sie vielleicht sofort vom Bauch (wenn wir den einmal als Ort des Gefühls ansehen) zum Kopf, um herauszufinden, warum Sie so fühlen. Ein solches Suchen nach Gründen ist im besten Fall eine voreilige Überlegung; erst sollten Sie von Ihrem Bauch lernen, warum Sie so empfinden. Sie sind eventuell genauso verwirrt, wenn jemand anders seine Gefühle offenbart. Vermeiden Sie die allgemeine Tendenz, Gefühle zu blockieren, indem Sie ihn zum Beispiel mit einer abstrakten Frage unterbrechen.

Wenn man seinem Gefühl auf diese Weise nachgibt, spürt man im allgemeinen zunächst Kummer oder Betrübtheit. Wenn ein Mensch diese Empfindung akzeptieren und sich ihr hingeben kann, wird er anfangen zu weinen. Wir sagen, daß er in Tränen ›ausbricht‹. Er bricht mit seinen Gefühlen aus. In vielen Menschen besteht eine tiefe Kümmernis, und viele ziehen es vor, dieses Gefühl, das meist an Verzweiflung grenzt, nicht an sich herankommen zu lassen. Man kann sich der Verzweiflung aber stellen und den Kummer durcharbeiten, wenn ein verständnisvoller Psychologe dabei hilft. Es gibt eine ganze Reihe von Alpha-Übungen, die ich in diesem Buch nicht vorstellen möchte, da sie nur unter der Obhut eines erfahrenen Trainers gemacht werden sollten, weil gerade bei diesen Übungen verdrängte Gefühle vulkanartig ausbrechen. Derartige Übungen allein daheim zu machen, halte ich nicht für ratsam. Ich habe in meinen Seminaren schon viele Menschen weinen sehen. Menschen, die jahrelang nicht mehr weinen konnten, die ihre Gefühle wie in einem Topf voller Dampf, dessen Deckel geschlossen ist, unter Druck hielten.

Sie lernen durch Alpha-Training, daß der Augenblick, in dem sie leben, die wichtigste Minute ihres Leben ist. Dieser Augenblick ist alles, was existiert. Dieser flüchtige Moment, dieses Jetzt ist die einzige Realität. Die Vergangenheit ist für immer vorbei. Die Zukunft ist noch nicht geboren. Um es anschaulich zu machen: Wenn Sie diesen Satz zu Ende gelesen haben, sind zwei und drei Sekunden vergangen. Diese Sekunden sind jetzt tot. Obwohl sie durch eineinhalb Zeilen Buchstaben dargestellt werden, sind sie außer Reichweite, unwiederbringlich an die Vergangenheit verloren. Alle Ereignisse gleichen Wassertropfen, die den Fluß hinabfließen. Nicht ein vergangener Augenblick wird wiederkommen. Die Zukunft andererseits ist noch ungeformt. Der Inhalt einer bloßen Mikrosekunde von jetzt an gerechnet wird das Resultat von einer Unendlichkeit von Alternativen sein, die noch formlos in der Ewigkeit liegen. In diesem Augenblick können Sie noch nicht einmal erleben, was der nächste Absatz bringt. Wenn Sie Ihre Augen, um zu spekulieren, von der Seite heben würden, gäben Sie dem Zufall Nachhilfe. Nach dem Motto: Das Leben ist ein Würfelspiel. Sie würden eine andere Stelle herausholen, den Zusammenhang nicht erkennen und hätten einige Sekunden verschenkt. Sie, Ihr Körper, Ihr Geist und Ihre Seele, leben jetzt. Aber Sie kennen genau wie ich Leute, deren Körper sich in der Gegenwart befindet, deren Geist aber in der Vergangenheit lebt. Bei anderen lebt der Geist in der Zukunft. »Wenn ich erst mal groß bin, dann werde ich …« Dieses Spiel kennen wir doch alle, oder?

Die Leute grämen oder freuen sich über längst vergangene Ereignisse. Sie hegen Groll, Schuldgefühle und Scham – Katzenjammer der Vergangenheit. Sie denken daran, was sie hätten sagen wollen oder was aus ihnen hätte werden können. Sie fürchten sich vor der Zukunft und entwickeln über sie Hirngespinste.

Das alles schirmt vor der Gegenwart ab. Sie als Alpha-Mensch wollen leben. Sie konzentrieren sich auf die Gegenwart, auf das Hier und Jetzt, und Sie freuen sich, daß Sie existieren, zumindest leben Sie bewußt.

Depressive Menschen zum Beispiel leben sehr häufig in der Vergangenheit, die Gegenwart ist für sie so grau, so trübe, so trostlos, daß sie meinen, die Gegenwart wäre unerträglich, und sie flüchten in ›schönere Zeiten‹ der Vergangenheit. So gerne wären sie dieses Niedergedrücktsein los, schaffen es aber kaum aus eigener Kraft. Einer der Gründe dafür ist, daß sie sich ihrer Depression nicht stellen, weil sie in das Gefühl nicht tiefer hineingehen, um zu erforschen, was dahintersteckt. Was diese Gefühlshaltung so unerträglich macht, ist der Umstand, daß sie von so vielen anderen Symptomen überlagert wird. Depressionen machen beispielsweise nicht nur Rückenschmerzen, sondern sie zeigen sich auch in vielen anderen funktionellen Störungen. So können Impotenz, Schlaflosigkeit, Benommenheit, Magenbeschwerden und Herzstörungen depressive Äquivalente sein. Der Internist Michael J. Halberstam von der George Washington University Medical School berichtet von sieben depressiven Patienten, die ihn alle aufgrund einer Grippe oder einer Erkältung, die einfach nicht verschwinden wollte, konsultierten. Doch ihre Symptome waren keinesfalls die einer Viruserkrankung oder einer Erkrankung der Atmungsorgane. Sie litten an einer leichten Ermüdbarkeit, konnten sich nicht konzentrieren und kamen morgens nicht aus dem Bett. Zwei seiner Patienten kamen zu Halberstam, weil sie an einer Augenerkrankung litten. Beide hatten sie Augenärzte konsultiert, die aber nichts feststellen konnten.

Depressive verspüren oft Druckgefühle in der Brust, oder sie klagen über diffuse brennende Schmerzen. Fragt der Arzt dann, wo sie diesen Schmerz empfinden, antworten sie häufig: »Genau hier«, und legen die Hand auf die Brust. Diese Geste ist typisch für depressive Persönlichkeitstypen.

Leichte Ermüdbarkeit oder dauernde Abgespanntheit können als weiteres depressives Symptom gelten. Diese Menschen sind manchmal unfähig, ihren täglichen Pflichten nachzukommen. Alles fällt ihnen unsagbar schwer. Für alle diese Symptome müssen emotionelle Ursachen verantwortlich gemacht werden. Bei den Untersuchungen von 300 an Erschöpfungszuständen leidenden Patienten stellte sich heraus, daß nur 20 Prozent ein organisches Leiden hatten, das Ursache für den Erschöpfungszustand war. Eine Anämie, Vitamin-Mangelerscheinungen oder auch ein Leberschaden können solche organischen Leiden sein.

Für depressive Menschen ist vor allem die Übung »Licht und Energie« geeignet, die ich in diesem Buch bereits aufgezeigt habe. Es kommt vor allem darauf an, von den trüben Gedanken herunterzukommen und das Gefühl der totalen Erschöpfung loszuwerden.

Eines möchte ich betonen: Das hier Gesagte findet nur Anwendung bei gelegentlichen Depressionen. Wer an einer tiefen, anhaltenden Depression leidet, der sollte sich in die Hände eines Psychotherapeuten begeben. Denn hinter den Depressionen können oftmals verdrängte Selbstmordabsichten stehen. Kommt der ganze Gefühlsballast durch Alpha-Training einmal in Bewegung, kann sehr vieles aufbrechen, mit dem der einzelne dann nicht fertig wird. Darum möchte ich betonen, daß Alpha-Training nur etwas für gesunde Menschen ist, die durch Streß ein wenig aus dem Gleichgewicht geraten sind. Wer gerade in psychiatrischer Behandlung oder auch in psycho-therapeutischer Behandlung ist, wer unter dem Einfluß von Psychopharmaka steht, der sollte das Alpha-Training nicht machen. Das hier Gesagte gilt vor allem auch für endogene Depressionen. Für reaktive Depressionen, für Depressionen also, die aufgrund eines falsch verarbeiteten Ereignisses auftreten, kann Alpha-Training sehr gut geeignet sein. Es kommt in diesem Fall nur darauf an, sich neue, positive Gefühle anzu-eignen.

Wenn wir gelegentlich von negativen Gefühlen sprechen, dann müssen wir uns auch mit ihnen befassen und ihre Hinter-gründe ausleuchten. Beginnen wir mit der Eifersucht. Die Eifersucht ist eine Art Gesamtzustand, von dem ein Mensch in seinen Beziehungen zu seiner Umwelt fundamental erfaßt wird.

Sie verzerrt seine Wahrnehmung der Welt, in der er sich bewegt. Kurz gesagt, der Mensch ist auf jenen Gebieten, wo ihn die Eifersucht erfaßt hat, ›nicht ganz bei Sinnen‹.

Die Eifersucht wird gewöhnlich als Emotion angesehen. Deshalb ist hier die Feststellung wichtig, daß sie eine umfassende Veränderung der ganzen Art des Sehens und Handelns darstellt. Wenn wir sagen, ein Mensch leide an Eifersucht, dürfen wir nicht glauben, es handele sich um eine Beunruhigung seiner Gefühle. Wir müssen erkennen, daß er in einer Fessel gefangen ist, die sein ganzes Tun einschränkt und in eine andere Richtung lenkt – es verzerrt und verdüstert. Wir müssen erkennen, daß diesem Menschen ein spontanes, glückliches Leben unmöglich ist, solange er seiner falschen Vorstellung verhaftet bleibt. Die Eifersucht wird allgemein mit Auseinandersetzungen Liebender in Verbindung gebracht. Die meisten Menschen streiten entweder ab, ein Eifersuchtsgefühl außer dem eben genannten zu haben, oder sie sind sich nicht bewußt, daß ein solches Gefühl sie beherrscht. Wenn sie überhaupt an ein derartiges Gefühl denken, sehen sie es gewöhnlich als einen Fehler anderer an. Psychologen indessen beobachteten, daß die Gewohnheit, eifersüchtige oder neiderregende Vergleiche anzustellen, in allen menschlichen Beziehungen existiert, nicht nur zwischen Liebenden, sondern auch zwischen Geschwistern, in Familien- und Freundschaftsbeziehungen, in Sportarenen, in Klassenzimmern, an Arbeitsplätzen, ganz besonders in den Künsten und im Schauspiel sowie unter Rassen und Nationen. Die Eifersucht ist in allen Lebenskonflikten ein so bedeutender und verbreiteter Faktor, daß sie mit allergrößter Aufmerksamkeit behandelt werden muß. Ich bin der Ansicht, daß sie das vorherrschende Symptom vieler Erkrankungen ist. Man spricht auch von hartnäckiger Infantilität als Hintergrund. Auf diese Diagnose gehen sehr viele Charakterstörungen zurück.

Hartnäckige Infantilität bedeutet fortgesetztes Handeln in infantiler oder kindischer Art. Man bemerkt öfter, daß sich unangenehme, lästige Menschen kindisch benehmen, auch wenn ihnen die Bedeutung dieses Benehmens nicht bewußt ist.

Sie handeln in abhängiger, unselbständiger, nicht verantwortlicher Weise. Die Heilung dieser Erkrankung und ihrer verschiedenen Symptome läge somit darin, den Menschen zu rehabilitieren beziehungsweise zu schulen, bis er ein unabhängiger, selbständiger, verantwortungsbewußter Erwachsener ist. Ich behaupte, die Dinge geschehen in, nicht außerhalb von uns.

Wir sprachen bereits von der inneren und äußeren Realität. Heilung muß daher von innen, aus eigener Motivation geschehen. Wie das durch das Alpha-Training möglich ist, werden Sie noch erfahren.

Der reife, selbstsichere, verantwortungsbewußte Mensch hat nicht oder kaum das Bedürfnis, eifersüchtige Vergleiche anzustellen — zu zerstören, zu sabotieren, zu erpressen, auszubeuten, zu lügen, zu betrügen, die Menschen seiner Umgebung zu quälen und zu erniedrigen. Er ist viel zu beschäftigt und ausgefüllt mit Aufbauen, Schaffen und Produzieren. Sein Interesse konzentriert sich auf die nützliche Seite des Lebens. Wir stellten fest, daß Selbstvertrauen das einzige Gegenmittel gegen infantile Abhängigkeit ist. Ich wiederhole: Emotionelle Schwierigkeiten entstehen nur auf jenen Gebieten, wo ein Mensch sich an andere anlehnt und von ihnen abhängt, statt sich auf sich selbst zu verlassen, seine eigenen inneren Möglichkeiten und seine eigene innere Initiative. Ein Problem ist nichts anderes als eine Situation, zu deren Bewältigung auf produktivem Weg man sich geschult hat. Deshalb scheint mir klar, daß die Lösung für emotionelle Probleme darin liegt, das Selbstvertrauen auf jenen Gebieten zu stärken, wo Abhängigkeiten und Kummer herrschen. Wenn ein Mensch den Schwerpunkt in sich selbst zurückverlegt, kann er ohne Krücken stehen. Er kann allein ›gehen‹. Nur unter solchen Bedingungen vermag ein Mensch als vollwertige Persönlichkeit zu funktionieren.

Die Voraussetzung zur Heilung ist die Erkennung der Symptome. Die Symptome der hartnäckigen Infantilität liegen meiner Ansicht nach auf der Hand: Passivität, Aggression, Magenfunktionsstörungen, Kopfschmerzen ohne organische Basis, Lispeln, Stottern, Gesichtsverzerrungen, negativer Gehorsam, Pflichtvergessenheit, Süchtigkeit und Eifersucht.

Alle Symptome treten im Verhalten von Kindern genauso auf wie bei Erwachsenen. Außerdem zeigen Kinder und infantile Erwachsene häufig Symptome wie Bettnässen, Nahrungsverweigerung, Daumenlutschen, Anstoßen des Kopfes, Schnalzlaute im Hals, ständiges Schnappenlassen der Fingernägel oder Knacken der Knöchel, häufige Weinanfälle, Schmollen, Wutausbrüche. Alle diese Verhaltensweisen sind Anzeichen für hartnäckige Infantilität. Sie werden als Kinderticks bezeichnet. Vorbote dieser Krankheit dürfte aber die eifersüchtige Konkurrenz oder Rivalität sein.

Eltern neigen dazu, Rivalität bei Kindern zu übersehen. Schlimmer noch, sie betrachten die Rivalität als normales Verhalten, das mit der Zeit abgelegt wird. Doch die Tatsachen rechtfertigen diese Auffassung nicht. Die Rivalität wird zur ständigen Geistesgewohnheit. Das weitverbreitete Symptom der eifersüchtigen Rivalität oder Konkurrenz könnte man mit einem infektionösen Virus vergleichen — mit einer Infektionskrankheit, die sich durch Unwissenheit und Ansteckung ausweitet.

Sobald ein Mensch versteht, vermag er sich selbst einen Weg zu suchen, um damit fertig zu werden — so er will. Da Ursachen und Symptome unterschiedlich sind, kann ich Ihnen hier natürlich keine allgemeingültige Formel für das Alpha-Training geben.

Wenden wir uns den peinigenden und bis zur Verzweiflung treibenden Schuldgefühlen zu. Auf zweierlei Weise können Schuldgefühle Eingang in unsere Gefühlswelt erlangen. Sie können einmal sehr früh erworben und beim Erwachsenen als Überreste kindlicher Reaktionen weiter vorhanden sein. Zum anderen kann sich der Erwachsene aber auch für die Übertretung eines Kodex, den anzuerkennen er vorgibt, selbst mit Schuldgefühlen bestrafen. Bei verinnerlichten Schuldgefühlen handelt es sich um emotionale Reaktionen, die aus Kindheitserinnerungen herrühren. Diese Schulderzeuger treten in Scharen auf und erreichen bei Kindern normalerweise ihren Zweck. Es gibt aber genügend Erwachsene, die diese Schuldgefühle nie abstreifen konnten. Als lästige Kindheitserinnerungen klingen in uns alte Mahnungen (alte Bilder unseres Magnet-films): »Papa mag das nicht, wenn du das noch einmal tust! Du sollst dich was schämen!« Als ob das etwas helfen würde.

»Na ja gut, ich bin ja nur deine Mutter!«

Die in diesen Sätzen enthaltenen Andeutungen können auch beim Erwachsenen ein schlechtes Gewissen hervorrufen, das geschieht beispielsweise, wenn sie den Anforderungen des Chefs oder den Erwartungen anderer Menschen, die sie als Elternfiguren aufgebaut haben, nicht nachkommen. Im Grunde könnten sie eigentlich niemanden enttäuschen. Wer sich enttäuscht fühlt, hat zu hohe Erwartungen in andere gesetzt, er hat sich selbst getäuscht. Erinnern Sie sich, das hat etwas mit unserer inneren Realität zu tun.

Aber solange Sie noch Rückendeckung in als Elternfiguren aufgebauten Menschen suchen, werden Sie unter Schuldgefühlen leiden, wenn Ihre Anstrengungen fehlschlagen. Beim Sex und in der Ehe machen sich zurückbehaltene Schuldgefühle ebenfalls bemerkbar. In den immer wiederkehrenden Selbstanklagen und Entschuldigungen für vergangenes Verhalten werden sie augenfällig. Diese aktuellen Schuldreaktionen sind das Ergebnis eines Erziehungsprozesses, in dem Sie als Kind gelernt haben, sich von Erwachsenen manipulieren zu lassen. Auch als erwachsener Mensch können Sie diesen Manipulationen unterworfen sein. Da läuft ein Film in Ihnen ab, dessen Magnetspur schleunigst gelöscht werden sollte.

In der zweiten Kategorie finden Sie die selbstauferlegten Schuldgefühle. Hier sieht es wesentlich unerfreulicher aus. In dieser Zone fühlt sich der einzelne zwar durch Dinge gelähmt, die noch nicht so lange zurückliegen, doch geht es dabei um Handlungen, die nicht notwendigerweise mit der Kindheit in Verbindung stehen.

Diese Schuldgefühle legt sich der einzelne selbst auf, wenn er Erwachsenenvorschriften und Moralgesetze verletzt hat. Obwohl Selbstquälerei an dem Geschehenen nichts ändern kann, ist manch einer längere Zeit voller selbstquälerischer Zerknirschung. Typisch für solche Schuldgefühle ist, jemanden abzukanzeln und sich selbst hinterher in tiefster Seele dafür zu hassen. Solche Menschen können sich hinterher emotional völlig leer fühlen.

Demnach sind ihre Schuldgefühle entweder Reaktionen auf fremde Normen oder aber das Ergebnis des Versuchs, selbstgesetzten Normen zu genügen, von denen sie im Grunde nicht wirklich überzeugt sind, die sie aber nach außen hin doch anerkennen.

Schuldgefühle sind nicht allein törichte, sondern in erster Linie nutzlose Verhaltensweisen. Auch wenn Sie Ihre eigene Schlechtigkeit noch so sehr beklagen, können Sie vergangenes Verhalten nicht mehr korrigieren. Es ist vorbei! Ihre Reue ist nichts anderes als der Versuch, die Geschichte noch nachträglich zu ändern, und der Wunsch, sie wäre nicht so, wie sie ist. Aber am Vergangenen läßt sich nicht mehr rütteln, da hilft alles nichts. Wir leben im Hier und Heute. Lernen Sie, gegenüber Dingen, die Ihnen Gewissensbisse einflößen, eine neue Haltung einzunehmen. Unsere Kultur enthält zahlreiche Elemente puritanischen Denkens, die Ihnen suggerieren: »Wenn dir etwas Spaß macht, mußt du dich schuldig fühlen!«

Nicht wenige unserer selbstauferlegten Schuldgefühle gehen auf diese Einflüsse zurück. Vielleicht hat man Ihnen eingeschärft, sich selbst gegenüber unnachsichtig zu sein, niemals über zweideutige Witze zu lachen und bestimmte sexuelle Praktiken nicht mitzumachen. Obwohl Signale, die darauf abzielen, Sie einzuengen, in unserer Kultur allgegenwärtig sind, haben Sie sich Schuldgefühle wegen genossenen Vergnügens doch immer selbst eingeredet (eingebildet).

Sie können lernen, Ihr Leben ohne ständige Schuldgefühle zu genießen. Sie können lernen, sich selbst als einen Menschen zu betrachten, der alles tun kann, was seinem eigenen Wertsystem entspricht und anderen keinen Schaden zufügt, und zwar ohne Schuldgefühle. Ersetzen Sie das Wort Schuld durch Verantwortung, übernehmen Sie diese Verantwortung für alles, was Sie tun. Verantwortung tragen heißt, sich den Dingen zu stellen, die Dinge aber auch geistig zu verarbeiten. Das heißt: Habe ich einem Menschen einen Schaden zugefügt, dann mache ich diesen Schaden gut, ich entschuldige mich, ich nehme mir vor, in Zukunft reifer zu handeln − aber ich trage nicht lebenslang ein Büßerhemd. Ich werde es nicht mehr tun. Und ich tue es auch nicht mehr. Was nicht gegen Gesetze verstößt, womit ich anderen Menschen keinen Schaden zufüge, liegt im Ermessen meines Handelns und Denkens. Wenn ich mit einer Frau schlafen möchte, wenn ich mit ihr oralen Sex machen möchte − und es ist auch ihr Wunsch −, dann tue ich das, und ich frage weder Vater noch Mutter, weder Kirche noch Staat, nicht meine Schwiegermutter, nicht meine Nachbarn, nicht Bruder und Schwester, ob ich das auch tun darf.

Wenn wir Konflikte lösen wollen, dann bieten sich die Doppelbildimaginationen an. Diese Imaginationsform läuft über den inneren Dialog. Da die inneren Bilder nichts anderes sind als individuelle und archetypische Inhalte des Unbewußten und hinter den Bildern emotionale Energien stehen, also uns zugehörig sind, können wir wie im Märchen mit jedem Bildinhalt sprechen. Würden wir das Unbewußte direkt befragen, bekämen wir keine Antwort. Das Symbol aber antwortet uns, und so bekommen wir eine Reihe von Informationen über uns.

Es geht hier also darum, unbewußte Inhalte bewußt zu machen.

Stellen Sie sich vor, es gab in Ihrer Kindheit ein Erlebnis, das mit der Sexualität Ihrer Eltern zu tun hatte und Sie erschreckt hat. Sie wollen herausfinden, was Sie damals geängstigt hat. Sie können sich noch so sehr den Kopf zerbrechen, Sie kommen an das Erlebnis nicht heran. Folgende Hilfe bietet sich an:

Sie entspannen sich über den Chakrencode und machen eine Reise in das Schlafzimmer Ihrer Eltern. Sie sehen Ihr Kinderbett dort stehen und das Elternbett. Nun stellen Sie sich vor, beide Betten könnten sprechen. Die Betten beginnen also einen Dialog. Sie selbst hören nur zu. Sie werden bald eine ganze Menge erfahren von dem, was Sie unbewußt gequält hat. Wenn Sie nichts Genaues wissen, dann lassen Sie einfach zwei Blumen miteinander sprechen oder zwei Bäume beziehungsweise zwei Häuser. Aber keine Menschen.

Wenn Sie sich in Ihrem Leben eingezwängt fühlen, eingeengt, unflexibel, dann können Sie folgende Übung machen:

Stellen Sie sich vor, Sie befinden sich in einem Käfig. Vor dem Käfig steht Ihr zweites Ich. Die beiden unterhalten sich, und Sie hören zu. Wenn Sie es an der Zeit halten, das eingesperrte Ich zu befreien, dann tun Sie das und umarmen den ›Bruder‹, die ›Schwester‹. Versprechen Sie aufzupassen, daß es keiner mehr wagt, ihn oder sie einzusperren.

Weitere Übungsmöglichkeiten:

1. Dialog zwischen verschiedenen Organen oder Zonen des Körpers. Zum Beispiel: Hören Sie, was Ihr Herz zu Ihrem Kopf sagt? Oder was sagt der Penis oder die Vagina zu Ihrem Herzen?

2. Bilder, in denen Organe oder Zonen der Körper zweier Personen miteinander in Kommunikation treten. Zum Beispiel: Gespräch zwischen zwei Herzen oder zwischen Vagina und Penis. Wenn Sie eine Frau sind, was sagt Ihre Vagina zur Vagina der Mutter, wenn Sie ein Mann sind, was sagt Ihr Penis zum Penis des Vaters?

3. Bilder von räumlichen Beziehungen oder Verhältnissen. Zum Beispiel: Sie gehen durch einen seichten Fluß und sehen etwas auf beiden Seiten. Oder Sie sehen etwas vor sich. Drehen Sie sich um, was sehen Sie hinter sich?

Wenn Sie in dieser Weise vorgehen, dann werden Sie eine Menge über sich erfahren. Wie schon erwähnt, können schmerzhafte Erfahrungen auftauchen. Wie gehen Sie weiter mit sich um? Wie sind Sie sich ein guter Therapeut? Versuchen Sie das, was Ihnen hochgekommen ist, schriftlich zu fixieren. Etwa so. »Liebe Inge, als ich eben meine Vagina mit der meiner Mutter sprechen ließ, da wurde mir bewußt, wie körperfeindlich meine Mutter eigentlich war. Genauso körperfeindlich hat sie mich erzogen. Das führte dazu, daß ich Angst vor nackten Männern bekam. Jetzt habe ich diese Angst gespürt. Und ich weiß, daß diese Angst von meiner Mutter kommt. Es ist eigentlich ihre Angst, die ich gefühlt habe. Ich werde sie ihr in der nächsten Imagination zurückgeben. Ich brauche diese Angst nicht mehr. Ich entscheide mich, meine Sexualität ohne Schuldgefühle und Ängste zu leben. Ich will mich mit Manfred zusammen über unser intimes Zusammensein freuen können...«

Sie werden spüren, daß bei diesen Briefen an sich selbst weitere Emotionen hochkommen. Lassen Sie sie zu. Gehen Sie damit am nächsten Tag in die nächste Übung. Danach schreiben Sie den nächsten Brief an sich selbst. Auf diese Weise bewegen Sie sich immer mehr auf sich zu.

Es kann Situationen geben, wo Sie plötzlich nicht mehr weiter wissen, sich nicht mehr weitertrauen. Es gibt Dinge, die auf anderer Ebene geklärt werden müssen. Erinnern Sie sich an die Übung mit der ›Hüterin der Gesundheit?‹ Immer wenn Sie nicht weiterwissen, gehen Sie zur Hüterin der Gesundheit, machen Sie das dann jeden Tag, und zwar solange, bis Sie die Antwort bekommen haben, die Sie von innen her, vom Selbst, nicht vom Kopf her akzeptieren können.

Der Alpha-Mensch zwischen
Haben und Sein

Sich neu besinnen heißt, daß man eine Erfahrung vor sich hinstellt und sie ganz genau betrachtet. Wenn die Erfahrung enttäuschend und schmerzlich war, tut man das nicht gerade gerne. Meistens nehmen wir sie nur insoweit hin, als das eben unumgänglich ist und wir sie nicht beiseite schieben können. Dadurch gewinnen wir zwar eine momentane Entlastung, aber wir müssen in Kauf nehmen, daß nun einzelne Erfahrungen isoliert nebeneinanderstehen als scheinbar nicht einander zugehörig, aber nicht als Bestandteil einer in sich ruhenden Persönlichkeit. Das können bestimmte überwertig gewordene ›negative Erfahrungen‹ sein, die so betrachtet manche Erlebnisse für die Zukunft unmöglich machen. Oder aber man wird durch jede neue Erfahrung sofort von den bisherigen Richtungen seines Denkens, Fühlens und Handelns abgelenkt. Auch kann man von Punkt zu Punkt dahintreiben, ohne Lehre und Gültigkeit bestimmter Erfahrungen gegeneinander abwägen zu können.

Es geht also darum, gemachte Erfahrungen unter die Lupe zu nehmen, um entsprechend zu handeln.

Unsicher sind viele Menschen der Gegenwart bei der Frage, ob sie Wünsche äußern dürfen. Zumal aus fernöstlichen Lehren zu uns herüberweht, daß Wünschen etwas mit Materialismus zu tun habe und somit unserer Persönlichkeitsentwicklung im Wege stehe.

Bevor ich näher darauf eingehe, soviel vorweg: Manche Selbsterziehungs- und Selbstfindungsmethoden erinnern stark an einen Belagerungszustand, an Methoden einer Gewaltjustiz oder an einen Vernichtungsfeldzug. Manche Praktiken zielen darauf ab, sich selbst zu bekämpfen, sich selbst zu kasteien, sich selbst als einen Menschen zu betrachten, der triebhafte Wünsche, Ungutes, Niederdrückendes in sich habe, das bekämpft werden müsse.

Stellen Sie sich so ein Leben vor: ständig auf der Lauer liegen, sich selbst beobachten, immer von Vernichtung durch sich selbst bedroht sein. Da unser Geist entsprechend reagiert, ist es nicht verwunderlich, daß solche Menschen neben Krankheiten allerhand Ungutes anziehen. Wünschen ist nach Meinung vieler Leute etwas Fleischliches, was bekämpft werden muß. Kant hat gelehrt, daß wir nicht der Neigung, also unseren Wünschen, sondern der Pflicht folgen sollten, weil nur dadurch ein sittliches Verhalten möglich sei. Man bringt uns bei, unseren Wünschen gegenüber nicht allzu nachgiebig zu sein, sie zu beherrschen, Verzicht zu üben, Bescheidenheit zu lernen. Wenn wir den Dingen auf den Grund gehen wollen, befassen wir uns in erster Linie nicht mit ethischen und moralischen Fragen, sondern mit psychologischen. Sicher sind Ethik und Moral nicht außer acht zu lassen. Aber lassen wir uns zu sehr von ihnen leiten, sind wir anderen Menschen zwar wohlgefällig, aber Teilbereiche unserer Persönlichkeit bleiben auf der Strecke. Wenn ich hier von Wünschen schreibe, dann wollen wir bitte nicht Triebe mit Wünschen verwechseln. Nicht die Triebe, sondern die Wünsche sind entscheidend, wenn es um den Umgang des Menschen mit sich selbst, um die Überwindung von Zweifeln am eigenen Ich geht.

Was stellen wir uns unter ›guten‹, ›richtigen‹ Wünschen vor? Eines wollen wir nicht verwechseln: Wir wollen Wünschen nicht betrachten wie etwas, das ein Kind tut, wenn es mit der Mutter in die Konditorei geht. Wünschen ist nicht eine isolierte Seelentätigkeit, die geübt werden sollte, sondern eine Phase im Entwicklungskreis des Erlebens.

Der Mensch, der nicht richtig wünschen kann, ist entweder von seinen Trieben oder von seiner Pflicht beherrscht. In beiden Fällen ist die Selbstverwirklichung blockiert. Der reine Pflichtmensch, der das, was ihm geboten ist, wirklich aus keinerlei Wunsch, aus keinerlei innerer Neigung tut, sondern ganz allein als Pflichtübung sieht, kann keine Erfüllung aus seinem Tun ziehen, er wird eine perfekte Pflichtmarionette. Erst wenn Pflicht sich mit dem Wunsch, der Neigung verbindet, wird sie zum Faktor der persönlichen Entwicklung. Wie der Pflicht-mensch, der alles nur aus Pflicht tut, wäre der Egoist, der nicht aus dem Wünschen herauskommt, ein Mensch, der am Leben vorbeilebt. Ein Mensch löst den anderen ab, so daß er die Per-sönlichkeitsentfaltung über das Wünschen außer acht ließe. Der Egoist hat nicht eine besonders starke Wunschphantasie, sondern ein besonders schwaches Vertrauen auf die Möglich-keit einer Wunscherfüllung. Daher äußert sich sein Wünschen auch nur im Leerlauf der Phantasie oder im Kurzschluß des Handelns.

Auf die Frage, die wir uns gestellt haben, antwortete ich: »Ja, wir dürfen wünschen. Man muß sogar wünschen, wollen wir produktiv mit uns umgehen. Es kommt nur darauf an, daß wir das Wünschen so lernen, wie es allein wertvoll ist: nicht als Sucht und Leidenschaft eines mutlosen, abseits vom Leben ste-henden Menschen, nicht als leere Tagträumerei oder egoisti-sches Begehren, sondern als eine sinnvolle, der Entwicklung dienende Phase unseres Lebens.

Abgesehen von den materiellen Wünschen sind es vor allem die Seinswünsche, die uns quälen. Vor allem jene Wünsche, deren Erfüllung wir uns von anderen erwarten. Gerade aber über eine Erwartungshaltung läuft auch der Bereich der Ent-täuschung, nämlich dann, wenn ich spüre, daß ich mich mit meinen Wünschen und meinen Erwartungen selbst getäuscht habe. Schauen wir uns ruhig einmal ein paar Beispiele an. So mancher spürt in sich den Wunsch: »Wenn er oder sie mich doch liebhätte, wenn er oder sie doch netter zu mir wäre.«

Das mag schon manchmal ein ›frommer‹ Wunsch sein. Aber wenn wir so denken, sind wir dann sicher, daß wir es auch annehmen könnten, wenn wir es bekämen?

Wenn ich mir wünsche, daß Liebe zu mir überfließt, dann muß doch auch das Gefäß in mir soweit entleert sein, daß die Liebe des anderen auch hineinfließen kann. Viele wünschen sich einfach mehr Liebe, haben aber eine dicke Mauer um sich gezogen, so daß die Liebe gar nicht hineinfließen kann. Wenn wir begreifen, daß die Erfüllung unserer Bedürfnisse nur über uns selbst läuft, daß wir selbst dafür sorgen können, daß es uns gutgeht, dann kommen wir der Sache schon näher. Wer nicht in der Lage ist, sich selbst liebevoll anzunehmen, der kann auch von anderen nicht erwarten, daß sie für ihn einspringen. Erst wenn wir in der Lage sind, uns selbst gut zu wollen, können wir etwas aus ›dem Liebestopf‹ des anderen in uns einfließen lassen. Das Gefäß muß stets geleert, gereinigt, bereitet sein, bevor da etwas hineinfließen kann.

Es gibt noch andere Wünsche, auf die dieses Schema paßt. Etwa: »Wenn er mich doch endlich verstehen könnte.« Wie soll er dieses schwierige Kunststück fertigbringen, wenn man sich selbst nicht versteht? »Ich möchte ihm klarmachen können, daß er mich mißversteht.« Worin doch eigentlich nur die projizierte Ausrede steckt: »Eigentlich mißverstehe ich mich selbst.« »Ich möchte einen Weg zu seinem Herzen finden.« Vielleicht etwa deswegen, weil ich den Weg zu meinem eigenen Herzen nicht finde? Alles beginnt bei uns selbst. Alles, was wir vom anderen wünschen und selbst nicht geben können, bleiben Wünsche ›in den Wind geschrieben‹, solange wir nicht beginnen, uns unsere Wünsche selbst zu erfüllen. All das, was wir in uns selbst verwirklichen, das entzünden wir auch im anderen. Augustinus hat einmal gesagt: »In dir muß brennen, was du im anderen entzünden willst.« Alles, was in meiner Seele wie ein helles Feuer brennt, erleuchtet mich, wärmt mich, und nur dieses helle Licht, diese Wärme strahlt zum anderen über, so daß auch er allmählich die Bereitschaft in sich verspürt, in sich ein ›Licht anzuzünden‹.

Im negativen Sinn kann man sich wünschen, den Partner zu ärgern, ihn zu quälen, und ärgert und quält sich doch nur selbst. Sobald wir nicht mehr nur rein passiv auf die Erfüllung eines Wunsches von außen eingestellt sind, sondern spontan aus unserem Ich heraus sagen können »Ich wünsche sosehr, mich selbst annehmen zu lernen«, sind wir der wahren Erfüllung dieses Wunsches viel näher. Wenn unser Geist sich auf dieser Ebene mit diesem Wunsch auseinanderzusetzen beginnt, dann erkennen wir auch, was wir tun müssen, lernen können, damit dieser Wunsch sich erfüllt. Wir kommen uns selbst auf die Schliche, erkennen, welche Haltungen wir aufgeben müssen, um endlich im eigenen Haus einkehren zu können.

Mit diesem Wunsch können wir uns an die Hüterin der Gesundheit oder den ›inneren Arzt‹, den ›inneren Meister‹ wenden.

Der innere Meister

Versetzen Sie sich über den Chakrencode in den Trancezustand. Stellen Sie sich vor, Sie liegen auf dem Boden einer kleinen Nußschale. In sanften, rhythmischen Wellen werden Sie auf den Ozean hinausgetragen. Das Meer funkelt im Schein der aufgehenden Sonne im Osten. Ganz entspannt und schläfrig lassen Sie sich vom rhythmischen, sanften Wellenschlag immer weiter aufs Meer hinaustragen. Plötzlich spüren Sie einen Sog, die Nußschale treibt unaufhaltsam auf einen Strudel zu, der Strudel zieht Sie nach unten. Sie fürchten nichts, fühlen sich innerhalb der Kräfte des Universums geborgen.

Sie landen auf dem Meeresgrund, Sie verlassen die Nußschale und entdecken im Sand des Meeresgrundes eine Art Falltür. Sie öffnen sie und sehen eine Treppe mit sieben mal sieben Stufen, die Sie bedächtig nach unten gehen. Sie finden sich in einer großen Höhle wieder. Sie durchwandern die wundersame Höhle, die von einem seltenen Leuchten durchstrahlt ist. Sie kommen vor eine Tür, auf der steht: *Raum der Seinswünsche.* Sie treten ein, es ist der Raum, der angefüllt ist mit Ihren eigenen inneren Schätzen. Kaum haben Sie den Raum betreten, spüren Sie eine wundersame Veränderung in sich, Sie spüren, wie alle Wünsche von Ihnen abfallen, Sie sind einfach im Sein. Nur eine einzige Frage beseelt Sie noch. Das wird Ihnen in dem Moment klar, wo Sie einen alten Mann hinter einem Flur sitzen sehen. Er repräsentiert die *Weisheit des Seins.* Sie setzen sich zu ihm ans Feuer und sagen nur den einen Satz: *»Ich möchte mich von der Liebe finden lassen!«*

Lassen Sie jede Erwartungshaltung gehen, bleiben sie passiv. Es kann sein, daß der alte Mann etwas zu Ihnen sagt, Ihnen einen Rat erteilt, Sie auffordert, im realen Leben etwas zu tun, oder daß er Sie irgendwo hinführt, nämlich zu Ihrer eigentlichen Liebe. Was Sie in dieser Übung erfahren, was immer es ist, Sie beherzigen es dahingehend, daß Sie es in die Tat umsetzen.

Ende der Übung.

Wenn Sie einmal mit Ihrem Meister vertraut geworden sind und beginnen, seinen Rat zu befolgen, fällt Ihnen das Lernen immer leichter. Sie brauchen dann kein kompliziertes Verfahren mehr. Sie werden ein Körpergefühl Ihres Bewußtseinszustandes entwickeln, das Ihnen erlaubt, durch emotionales Träumen, Trägheit oder Gewohnheit verschüttetes Wissen wiederzuerlangen.

Der Meister erinnert uns an unsere inneren Verbündeten. Er gibt uns oft mehr Unterweisung und Wissen, als wir bei Antritt der Reise gesucht haben. Vielleicht erfahren Sie durch die Übung auch, daß die inneren Bereiche ihren eigenen subtilen Mechanismus haben, um Sie zu führen.

Wenn wir daran gehen, diese Bereiche zu nutzen, müssen wir ihnen auch Gehör schenken, denn sie haben ja Botschaften für uns. Wenn wir mit ihnen, das heißt, mit unserem tiefsten inneren Wissen zusammenarbeiten, wird sich unser Leben tiefgreifend ändern. Menschen, die zu diesen Bereichen gefunden haben, sprechen von besserer Gesundheit, größerer Schaffenskraft und einem Gefühl der Freude. Ob es sich um Wünsche aus dem Bereich des Materialismus oder aus dem Seinsbereich handelt, wir dürfen uns das Wünschen nicht zu leicht machen. Wünsche entwickeln sich nicht weiter, wenn wir sie in Luftschlössern wohnen lassen und sie mit gebratenen Tauben aus dem Schlaraffenland füttern. Ein Wunsch, der immer nur in der Unverbindlichkeit naiven oder egozentrischen Phantasierens bleibt, ohne je mit der Wirklichkeit konfrontiert zu werden, verliert seine Dynamik, wird sozusagen fett und faul, kann nur noch belastend, nicht mehr fördernd wirken. Und die Krankheit, an der er leidet, ist ansteckend: Wir leben dann mit einer Riesenkugel von Wünschen in uns, mit dem ständigen

Gefühl, es hätte ja doch keinen Zweck. Die Belastbarkeitsprüfung zwischen Wunsch und Wirklichkeit ist häufig schmerzhaft, aber auch erlösend. Wir können uns von Dingen, die sich nicht verwirklichen lassen, lösen und setzen damit Energien frei. Wer seinen Wünschen zuliebe die Realität ablehnt, ist ein falscher Freund seiner Wünsche. Durch solche ›Betrugsmanöver‹ treiben wir nur einem innerlichen Bankrott entgegen. Das Resultat ist dann, daß wir hilflos einer grimmigen Wirklichkeit gegenüberstehen, die uns erstarren läßt. Die Wünsche wenden sich dann gegen uns und führen uns in die Isolation.

Immer wenn wir uns zur Durchführung eines Entschlusses nur mit innerem Kampf zwingen wollen, bemerken wir, daß innerliche Widerstände auftauchen, gegen die wir nichts ausrichten können. Dann hat unser inneres Regiment nichts genutzt, es funktionierte nicht so, wie es sollte. Wir benötigen in einer solchen Situation die innere Kraft, um uns mit dem Widerstand auseinanderzusetzen, anstatt die Kraft für die Verwirklichung unserer wichtigen Wünsche einzusetzen.

Wenn wir uns nicht real mit unseren Wünschen auseinandersetzen, kommt es zu vielen inneren Verzichtserklärungen. Viele Wünsche — auch solche, die durchaus berechtigt waren — finden in der Wirklichkeit keine Erfüllung. Wie gehen wir mit Wünschen um, die wir nicht verwirklichen?

Wir kennen drei Phasen der Verzichtserklärungen:
1. den vorläufigen Verzicht
2. den endgültigen Verzicht
3. den unechten Verzicht.

Wünsche lassen sich nicht immer sofort verwirklichen. Schon ein Kind muß die Erfahrung machen, daß es nicht alle Wünsche erfüllt bekommt, und die, die es erfüllt bekommt, lassen sich nicht gleich realisieren. Als Erwachsener wissen wir, daß, wollen wir eines Tages bauen, zumindest ein Teilbetrag angespart sein muß. Wir müssen also vorläufig auf die Wunscherfüllung verzichten. Wir müssen den Wunsch auf einen späteren Zeitpunkt verschieben. Es ist nicht einfach, mit Wünschen zu leben, auf deren Erfüllung wir vorläufig verzichten müssen.

Der Wunsch ist vorhanden, und es entsteht eine innere Spannung. Die Spannung wird größer, je wichtiger uns der Wunsch ist. Der Spannungsbogen erhöht sich noch, wenn die Wunscherfüllung nicht allein von uns abhängig ist. Dieses Wünschen ins Ungewisse kann quälend sein. Wenn dann aber die Wunscherfüllung naht, erleben wir sehr lustvolle Momente. Die Spannung zwischen Wunsch und Wirklichkeit regt unsere Phantasie an, und wir leben in solchen Momenten scheinbar intensiver. Die Vorfreude ist bekanntlich eine Zeit, die uns in Schwung bringt.

Es kommt vor allem beim vorläufigen Verzicht darauf an, nicht alles auf eine Karte zu setzen. Sicher, es gibt viele Menschen, die sich ausschließlich auf ein Ziel konzentrieren, und das bringt ihnen schließlich den Erfolg. Aber dieser Erfolg geht dann zu Lasten anderer Lebensqualitäten. In den Bereich des vorläufigen Verzichts gehören der ›fromme Wunsch‹ und das ›Ideal‹.

Als Ideal bezeichnen wir einen Wunsch, den wir als Wert unbedingt bejahen, dessen Ziel aber jenseits der Größenordnungen von dem liegt, was wir selbst erreichen können. Das Ideal hat Ähnlichkeit mit einem egozentrischen Wunsch, unterscheidet sich aber dadurch, daß er irgendwann vielleicht doch realisierbar ist. Ich kann mir zum Beispiel ein Haus wünschen, weiß gleichzeitig, daß ich es mir kaum leisten kann. Aber eine Erbschaft oder ein Lottogewinn kann die Situation ändern. Darüber hinaus kann ich mich fortbilden, so daß ich eines Tages doch soviel Geld verdiene, um diesen Wunsch zu verwirklichen.

Als frommen Wunsch bezeichnen wir jenen, der nicht einmal die egozentrischen Entwicklungsstufen erreichen kann, sondern bereits auf der naiven stehenbleiben muß, obwohl auch er seine objektive Berechtigung hat oder uns zumindest subjektiv berechtigt erscheint, so daß wir nicht bereit sind, ihn ohne weiteres aufzugeben. Ein Wunsch also, zu dessen Erfüllung wir bei aller Prüfung nicht das geringste beitragen können. Es bleibt nichts anderes übrig, als geduldig zu hoffen und zu warten. Aber bekanntlich halten Hoffen und Harren manchen zum Narren. Wenn wir auf einen Wunsch vorläufig verzichten müssen, wir die innere Spannung ertragen wollen, dann brauchen wir Geduld.

Wie die Würze im Essen ist die Geduld eine versteckte Zutat, die ein reiches und erfülltes Leben garantiert. Haben wir Geduld, können wir der Zukunft gelassener entgegensehen. Alle Hindernisse lassen sich mit Geduld überwinden.

Ohne Geduld gleicht unser Leben dem Versuch, ein Feld ohne Zugtier vor dem Pflug zu bestellen: Die Furchen werden flach und krumm, die Arbeit ist hart und frustrierend. Mit der kräftigen und soliden Hand der Geduld werden wir hingegen tiefe und gerade Furchen pflügen und unsere Anstrengungen eine reiche Ernte bringen. Unsere Erfahrungen sind so kontinuierlich wie ein ebenmäßiger Fluß, und wir handeln stets zielbewußt.

Heutzutage assoziieren wir mit Geduld selten etwas wie Stärke oder Verläßlichkeit. Wir sehen in ihr vielleicht ein Anzeichen von Passivität, Schwäche oder mangelnden Fähigkeiten. Da uns die Geduld zu langsam und indirekt vorkommt, übersehen wir ihren Wert und entschließen uns für einen leichteren und schnelleren Kurs.

In unserer Ungeduld sind wir wie verwöhnte Kinder, die es für ganz selbstverständlich halten, zu bekommen, was immer sie wollen, und zwar sofort. Laufen wir dann auf Hindernisse und Probleme auf, die sich nicht im Handumdrehen lösen lassen, sind wir aus dem Häuschen und geben uns geschlagen. Anstatt einer Situation offen ins Auge zu sehen und entschlossene Schritte zu ihrer Bereinigung einzuleiten, versuchen wir, in unsere Phantasiewelt zu flüchten. Es dauert nicht lange, bis uns die ungelösten Probleme wie ein Mückenschwarm belästigen, wir werden gereizt und verärgert. Ungeduld ist unbeholfen und ungestüm. Infolgedessen stiehlt sie uns körperliche und seelische Kräfte. Wenn wir unsere Ziele und Wünsche ungeduldig verfolgen, atmen wir automatisch schnell und heftig. Wir bewegen uns sprunghaft und verlieren die Herrschaft über unsere Gedanken. Wir rasen aufgeregt hin und her, stets geneigt, Fehler zu machen. Wenn wir dann schließlich doch nicht erreichen, was wir uns vorgenommen haben, sind wir verärgert und verlieren den Mut.

Ein solches Verhalten beschränkt uns in unseren Möglichkeiten und raubt uns die Kraft, überlegt vorzugehen. Selbstzweifel peinigen uns, weil uns Ungeduld schließlich jede innere Grundlage entzieht. Die Ungeduld ist eine Verräterin. Sie kann unsere Anstrengungen sabotieren und uns zum Aufgeben überreden, wenn wir das Ziel schon vor Augen haben. Häufen sich die nicht vollendeten Versuche und abgebrochenen Initiationen, müssen wir zwangsläufig selbstkritischer werden und schließlich glauben, daß alles, was wir anfangen, unbefriedigend ausgehen wird. Dies ist die schwerste Konsequenz von Ungeduld. Wenn wir nämlich alle Hoffnungen aufgeben, kann uns nicht einmal ein geistiger Weg aus der Misere helfen. Wir können den Sinn unserer Übungen nicht mehr einsehen und büßen das Vertrauen in den Wert unseres Zieles ein.

Ungeduld und Angst können aber auch wertvolle Helfer sein, die uns lehren, Geduld zu entwickeln. Achten Sie deshalb auf Ihre inneren Ängste — sie können Hinweis darauf sein, daß Sie sich entspannen und Ihre Erwartungen und Forderungen ein wenig zurückschrauben sollten.

Lernen Sie schon die ersten Anzeichen von Ungeduld erkennen. Beobachten Sie, wie Ihre mentale und physische Energie abgeschnürt wird. Erkennen Sie, wann Gedanken und Handlungsimpulse Sie kopflos vorwärts drängen wollen. Achten Sie darauf, wie Ungeduld Sie in der Ansicht bestärkt, das Leben sei hoffnungslos. Statt der Geduld hinterherzurennen, entspannen Sie sich lieber, und lassen Sie alles auf sich zukommen. Lockern Sie alle Verspannungen im Körper, öffnen Sie Ihre Konzentration, und lassen Sie die Energie der Emotionen ungehemmt fließen.

Lassen Sie die besänftigende und wärmende Energie der Geduld in sich entstehen und Ihren Körper durchströmen. Dies ist bereits eine Übung in Geduld. Wenn Sie spüren, daß Sie erneut rastlos und wieder ungeduldig werden, begeben Sie sich an einen Ort, an dem es kühler ist, und machen Sie dann die folgende Übung:

160

Reise ins Absolute

Entspannen Sie sich völlig auf den Begriff Ich. Sie richten Ihre ganze Aufmerksamkeit nach innen. Nichts am Außen stört Sie oder lenkt Sie ab.

Versuchen Sie, den Begriff Ich in seiner bedeutungsvollen Größe zu erfassen. *Sie sind der Mittelpunkt Ihrer Welt.* Sagen Sie in sich hinein: *Ich bin das Zentrum von allem.* Lassen Sie Ihre Welt um sich kreisen, Ihr Geist, Ihr *Sein* ist als Ausdruck des Absoluten wirklich die Mitte. Die Welt ist nur für Sie da, es ist Ihre Welt, eine andere gibt es nicht. Lassen Sie also Ihre Welt um sich kreisen, wie die Planeten die Sonne umkreisen.

Fühlen Sie: *Ich bin das Zentrum der Allbewußtheit.*

Drei Minuten Pause.

Das Ich hat Teil am universellen Bewußtsein, das alles durchdringt. Es ist die höchste und vollkommenste Emanation des Absoluten. Das Absolute ist der große Ozean, der das Ich umgibt. Wir sind Lebewesen im Ozean des Lebens, der zugleich Ursprung allen Lebens, aller Energie ist und selbst alles Leben und alle Energie ist. Er pulsiert, dehnt sich aus, zieht sich zusammen, kurz, er lebt, er ist!

Tauchen Sie also ein in den Ozean des Absoluten, und erleben Sie, daß auch der Ozean die Farben des Regenbogens kennt. Sie gehen durch die rote Schicht und tauchen tief hinein. Sie gehen durch die orangefarbene Schicht und tauchen immer tiefer. Sie tauchen durch die gelbe Schicht und tauchen tiefer in den Ozean des Absoluten. Jetzt folgt die grüne Schicht, durch die wir tief hindurchtauchen. Als nächstes tauchen Sie durch die blaue Schicht hindurch. Jetzt kommt die lila Schicht, in die wir eintauchen. Als letztes tauchen Sie in die violette Schicht hinein und verbinden sich mit dem Absoluten.

Fünf Minuten Pause.

Sie spüren, wie das Absolute Sie umgibt. Erfahren Sie dieses Absolute als Seinsinhalt von Grund und Ursprung. Sie kommen zu einer absoluten Ruhe, alles was diese Ruhe stören könnte, geben Sie an den Ozean ab, auch Wünsche, die sich nicht realisieren lassen. Der Ozean ist zugleich die Energie des

Lebens. Vom Wasser, das Sie umgibt, dringt Energie und Leben in Sie ein. Sie sind eingebettet in den Strom der Entwicklung. Die Energie des Absoluten hält alles in Bewegung: Sterne, Planeten, Monde. Ihr *Ich* ist nicht gebunden an Raum und Zeit.

Erleben Sie sich in der Einheit mit dem Kosmos. Seine Quelle, der Ursprung seiner Energie und seines Seins, ist das Absolute. Das *Ich* geht unter im Absoluten. Es kehrt heim zu seinem Ursprung. Doch der Ursprung des Ichs erscheint als *Du*. Es ist unserem Ich gegenüber, die Grenzen zwischen Ich und Du verschwinden, verschmelzen zum *Wir*.

Eine Minute Pause.

Fühlen Sie, wie unsterblich, wie unbesiegbar Sie jetzt sind. Fühlen Sie in die folgenden Worte: *Ich bin!* Lassen Sie sich etwas Zeit, tauchen Sie danach wieder an die Oberfläche des Meeres, schwimmen Sie der sonnigen Lagune entgegen. Spüren Sie, wie es in Ihnen nachschwingt: Ich bin. Spüren Sie in diesem Augenblick auch, welcher Wunsch in Ihnen in diesem Augenblick noch offenbleibt.

Ende der Übung.

Mit dieser Übung können wir Ungeduld und Hoffnungslosigkeit gut in den Griff bekommen. Wichtig ist, daß Sie sie nicht nur einmal machen, sondern mindestens mehrere Wochen lang einmal am Tag durchführen. Sie werden sehen, wie Sie innerlich ruhiger, zuversichtlicher, geduldiger sich selbst gegenüber, aber auch gegenüber anderen werden. Sie spüren sich auf einer tiefen Ebene, und es ist möglich, daß sich die Qualität Ihres Wunsches ändert.

Vom vorläufigen Wunschverzicht können wir den endgültigen Verzicht unterscheiden. Durch ihn wird das Streben nach Erfüllung des Wunsches nicht nur aufgeschoben, sondern aufgehoben. Das ist nicht selten notwendig, nämlich schon bei jeder echten Entscheidung, wie wir sie tagein, tagaus treffen müssen. Wenn wir uns entscheiden, so besagt das ja immer, daß wir uns von einem von zwei Wünschen, die in uns leben, trennen müssen. Es muß zuvor ein gewisses Gleichgewicht zwischen den Wünschen bestanden haben, so daß nicht einer von vornherein den Vorzug erhielt. Sonst wäre keine Entscheidung notwendig gewesen, wir hätten lediglich die Konsequenz aus einer sich abzeichnenden Situation gezogen. Mit der Entscheidung gehen wir ein gewisses Wagnis ein, das Enttäuschungen nicht ausschließt. Dem endgültigen Verzicht wirkt immer ein Enttäuschungseffekt entgegen. Wenn wir uns für einen bestimmten Wunsch entschieden haben und ihn zu verwirklichen beginnen, rückt an die Stelle unseres ursprünglichen, ein wenig verklärten Phantasiebildes ein anderes, meist ein sehr viel weniger schönes Bild: das, was ich beim Handeln in der rauhen Wirklichkeit erfahre. Das Wunschbild hatte noch manche Täuschungen enthalten, diese werden uns nun genommen. Wir werden im wörtlichen Sinne enttäuscht. Dabei bleibt das Wunschbild, für das wir uns entschieden haben, im verklärten Bereich der Phantasie. Ihm wird nichts von seiner Schönheit genommen, und das Unbewußte kann nun darangehen, uns bei der Erfüllung des Wunsches zu helfen. Wir erkennen deutlich, daß immer eine Entscheidung notwendig ist, bevor sich die Dinge in Gang bringen lassen.

Der echte Verzicht wird uns kaum belasten, denn wir haben eine Entscheidung gefällt. Es sei denn, es handelte sich um einen unechten Verzicht.

Der echte Verzicht ist eine echte Entscheidung. Der Resignierende sagt nicht: »Darauf kann oder will ich verzichten.« Er sagt höchstens achselzuckend: »Da kann man eben nichts machen, das ist aussichtslos, da gibt es keine Hoffnung mehr.« Ein anderer sagt: »Da ist Hopfen und Malz verloren«, oder »Das war halt wieder einmal eine Enttäuschung.«

Das Grundgefühl dabei ist etwa: »Wie schade — wie traurig — wie bedauerlich!!« Oder auch: »Wie gemein — wie niederträchtig — wie boshaft — wie unverschämt — das darf doch einfach nicht passieren. — Wie kann es denn soviel Ungerechtigkeit auf der Welt geben?«

Alles wird dem Schicksal oder anderen Menschen zugeschoben. In der Resignation wird also das Spannungsverhältnis zwischen Wunsch und Wirklichkeit nicht aufgehoben oder in den Dienst der weiteren Persönlichkeitsentwicklung gestellt. Es bleibt vielmehr bestehen und führt ein Sonderdasein außerhalb des übrigen Erlebens fort. Der Resignierende verzichtet nicht wirklich — weder vorläufig noch endgültig, sondern beugt sich nur einer unerbittlichen Notwendigkeit, bleibt aber dabei in einem passiv-märtyrerhaften oder mehr in einem aktiv-trotzigen Protest an das von ihm Gewünschte fixiert. Er sagt nicht ja, sondern erfährt nur ein Nein. Zu diesem Nein sagt er wieder ein innerliches Nein; aber in diesem Fall wird die doppelte Verneinung nicht wie in der Grammatik zu einer Bejahung. Die Endsumme bleibt negativ. Diese Resignation ist eines der elementarsten Erlebnisse des Menschen, wird sie doch häufig schon in der Kindheit mit einer Trotzreaktion erlebt, die dann als Lebenshaltung beibehalten wird. Der Betreffende spürt gar nicht mehr, daß er einmal nur noch trotzig reagiert, zum anderen dieser Trotz die eigentliche Ursache aller seiner Lebensschwierigkeiten ist. Die Dinge des Lebens sind nicht das, was sie scheinen. Nicht selten sind wir ein Leben lang Trugbildern unterlegen. Und ebenso häufig machen wir als Verursacher unseres Unglücks Menschen in unserer Nähe verantwortlich, ohne zu erkennen, daß wir aus einer Trotz- und Bockhaltung, die längst nicht mehr bewußt erlebt wird, die Dinge geschehen lassen. Wenn Sie die Zerrissenheit der Resignation in sich spüren, dann wäre es sicherlich von Vorteil, einmal ganz tief in sich hineinzuspüren, was wirklich in Ihnen leben will. Dazu gehen Sie doch einmal in den

Tempel der Stille

Entspannen Sie sich über dem Chakrencode. Danach stellen Sie sich einen bewachsenen grünen Hügel vor. Ein Weg führt nach oben, wo Sie den Tempel der Stille sehen können. Der Tempel hat die gleichen Formen und Eigenschaften wie Ihr höheres Bewußtsein: edel, harmonisch, strahlend.

Es ist ein sonniger und angenehm warmer Frühlingsmorgen. Nehmen Sie wahr, wie Sie gekleidet sind. Werden Sie sich Ihres Körpers bewußt, während Sie den Weg hinaufgehen;

spüren Sie den Boden unter den Füßen und die sanfte Frühlingsbrise auf Ihrem Gesicht. Sehen Sie Bäume, Büsche, das Gras und die wilden Blumen um sich herum, während Sie weitergehen.

Jetzt nähern Sie sich der Hügelspitze. Zeitlose Stille durchdringt die Atmosphäre im Tempel der Stille. Hier ist noch nie ein Wort gesprochen worden. Sie stehen jetzt nahe vor dem größeren hölzernen Portal: Spüren Sie mit Ihren Händen das Holz. Bevor Sie die Tür aufmachen, seien Sie sich bewußt, daß Sie von vollkommener Stille umgeben sein werden.

Jetzt treten Sie in den Tempel. Sie fühlen sich von Frieden und Stille umgeben. Gehen Sie in den Tempel und die Stille hinein, schauen Sie sich dabei um. Sie sehen über sich eine große leuchtende Kugel. Aber das Leuchten kommt nicht von den Sonnenstrahlen, sondern scheint auch von innen heraus zu kommen, aus einer Lichtquelle, die weiter vorne, vor Ihnen liegt. Sie treten in diese leuchtende Stille ein, als würden Sie ganz davon absorbiert. Strahlen warmen, segnenden und kraftspendenden Lichts umgeben Sie, strömen durch Ihren Körper, fließen durch jede Ader, jede Zelle Ihres Wesens. Verharren Sie eine Weile in dieser leuchtenden Stille. Stille ist eine lebendige Qualität, nicht nur Abwesenheit von Geräuschen.

– PAUSE –

Dann verlassen Sie langsam das leuchtende, stille Feld, gehen durch den Tempel zurück und verlassen ihn durch das Portal. Draußen öffnen Sie sich weit dem Eindruck des Frühlings, spüren Sie wieder die sanfte Brise auf Ihrem Gesicht und lauschen dem Gesang der Vögel.

Ende der Übung.

Machen Sie auch diese Übung einige Wochen lang jeden Tag einmal; allmählich wird sich das herausschälen, was immer schon in Ihnen leben möchte, Sie werden einen anderen, neuen, lebendigeren Zugang zu den Dingen bekommen. Denken Sie immer daran, daß Dinge Zeit brauchen. Auch die Entwicklung zum Alpha-Menschen ist nicht in wenigen Tagen abgeschlossen. Wenn Sie aber den Empfehlungen dieses Buches folgen, wird sich etwas in Ihnen verändern.

Wünsche haben etwas mit der Wirklichkeit des einzelnen zu tun. Was aber heißt Wirklichkeit? Wir unterscheiden drei grundsätzliche Bedeutungen des Wortes Wirklichkeit.

1. die subjektive psychische Aktualität (Wirklichkeit für mich)

2. die objektive phänomenale Wirklichkeit (Wirklichkeit für uns alle)

3. die absolute Wirklichkeit (Wirklichkeit an sich).

Die Wirklichkeit für mich besteht darin, daß mir etwas als Erlebtes gegenwärtig ist, ohne daß es für irgendeinen anderen Menschen genauso sein müßte. Es ist mein Gefühl, mein Gedanke, meine Vorstellung ›wirklich‹, auch wenn niemand es sonst für wirklich hielte und mir bestätigte. Die subjektive psychische Aktualität braucht keinen äußeren Beweis, sie ist sich selbst genug.

Das Gegenteil solcher Wirklichkeit für mich ist nur das vorgetäuschte, vorgelogene, äußerlich zur Schau getragene, ohne innere Beteiligung Nachgeahmte, das nur Anerzogene, Gemachte, die äußere Fassade, die Heuchelei, die leere Förmlichkeit, die Konvention, das Unechte jeder Art. Oder das gefühlsmäßig nicht Beeindruckende, das Schemenhafte, Unlebendige, Blasse, für mich Belanglose, mich nicht Ansprechende, das von mir nur mit halber Seele, nur mit dem Verstand oder gar nicht Geglaubte.

Der nächste Begriff ist der einer ›Wirklichkeit für alle‹. Gemeint ist, was nicht von einem momentanen persönlichen Erleben abhängig ist, sondern wovon wir wissen, daß alle Menschen es immer und immer wieder auf grundsätzlich gleiche Weise erleben; daß es also auch dann fortbesteht, wenn es im Augenblick für uns keine persönliche Aktualität hat. Das braucht noch keine letzte, von jedem Erleben unabhängige Wirklichkeit zu sein. Ihre Bestätigung liegt gerade im Erleben, in der Gemeinsamkeit der Erfahrungen, der Sinneswahrnehmungen, Empfindungen, Gefühle, Vorstellungen, Denk- und Urteilsweisen zwischen vielen, möglichst allen Menschen. Wenn jemand etwas, was zur phänomenalen Wirklichkeit gehört, nicht wahrnimmt, so muß ihm etwas ›fehlen‹. Abgesehen davon, daß er blind sein könnte, liegt häufig eine seelische Störung vor. Und wenn er Dinge wahrzunehmen glaubt, die niemand sonst mit noch so scharfen Sinnen wahrnehmen kann, ist er wohl nicht in der objektiven, sondern in der subjektiven Wirklichkeit.

Neben den Gegenständen der Außenwelt sind aber auch Erlebnisse wie Denken, Fühlen, Wollen, Freude, Trauer, Ärger, Zorn, Liebe, Haß, Erinnerung oder Traum phänomenal wirklich, insofern ich eben nicht nur allein diese Erlebnisse haben kann, sondern grundsätzlich jeder Mensch. Wer diese Dinge nicht empfindet, wüßte nicht, wie er sich im Leben orientieren sollte. Wenn zum Beispiel in mir keine Liebe ist, ich also durch das Fenster der Traurigkeit schaue, heißt das noch lange nicht, es gäbe keine Liebe. Wenn jemand im Augenblick von seinen Wünschen abgeschnitten ist, kann er nicht behaupten, es gäbe keine Wünsche.

Der Gegensatz zur objektiven phänomenalen Wirklichkeit ist das nur Eingebildete, Wahnhafte, die Sinnestäuschung, das einzelne Traum- oder Phantasiebild, die bloße Vorstellung, die Illusion, das nur gedanklich Konstruierte, die Vermutung, die rein subjektive Annahme, die irrige Auslegung einer Teilwahrheit.

Bei der subjektiven psychischen Aktualität wie auch bei der objektiven phänomenalen Wirklichkeit gibt es die schroffe Unterscheidung von wirklich und unwirklich nicht. Es gibt verschiedene Grade des Wirklichseins. Im ersten Fall sind es die Grade der Gefühlsintensität, der erlebten Gegenwärtigkeit. Die Erinnerung an ein schönes Erlebnis, das einige Tage zurückliegt, ist mir vielleicht subjektiv wirklicher als der Verkehr auf der Straße.

Im zweiten Fall unterscheiden wir Grade der objektiven, phänomenalen Wirklichkeit, je nachdem wie viele und wie maßgebliche Urteile uns eine Gemeinsamkeit des Erlebens bestätigen. Der enttäuschte Liebhaber, der fortan alle Frauen für schlecht hält, urteilt sicher subjektiv. Ein objektives Bild über das Wesen der Frau dürfte wohl kaum einem Mann gelungen sein, denn der Begriff Frau wäre schon sehr pauschal. Jede Frau ist ein Einzelwesen. Darum läßt sich der Begriff Frau oder Mann objektiv kaum einstufen. Er ist immer subjektiv.

Erst bei der ›Wirklichkeit an sich‹ gibt es keine Abstufungen mehr. Die Wirklichkeit an sich erlebt der Mensch im letzten Stadium der Selbstbegegnung, die immer auch eine Gottesbegegnung ist. Im tiefsten Kern der Seele erleben wir das Ding an sich. Diesen inneren Persönlichkeitskern erlebt der Mensch erst nach einer langjährigen Arbeit an sich selbst. Die nächsten Stufen im Alpha-Training, die dem Mithraskult entnommen sind, können uns, wenn jede einzelne Stufe so lange praktiziert wird, bis der betreffende geistige Bereich ›gereinigt‹ ist, zu diesem Punkt führen. Wichtig ist, daß Sie erst dann weitergehen, wenn wirklich das Problem, das hinter jeder Stufe steht, endgültig bereinigt ist.

Aus Aufzeichnungen über den Mithraskult wissen wir, daß die sieben Stufen der Initiation, die Myste durchlaufen mußte, um vollkommene Weisheit und Reinheit zu erlangen, in diesem Kult den sieben Planetensphären entsprochen haben. Der Himmel, der hier gemeint ist, gliedert sich in sieben Sphären. Wir dürfen diese Hinweise als symbolisch betrachten, auch die Seele hat sieben Inhalte, wie sie sich in vielen Kulturen zeigen. Die sieben Sphären sind sieben Planeten zugeordnet.

Ich habe diese Initiationsriten soweit umgewandelt, daß sie einen psychologischen Prozeß in uns bewirken. Wenn Sie diese Übung machen, dann bleiben Sie bitte so lange bei einer Stufe, bis Sie das Gefühl haben, den betreffenden Punkt erledigt zu haben. Es kann durchaus sein, daß Sie mit diesem Übungsblock sehr lange Zeit verbringen werden. Zumindest sollte der gesamte Übungsblock nicht unter sieben Monaten durchgearbeitet sein.

Stellen Sie sich eine Leiter oder Treppe vor, die sich aus acht übereinander befindlichen Toren ergibt. Den ersten sieben Toren sind Metalle zugeordnet. Diese Tore aus bestimmten Metallen dienten in den Tempeln als symbolische Erinnerung an den Weg, den es zurückzulegen galt, um bis in die oberste Region der Fixsterne zu gelangen. Um von einem Stockwerk ins nächste zu gelangen, mußte man jedesmal eine Pforte passieren, die von einem Engel des Oromazdes bewacht wurde. Je weiter die Seele durch jene verschiedenen Zonen vordrang, um so mehr legte sie wie Kleider die Leidenschaften und Fähigkeiten ab, die sie empfangen hatte, als sie auf die Erde kam. Damit Sie nicht wahllos von Stufe zu Stufe eilen können, gibt es vor jeder Stufe zwei Wächter, die beurteilen, ob Sie bereits die nächste Stufe erreicht haben. Erst wenn die Wächter (archetypische Teile der Persönlichkeit) die Zustimmung geben, gehen Sie weiter.

Die sieben Stufen der Initiation

Entspannen Sie über den Chakrencode. Vor Ihrem inneren Auge entsteht das Bild einer Himmelsleiter, die aus acht Toren besteht. Sie konzentrieren sich ganz auf das unterste Tor. Es ist dem Mond zugeordnet und besteht ganz aus Silber. Sobald die zwei Wächter Ihnen in dieses ›Himmelreich‹ Einlaß gewährt haben, treten Sie durch das Tor. Sie werden dort eine eigenartige Welt vorfinden. In diesem Reich setzen Sie sich mit allen Dingen auseinander, die oralen Wert für Sie haben. Sie legen Ihr übermäßiges Essen ab, können hier das Rauchen aufgeben, trennen sich von aller Naschsucht, legen alles ab, was Sie tagtäglich zuviel in den Mund stopfen.

Ende der ersten Übung.

Machen Sie diese Übung so lange, bis alles Orale für Sie auf ein natürliches Maß reduziert ist. Erst dann gehen Sie zur nächsten Stufe. Sie kommen vor das Tor des Merkur. Es ist ganz aus Quecksilber. Wenn die Wächter Sie in dieses Reich eingelassen haben, können Sie hier alle Habsucht, alles Besitzstreben, jede übermäßige Besitzgier ablegen. Es geht darum, alle übermäßig besitzgierigen Neigungen abzulegen. Wenn Sie sich diesen Bereich erarbeitet haben, gehen Sie, so die Wächter Sie durchlassen, durch das kupferne Tor der Venus. In diesem ›Himmelreich‹ legen wir jenen Teil der Erotik ab, der nicht in Verbindung mit der Liebe steht. Liebe und Erotik gehören zusammen.

Wo Erotik zum Selbstzweck wird, agieren wir über diesen Punkt andere Persönlichkeitsbereiche aus.

Sobald dieser Bereich erarbeitet ist, gehen wir durch das goldene Tor der Sonne. In diesem ›Himmelreich‹ legen wir jenen intellektuellen Persönlichkeitsbereich ab, der uns von unseren Gefühlen trennt. Dort also, wo wir nur kopflastig sind, werfen wir den Ego-Ballast ab.

Nach einer Weile, wenn dieser Bereich erarbeitet ist und die Wächter uns durchlassen, gehen wir durch das eiserne Tor des Mars, um dort alle Aggressionen, Wut, Ärger und Zorn zurückzulassen.

Das nächste Tor besteht aus Zinn und ist dem Jupiter zugeordnet. Dort können wir allen krankhaften Ehrgeiz hinter uns lassen, der uns daran hindert, unserem tieferen Sein zu begegnen.

Danach gehen wir durch das bleierne Tor des Saturn und legen alle Trägheit, Faulheit, alles Desinteresse, alles was uns einengt ab.

Nackt, befreit von allen Mängeln und aller falschen Sinnlichkeit, gelangen wir in den achten Himmel, um dort der inneren Freiheit und dem inneren Frieden zu begegnen.

Ende des Durchganges.

Auch die Kräfte Ihres Unbewußten werden sich entwickeln, wenn Sie die Übungen dieses Buches konsequent durchführen. Sie werden imstande sein, verborgene Fähigkeiten frei zu entfalten. Es gilt zunächst nur, eine wichtige Voraussetzung dafür zu schaffen: Sie müssen Ihre ganz persönlichen Wünsche kennen! Denn Sie benötigen klare Ziele, auf die Sie mit all Ihren Kräften und Fähigkeiten hinarbeiten können. Freilich handelt es sich dabei nicht um irgendwelche Ziele, sondern um solche, mit denen Sie sich persönlich identifizieren. Und hierin wiederum liegt eine ganz besondere Problematik. Denn die meisten Menschen erkennen nie, was ihre persönlichen Wünsche sind. Es gilt demnach, diese Ziele, die nur zu oft im Unbewußten verborgen sind, erst einmal bewußt zu machen.

Mit der in diesem Kapitel dargelegten Methode werden Sie die Möglichkeit Ihres Unbewußten konsequent dafür nutzen,

Ihre individuellen Ziele zu erkennen. Sie brauchen sich nur an die Anweisungen zu halten. Lassen Sie der Tätigkeit Ihres Unbewußten freien Lauf. Bringen Sie keine Einwände gegen Ihre Wünsche vor, indem Sie etwa an Ihren Fähigkeiten zweifeln oder an Schwierigkeiten bei der späteren Wunschverwirklichung denken, denn damit würden Sie nicht nur Ihre Wünsche weiterhin unterdrücken, sondern auch die Entfaltung der Kräfte Ihres Unbewußten behindern. Damit sollte nun endgültig Schluß sein. Unterdrücken Sie persönliche Wünsche nicht mehr, registrieren Sie Signale Ihres Unbewußten vielmehr aufmerksam, denn Ihre eigenen Wünsche zeigen Ihnen, wozu Sie einmal fähig sein werden. In Form Ihres Wunsches signalisiert Ihnen das Unbewußte, auf welches Ziel hin Sie tätig sein möchten. In den seltensten Fällen wissen die Leute wirklich, was sie wollen.

Haben Sie sich schon einmal gründlich mit der Frage beschäftigt, was Sie für sich im Leben erreichen wollen? Ich meine nicht, was Sie möchten, um andere zu beeindrucken. Und ich spiele auch nicht auf Wünsche an, die sich bei Ihnen einstellen, nachdem Sie bereits andere erfolgreich unterdrückt haben. Wenn Sie zum Beispiel sagen, ich will einen Urlaub in Spanien verbringen, denn eine Reise auf die Philippinen kann ich mir nicht leisten, oder ich möchte einen Urlaub an der See verbringen, weil meine Frau meine Vorliebe für das Skifahren nicht teilt, dann meine ich das nicht. Ich frage nach den Wünschen, die aus Ihnen selbst kommen, und ich meine damit jene Wünsche, die schon früher einmal in Ihrer Vorstellung aufgetaucht sind und die Sie mit ängstlichen Fragen unterdrücken. »Kann ich das erreichen? Was werden die anderen sagen? Darf ich überhaupt so etwas wünschen?«

Ich möchte Ihnen vorschlagen, Papier und Bleistift in die Hand zu nehmen und zunächst zehn Wünsche aufzuschreiben. Zehn Wünsche, deren Erfüllung Ihnen am meisten am Herzen liegt. Bemühen Sie sich, diese Wünsche zu präzisieren. Zum Beispiel: Ich möchte eine Frau kennenlernen, die ich heiraten möchte. Das ist zunächst ein sehr verschwommener Wunsch. Und das ist oft der Grund, warum Männer überhaupt keine

Frau kennenlernen oder sehr oft die falsche Frau bekommen. Bitte folgen Sie mir weiter. Ich möchte eine Frau kennenlernen. Schreiben Sie dazu, wie in etwa Sie sie sich vorstellen, wie diese Frau aussehen soll. Stellen Sie sich die Frage: Wie soll der Mensch beschaffen sein, mit dem ich bis ans Ende meiner Tage beisammensein möchte. Welche Anlagen und Fähigkeiten muß er mitbringen, damit wir uns entfalten und gemeinsam reifen können? Es kommt nun darauf an, Ihre Wünsche zu präzisieren. Geben Sie nicht nur die Richtung an, die Sie einschlagen wollen, das bedeutet noch keine klare Zielsetzung. Machen Sie sich Gedanken darüber, was Sie wirklich wünschen.

Beachten Sie folgende Punkte: Schreiben Sie nur das auf, was Sie wollen, und nicht das, was ein anderer von Ihnen erwartet.

1. Formulieren Sie nur persönliche Wünsche und lassen Sie als Schranken und Grenzen Ihrer Wünsche nur das Bürgerliche Gesetzbuch gelten.

2. Drücken Sie Ihre Wünsche präzise aus. Also nicht einfach: Partnerin kennenlernen, sondern wünschen Sie sich Anlagen, Fähigkeiten, die speziell zu Ihnen passen. Ganz tief in Ihrem Innern lebt die Traumfrau. Nicht ihrem Aussehen nach, sondern mit entsprechenden Anlagen und Fähigkeiten.

3. Ordnen Sie Ihre Wünsche so, daß der am leichtesten zu verwirklichende am Anfang Ihrer Liste steht.

4. Setzen Sie sich zunächst Ziele, die nicht allzu schwer zu realisieren sind. Zerlegen Sie Fernziele in Nahziele, und streben Sie erst diese an.

5. Schreiben Sie Ihre Wunschliste so, daß Sie positiv formulieren, also nicht: Ich möchte meine negativen Stimmungen abbauen, sondern: Ich will stets gut gelaunt sein.

Diese Notwendigkeit wird Ihnen später noch verständlich sein. Legen Sie diese Liste beiseite. Schauen Sie sich diese noch einmal in acht Tagen an. Sie werden feststellen, daß der eine oder andere Wunsch gar nicht Ihr wirklicher Wunsch war. Sie werden ihn streichen und möglicherweise durch einen anderen ersetzen. Das machen Sie bitte vier Wochen lang, bis sich Ihre echten Wünsche herauskristallisiert haben.

Die permanente Unterdrückung eigener Sehnsüchte durch den selbst auferlegten Zwang, Ziele anzusteuern, mit denen man sich nicht identifiziert, kann zu mannigfaltigen psychosomatischen Erkrankungen führen – zu Erkrankungen also, bei denen zwischen Seele und Körper ein gestörtes Verhältnis erkennbar wird. Das Feld solcher Krankheiten ist weit. Es umfaßt Magengeschwüre, Depressionen, Manien, Bluthochdruck, Impotenz, Frigidität und Herzinfarkt, um nur einige zu nennen. Man schätzt, daß etwa 40 Prozent der Patienten, die eine Arztpraxis aufsuchen, körperliche Leiden haben, die auf seelische Ursachen zurückzuführen sind. Unter jene fallen natürlich nicht nur Menschen, die ihre Wünsche unterdrücken. Wir müssen auch diejenigen zu ihnen zählen, die aus Unkenntnis der Erfolgsgesetze nicht verstanden, ihre Ziele zu verwirklichen. Doch aus welchem Grund auch immer ein Wunsch nicht verwirklicht wurde, spielt letzten Endes keine Rolle. Denn schließlich schenkt nur die Befriedigung eines Wunsches ein Gefühl von Glück. Wenn dies fehlt, wird der Mensch seelisch krank.

Sie haben nur ein Leben, um es zu leben! Wer sich im Leben glücklich fühlen will, muß sich auf seine ganz persönlichen Wünsche besinnen. Und er muß sich eigene Ziele setzen, damit er sich entfalten kann. Es bedarf zur Verwirklichung eines Wunsches verhältnismäßig wenig Zeit, verglichen mit der so oft nutzlos vergeudeten. Kann es also überhaupt noch einen Zweifel geben? Bleibt folglich nur zu wissen übrig, wie man seine Ziele mit Erfolg anstrebt. Aber einige von Ihnen werden wohl denken, ich bin durch meine Verpflichtungen so eingespannt, daß ich mich nicht meiner Selbstentfaltung widmen kann. Ein solches Argument wird etwa jener Mann anführen, der sich schon seit Jahrzehnten für das Wohl seiner Firma aufreibt. Natürlich muß sich jeder bis zu einem gewissen Grad bemühen, sich einen Job zu sichern, daran gibt es keinen

Zweifel. Doch steht eigentlich der Aufwand an Kraft und Zeit, den Sie für die Firma aufbringen, wirklich in einem vernünftigen Verhältnis zu dem Nutzen, den Sie von Ihren Mühen haben? Eine kleine Treueprämie für zwanzig oder noch mehr Jahre unermüdlichen Schaffens im Dienste Ihrer Firma wird Sie für die Berufschancen, die Sie bei anderen ausschlugen, nie entschädigen. Oder haben Ihnen die vielen Pflichten, die Sie sich in der Firma geduldig aufbürden ließen, tatsächlich etwas gebracht? Die Treueprämie oder die Silberhochzeit wiegt oftmals ein besseres Leben nicht auf. Das ist eine altbewiesene Tatsache. Ein Mensch, der sich selbst zu helfen weiß, ist der Umwelt eben bequemer. Sich selbst zu helfen, dazu mag Ihnen das Alpha-Training die Anleitung bieten. Die genaue Beschreibung der Wunschziele wird Ihnen kaum auf Anhieb gelingen. Daher sollten Sie auch diese Liste wiederholt überarbeiten. Sie werden dabei erkennen, daß einiges für Sie nicht so wünschenswert ist, wie Sie zunächst dachten. Sie werden also Änderungen vornehmen. Das ist ganz natürlich. Doch schreiben Sie diese Änderungen wieder auf. Sie können ja Ihre neue Vorstellung zunächst in ein Notizbüchlein schreiben und erst später in die Liste übertragen. Doch vergessen Sie nicht, die Liste jedesmal wieder neu zu schreiben. Mit dieser Technik werden Sie verborgene Zielvorstellungen aus dem Unbewußten hervorholen. Es signalisiert Ihnen anfangs zwar noch unklare Vorstellungen, doch kommt ihnen schon Bedeutung zu. Denn sie übernehmen nun die Rolle von Aktivitätszentren. Und mit Hilfe der Netzeffekte des Unbewußten werden sie sehr bald jene genauen Zielvorstellungen nach sich ziehen, die noch in den dunklen Tiefen Ihres Geistes schlummern. So werden Sie Ihre Wünsche bald präzise erfassen. Und dann sind Sie anderen überlegen. Denn nun haben Sie die Voraussetzung für eine erfolgreiche Betätigung Ihres Unbewußten geschaffen. Nun kennen Sie das Ziel, auf das Sie hinarbeiten werden, und Ihre Kräfte und Fähigkeiten werden sich entfalten.

Sicher haben auch Sie schon in der Vergangenheit Fehlschläge erlitten. Ist Ihr Selbstvertrauen deshalb geschmälert worden? Sind Sie darum mutlos, und zweifeln Sie, ob Sie je zum Schmied Ihres eigenen Glücks werden können? Sie sollten so einen Kreislauf deprimierender und resignierender Gedanken unterbrechen beziehungsweise beenden. Die Zeit ist viel zu kostbar, um sie an die Vergangenheit zu verschwenden. Wer seine Ziele erreichen will, darf nur nach vorn blicken. Ziehen Sie unter das, was einmal gewesen ist, einen dicken Strich, denn ab heute beginnt für Sie ein neues Leben. Von dem Moment an, als Sie begannen, mit diesem Buch zu arbeiten, begannen Sie, die Kräfte Ihres Unbewußten für sich zu nutzen, weil dort Ihre größeren Möglichkeiten liegen. So werden Sie den schon lange gewünschten Erfolg erzielen. Und auch Sie werden glücklich werden, weil Sie Ihr eigenes Leben verwirklicht haben; um seine Ziele zu erreichen, sind drei Voraussetzungen zu erfüllen:

1. Sie müssen Ihre Ziele richtig anstreben.

2. Sie haben diejenigen Energien zu entwickeln, die zum Erreichen dieser Ziele notwendig sind.

3. Sie müssen über die notwendigen Fähigkeiten verfügen oder diese noch entwickeln.

Auf diese drei Voraussetzungen sollten Sie Ihren Erfolg bauen.

Schon an der ersten Forderung, die Ziele richtig anzustreben, scheitern Millionen von Menschen. Es gibt unter diesen viele, die bereits über entfaltete Begabung und starke Energien verfügen und ihre Ziele trotzdem nicht erreichen. Eben deshalb, weil sie ihre Ziele falsch angehen. Sei es nun, daß sie sich gegenüber anderen Menschen nicht richtig verhalten und sich nicht durchsetzen können oder daß sie bei der Verfolgung ihrer Ziele andere grundlegende Fehler begehen.

Haben Sie schon einmal etwas vom Kausalitätsgesetz gehört? Es besagt, daß jede Ursache ihre Wirkung hat und umgekehrt. Dieses Gesetz gilt in der ganzen Schöpfung. Auch der Erfolg untersteht dem Kausalitätsgesetz, und sowohl Erfolg wie auch Mißerfolg werden in ihrer Wirkung gesetzmäßig durch ihre Ursachen bedingt. Verhalten Sie sich richtig, das heißt den Anforderungen des Erfolgs entsprechend, so haben

Sie Erfolg. Und wer Fehlschläge einstecken muß, begeht Fehler bei der Verfolgung seiner Ziele.

Aber denken Sie auch an die Polaritätsgesetze. Keiner kann immer nur Erfolg haben, und entsprechend wird niemand immer nur Mißerfolg haben. Trotzdem sollten Sie das tun, was den Erfolg bedingt, und das vermeiden, was ihn verhindert. Der Erfolg ist dann ganz einfach das Ergebnis solcher Bestrebungen. Doch um Erfolg zu haben, müssen Sie erst erkennen, was dazu notwendig und erforderlich ist. Hierin liegt das eigentliche Problem. Erst wenn es gelöst ist, kann und muß gehandelt werden. Die meisten Fehlschläge entstehen dadurch, daß die Voraussetzungen zum Erfolg nicht genügend überdacht wurden. Oder es wurde dabei ein grober Fehler begangen. So war der Mißerfolg schon programmiert. Ob es sich bei der Programmierung um ein großes oder kleines Ziel handelt, spielt keine Rolle. Denn jedes Ziel läßt sich in viele kleine Teilziele zerlegen. Und wer bei den kleinen Dingen nach der Erfolgsfibel ›Richtig machen führt zum Erfolg‹ vorgeht, wird mit Sicherheit auch alle großen Ziele erreichen. Stellt sich also bereits bei der Verfolgung eines Teilzieles ein Mißerfolg ein, so wird Ihnen damit unmißverständlich signalisiert, daß etwas falsch gemacht worden ist. Ein Grund zur Verzweiflung ist das keineswegs. Bleiben Sie bewußt zuversichtlich. Denn wer einen Fehlschlag als endgültige Niederlage ansieht, der wird sehr bald sein Selbstvertrauen verlieren und sich am Ende nichts zutrauen. Für Sie besteht keine Notwendigkeit, nach einem mißglückten Erstversuch niedergeschlagen die Hände in den Schoß zu legen. Erreichen Sie das Ziel nicht beim ersten Anlauf, so versuchen Sie es eben ein zweites und drittes Mal. Denn aus einem Fehlschlag läßt sich auch lernen. Einem Dickkopf, der gegen alle Lebensweisheiten handelt, wird die Wirklichkeit stets neue Enttäuschungen und Niederlagen bescheren. »Wer nicht hören will, muß fühlen«, sagt ein altes Sprichwort.

Halten wir fest: Wer glücklich werden will, muß sich an den Ursachen des Erfolges orientieren und darf nicht gegen den Strom schwimmen. Vergessen Sie das niemals. Auch wenn Sie zu den Menschen gehören, die alte Fehler immer wieder neu begehen, können Sie sich trösten: Ihr Unbewußtes wird Sie dazu bewegen, sich endlich von den verhängnisvollen Irrtümern, die Ihre Erfolge bisher verhinderten, zu trennen. Sie sind nun in der Lage, das Magnetband zu löschen und neue Programme zu setzen. Es ist keinesfalls Ihr Schicksal, sich damit abfinden zu müssen, über schwache Erfolgskräfte zu verfügen. Starke schöpferische Energien sind nicht das Privileg weniger auserwählter Menschen. Auch Sie verfügen über große Kräfte, doch sind sie noch tief in Ihrem Unbewußten verborgen. Sie fragen, warum Sie bisher von diesen Kräften nichts merkten? Und weshalb Sie sich trotz großer und wiederholter Anstrengungen nicht entfalten konnten? Das Geheimnis besteht darin, daß sich schöpferische Kräfte nicht durch Anstrengung entwickeln. Die Entfaltung eigener Energien wird vielmehr dadurch behindert. Aus diesem Grunde gilt es, zuerst die besonderen Voraussetzungen dafür zu schaffen, daß sich die in Ihrem Unbewußten vorhandenen Kräfte frei entfalten können. Es gilt, die inneren Widerstände abzubauen, die Ihre Entfaltung bisher behinderten. Dazu ist kein starker Wille notwendig. Und sind die Widerstände einmal abgebaut, bedarf es erst recht keines starken Willens mehr. Dann nämlich können sich Ihre Erfolgskräfte frei entfalten.

Allein dadurch, daß Sie sich entspannen können und in Ihre Naturlandschaft gehen, machen Sie diese Kräfte in sich frei, denn Blockaden und Hemmungen heben sich in der Entspannung immer auf, wie wir ja wissen. Die wichtigste Voraussetzung für die ungehinderte Entfaltung verborgener Kräfte besteht darin: Sie müssen an Ihre eigenen Kräfte glauben, unerschütterlich glauben. Nicht der geringste Zweifel darf Sie daran hindern. Erst durch den Glauben an sich werden Sie sich entfalten. So negieren Sie die inneren Widerstände und lassen diese verkümmern, da Sie ihnen Ihre Aufmerksamkeit entziehen. Diesen Glauben, diese innere starke Überzeugung dürfen Sie sich aber nicht von anderen nehmen lassen. Für Sie ist wichtig, was Sie glauben, wichtig, wovon Sie überzeugt sind! Rechnen Sie damit, daß es nur sehr wenige gibt, die Ihnen einen Erfolg von Herzen gönnen. Wenn Sie anderen von Ihren Plänen erzählen, werden Sie nur zu oft auf boshafte Kritik stoßen und sich dann entmutigt fühlen. Man wird auch versuchen, Sie lächerlich zu machen. »Was, gerade Sie wollen ein solches Ziel erreichen?« wird man Ihnen entgegenhalten. Und selbst wenn man es Ihnen nicht ins Gesicht sagt, so werden Ihre Zuhörer doch hinter ihrem Rücken darüber tuscheln. Auch Ihren engsten Freunden und Verwandten sollten Sie Ihre Absichten nicht offenbaren, denn selbst Ihnen nahestehende Menschen werden – meist aus reinem Unwissen – versuchen, Ihnen Ihre Pläne auszureden.

Und dann gibt es noch ein altes Lebensgesetz, das wichtig ist zu beachten: Je weniger Sie über eine Sache reden, um so mehr geballte Kraft ist in Ihnen, um diesen Gedanken, diesen Wunsch zu verwirklichen. In dem Moment, wo Sie Ihre Wünsche verbreiten und verstreuen, mit jedem darüber reden, verstreuen Sie auch Ihre innere Kraft, verpuffen Sie Ihre Energien. Wenn Sie dann an die Verwirklichung Ihres Wunsches herangehen wollen, ist dafür keine Energie mehr vorhanden. Also eine ganz wichtige Grundregel: Behalten Sie Ihre Wünsche für sich, und lassen Sie eine starke Überzeugung wachsen. Dann werden sich Ihre Wünsche auch erfüllen.

Wenn die anderen Ihre Erfolge registrieren, erübrigen sich alle Diskussionen. Und man wird Sie dann nicht für einen Prahler und Angeber halten, der nicht ernst zu nehmen ist. Holen Sie von anderen auch keine Ratschläge zur Verwirklichung Ihrer Absichten ein. Nehmen Sie lieber einen Fehlschlag hin, verbessern Sie durch Erfahrung Ihr eigenes Handeln. Vertrauen Sie auch Ihren eigenen Kräften, machen Sie sich nicht von anderen abhängig. Es gibt nur einen einzigen Menschen, den Sie um Rat fragen können, und das sind Sie selbst.

Wenn Sie einen fundamentalen Seinswunsch in sich definiert haben, dann machen Sie die Übung mit dem

Lebensbaum

Entspannen Sie über die Chakren. Stellen Sie sich einen gewaltigen Baum vor. Es ist Ihr Lebensbaum. Gehen Sie in den

Baum hinein. Reisen Sie in das Wurzelwerk, dort unten, unter den Wurzeln, finden Sie eine Höhle. Nun denken Sie an das Bedürfnis, das Sie mit der Erfüllung Ihres Wunsches befriedigen wollen. Lassen Sie dieses Bedürfnis als einen starken Lichtstrahl aus der Höhle, aus dem Baum austreten und einen gewaltigen Bogen zum Firmament schlagen. Lassen Sie jedes Motiv zu dem Wunsch zu einem Lichtstrahl werden, der ebenfalls einen Bogen zum Firmament macht.

Als letztes schlägt das Wunschziel einen Lichtbogen. Diese Lichtstrahlen verdichten sich zu einem gewaltigen Lichtkegel. Sie betreten den Lichtkegel, reisen durch sein Innerstes und achten darauf, was Ihnen alles auf dieser Reise begegnet.

Ende der Übung.

Machen Sie auch diese Übung immer wieder, bis sich Ihr Wunsch verwirklicht hat. Der Lichtkegel symbolisiert Ihre Energie, die Sie einsetzen werden, um ans Ziel zu gelangen.

Betreiben Sie aktives Nichtstun. Haben Sie genügend Vorarbeit zur Verwirklichung Ihrer Pläne geleistet, dann legen Sie Ihre Arbeit eine Zeitlang beiseite. Denn Ihr Unbewußtes arbeitet für Sie um so besser, je weniger Sie angespannt sind. Schon der chinesische Weise Hsuan-Chiao sagte über diese im Inneren sprudelnde Quelle: »Du schweigst, und sie spricht, du sprichst, und sie schweigt.«

Verfahren Sie in der angegebenen Weise, und auch Sie werden die wunderbare Kraft Ihres Unbewußten erleben. Erfolgreiche Menschen haben sich dieser außerordentlichen Möglichkeit schon immer bedient. Sie wissen selber, wie es ist, wenn Sie den ganzen Tag in Ihrem Betrieb unter Druck stehen, wie eine Maschine arbeiten und an nichts anderes denken können als an Ihre Arbeit. Wie wohltuend ist es da, wenn man nicht immer unter anhaltendem Druck steht. Entwickeln auch Sie für sich ein Programm, um Ihre unbewußten Kräfte noch besser zu fördern und zu entwickeln. Nur so bedienen Sie sich der Fähigkeit, die Ihnen zu Ihrem größten Erfolg verhelfen kann. Sie können natürlich auch nach Feierabend bis spät in die Nacht vor dem Fernseher sitzen. So wie Sie es vielleicht bisher immer getan haben. Achtzig Prozent der Deutschen sollen diese Angewohnheit haben. Wundern Sie sich aber nicht, wenn Sie dadurch Ihr Unbewußtes total blockieren. Sich mit den Ereignissen und Helden auf dem Fernsehschirm zu identifizieren, ist auf Dauer kein befriedigender Ersatz für ein erfülltes Leben mit einer Unzahl von erregenden, verlockenden Möglichkeiten. Ihrem Unbewußten sind aber nicht nur Überlastungen abträglich, sondern auch negative Gedanken.

Führen Sie dabei Ihre positiven Übungen konsequent weiter, und schirmen Sie sich von allen negativen Einflüssen ab. Ihr Unbewußtes wird so wirksamer für Sie tätig sein. Gehen Sie folgendermaßen vor: Legen Sie ruhig während der Arbeit alle zwei bis drei Stunden eine fünf- bis zehnminütige Pause ein. Lassen Sie Anspannung und Entspannung einander abwechseln. Versuchen Sie dabei an nichts zu denken. Widmen Sie sich jeden Tag neben Ihrem Entfaltungsprogramm Tätigkeiten Ihrer Wahl, die nicht anstrengen und Ihnen Freude bereiten. Die moderne Forschung hat bewiesen, was in den Hochkulturen des Fernostens schon vor zweieinhalbtausend und mehr Jahren als gesegnete Erfahrung galt: Menschen gelangten immer dann in einen sehr intensiven Kontakt zum Unbewußten und zeigten erstaunliche Fähigkeiten, wenn sie ihr Bewußtsein durch Meditation (Alpha-Training) veränderten.

Auch Sie können solche Bewußtseinsveränderungen herbeiführen. Vorausgesetzt natürlich, daß Sie dabei die in diesem Buch beschriebenen Techniken anwenden. Nicht allein von Ihrem Wissen, sondern von feinen logischen Beziehungen oder Verknüpfungen hängt es ab, ob Ihr Unbewußtes mit seinen Kenntnissen für Sie arbeiten kann. Auf diese Voraussetzung baut, wie Sie erfahren haben, Ihre Erinnerungsfähigkeit auf. Noch unerläßlicher ist diese Voraussetzung, wenn Sie nach Wegen zur Verwirklichung Ihrer Ziele suchen. Die Schwierigkeit, logische Verknüpfungen zwischen altem und neuem Wissen zu schaffen, ist aber bei den meisten Menschen nicht darauf zurückzuführen, daß sie nicht logisch denken können. Dazu reicht der Volksschulabschluß absolut aus. Die Ursache des Übels liegt woanders. Jenen Menschen mangelt es zur Verrichtung geistiger Arbeit lediglich an einer wirksamen Technik, die wie ein Zündschlüssel zum Starten der unbewußten Motorik verwendet werden kann. Es fehlt die Möglichkeit, durch deren konsequente oberbewußte Anwendung spielend immer weitere unbewußte logische Verknüpfungen zu schaffen. Selbst wenn am Anfang die oberbewußten geistigen Erkenntnisse noch so klein sind, werden im Laufe der Zeit durch den Netzeffekt des Unbewußten immer tiefere geistige Einsichten möglich. Wer mit einer solchen Technik den Motor seines Unbewußten startet, wird eine schöpferische Möglichkeit wahrnehmen und ohne jede Mühe eigene kreative Anlagen entfalten. Wer jedoch nicht über einen Zündschlüssel zur Betätigung seines Unbewußten verfügt, vermag nach seinen oberbewußten Denkprozessen nur träger und mühevoller zu handeln und weder Geisteskräfte noch andere Fähigkeiten zu entfalten.

Starten daher auch Sie den Motor Ihrer unbewußten Geistestätigkeit, dann werden die unbewußten Geistesprozesse wiederum Ihre bewußten Denkprozesse ansporren und bereichern. Ihre logischen Überlegungen werden immer besser und überzeugender; Denkprozesse fallen Ihnen unter diesen Umständen nicht nur erheblich leichter, sondern bereiten Ihnen überdies Freude.

Der Alpha-Mensch und seine Entscheidungen

Da wächst jemand wohlbehütet auf. Er hat immer das getan, was von ihm verlangt wurde. Möglicherweise hat man ihm alle Hindernisse aus dem Weg geräumt, damit er es ›besser im Leben‹! hat. Nachdem er alle Schulen absolviert hat, kommt er hinaus ins Berufsleben, wo ihm längst nicht mehr soviel Wohlwollen begegnet wie daheim. Da gibt es Konkurrenzkämpfe, Schwierigkeiten und Widerstände, die er durchstehen sollte. Aber hat er das in seinem bisherigen Leben genügend gelernt? Möglicherweise gibt er dann zu schnell auf und begnügt sich mit dem, was bequem und ohne Widerstände erreichbar ist, oder er nimmt die Widerstände wichtiger als die Verfolgung eines Zieles und verbraucht seine Kräfte an den Widerständen. Das Eigentliche ist vor lauter Widerstandskampf außer Sicht geraten. Sicher ist eines, bei der Verfolgung von Zielen müssen wir immer mit Widerständen rechnen.

Auch ist klar, daß wir bei der Auseinandersetzung mit Widerständen mehrere Möglichkeiten haben: Wir können ruhig abwägen, auf welchem Wege man am besten sein Ziel erreichen kann: Ist es günstiger, den Widerstand zu bewältigen, zu umgehen, sich vorläufig anzupassen und allmählich auflösend auf den Widerstand einzuwirken?

Eines können wir vorweg schon sagen: Wenn wir die Entscheidung gefällt haben, alles im Leben allein bewältigen zu wollen, werden wir es sehr schwer haben. Wenn wir mit dem Leben fertig werden wollen, brauchen wir andere, so wie andere Menschen uns brauchen. Denken wir nur daran: Ein Mensch kann die besten Ideen haben, solange sie nicht verwertet werden, liegen sie brach.

Wir können über Wissen und Können verfügen. Solange wir nicht den richtigen Partner finden, für den wir dieses Wissen und Können einsetzen können, stehen wir allein und erfolglos da. Wir brauchen die anderen Menschen, wenn auch vielleicht nicht gerade im Augenblick, aber vielleicht schon morgen. Ellenbogentechnik mag manchen schon vorangetrieben haben, aber irgendwann stand er dann allein im Leben da. Richtige Freunde verschaffen wir uns nur mit Güte und Hilfsbereitschaft. Jeder kommt in seinem Leben einmal an den Punkt, wo er die Hilfe anderer braucht. Daher sollte man sich stets auch fragen, wie wirkt mein Verhalten auf die Menschen meiner Umgebung?

Wenn wir wissen, daß wir andere Menschen brauchen, können wir solche Verhaltensweisen wählen, die uns nicht unnötigerweise Feinde oder einen schlechten Ruf einbringen. Es würden sich nur die Widerstände gegen uns vermehren. Andererseits kann es passieren, daß, wenn wir uns zu sehr anpassen, wir von anderen ausgenutzt, manipuliert werden und irgendwann möglicherweise als Schwächling gelten, mit dem man alles machen kann. Vor allem liegt in der Nachgiebigkeit die Gefahr, daß sich vieles in uns anstaut und wir irgendwann, wenn wir unter Überdruck stehen, explodieren. Die Mitte zwischen diesen beiden Polen erreichen wir nur, wenn wir unsere eigene Mitte in unserem Innern finden. Wer seine Mitte gefunden hat, läßt sich weder manipulieren noch manipuliert er andere. Er tut genau aus seiner Mitte heraus das, was ihm für die Situation notwendig erscheint.

Wir wollen, daß wir mit anderen Menschen auskommen. Dazu gehört, daß auch wir ihre Mitte anerkennen, ihnen mit Wertschätzung begegnen. Wenn wir innerlich andere abwerten, ist das ein Prozeß, sich innerlich zu ›erhöhen‹. Die Fragestellung lautet eigentlich: Was verbindet mich mit anderen Menschen? Was will er — was bewegt ihn? Was will ich — was bewegt mich? Wo sind gemeinsame Berührungspunkte, besser: Wo ist das Verbindende?

Wir wollen uns fünf Fehler anschauen, die uns auf unserem Entwicklungsweg immer wieder behindern:

Fehler Nummer 1:

Einfach so handeln, wie wir es gelernt haben. Wenn wir also kritiklos das weiterleben, was Eltern und Erzieher uns beigebracht haben. Es könnte doch sein, daß diese Menschen die Dinge nicht im richtigen Licht gesehen haben. Die Frage lautet: Hat das heute noch Gültigkeit, was man mir früher einmal beigebracht hat? Oder müssen wir umdenken lernen, die Dinge aus einer anderen, neuen Sicht betrachten?

Fehler Nummer 2:

Wir können nicht immer wieder so handeln, wie wir es gewohnt sind. Denn in den Gewohnheiten stecken ja Fehler, Trugbilder, die uns immer wieder in eine Sackgasse rennen ließen. Vielleicht ist es gar nicht möglich, eine Situation mit gewohntem Verhalten zu meistern.

Fehler Nummer 3:

Neuen Situationen möglichst ausweichen. Damit können wir zwar beim gewohnten Verhalten bleiben, büßen aber unsere Flexibilität ein. Wir erstarren innerlich, werden zum Gewohnheitsmenschen. Neue Impulse erreichen uns nicht. In bestimmten Bereichen verkümmern wir immer mehr.

Fehler Nummer 4:

Das Gegenteil. Es liegt etwas Gefährliches darin, neue Situationen nicht genügend zu prüfen, weil wir meinen, es schon ›irgendwie zu schaffen‹. Das mag mehr oder weniger gutgehen, bis wir in eine Situation geraten, die uns über den Kopf wächst.

Fehler Nummer 5:

An neue Situationen herangehen, ohne sich über die eigenen Fähigkeiten genügend Klarheit zu verschaffen.

Verschaffen Sie sich immer wieder Klarheit darüber, durch welches ›Fenster‹ Sie die Welt gerade sehen, wenn Sie an neue Situationen herangehen. Bestimmte Gefühlszustände können unseren Blick trüben. Wenn jemand zum Beispiel zum ersten Rendezvous geht und dabei schon an den Mißerfolg denkt, den ihm bisherige Erlebnisse einbrachten, wird er dem anderen kaum mit jener Offenheit begegnen, die eine Vertrauenssituation schafft.

Jeden Tag stehen wir vor größeren und kleineren Entscheidungen. Und wir können uns darüber klar werden, daß es mehr unsere Entscheidungen sind als das ›Schicksal‹, das uns entweder Mühe und Plagen bringt oder aber ein harmonisches Leben.

Ich habe in diesem Buch schon wiederholt auf die Wichtigkeit unserer Entscheidungen hingewiesen.

Wir wollen in diesem letzten Kapitel den Entscheidungsfindungsprozeß ein wenig genauer unter die Lupe nehmen, weil er so außerordentlich wichtig ist.

Stellen Sie sich vor, Sie liegen in der Mittagssonne auf einer wunderschönen Sommerwiese. Gerade liegt eine Wolke vor der Sonne. Allmählich zieht die Wolke vorüber, der volle Sonnenstrahl trifft Sie mitten ins Gesicht. Sie kneifen die Augen ein wenig zu und blinzeln.

Was ist vorgegangen? Sie haben unbewußt das helle Licht ›wahrgenommen‹, Ihre Augen haben die Sinnesempfindung ›Helligkeit‹ im Gegensatz zur vorherigen Empfindung ›Schatten‹ gehabt. Diese Empfindung des Gesichtssinns wird durch die Nervenbahnen zum Gehirn geleitet. Es erfolgt die Reaktion: »Das Licht ist zu hell, meine Augen müssen sich erst einmal an die Helligkeit gewöhnen. Also schließe ich zunächst die Augen ein wenig.«

Dieses ›Also schließe ich die Augen ein wenig‹ ist eine Entscheidung, die einer Wahrnehmung folgte. Die Wahrnehmung ist der Anfang allen Erkennens. Es ist die erste geistige Tätigkeit des Menschen. Wahrnehmen heißt ja nichts anderes als ›für wahr annehmen‹.

Sämtliche Wahrnehmungen, die wir mit Hilfe unserer Sinnesorgane machen, werden in uns gespeichert. Wenn diese gespeicherten Wahrnehmungen wieder wachgerufen werden, sprechen wir von Vorstellungen. Unsere Vorstellungen sind also Erinnerungsbilder unserer sinnlichen Wahrnehmungen. »Ich erinnere mich, daß ich das schon einmal gesehen oder erlebt habe«, so geht es uns gelegentlich durch den Kopf. Unsere Vorstellungen sind im Bereich des gesamten menschlichen Denkens von größter Bedeutung. Ohne unsere Vorstellungen könnten wir überhaupt nicht denken.

Je größer unsere innere Anteilnahme an Wahrnehmungen und Erlebnissen ist, um so schärfer bleiben die Vorstellungen, die wir täglich in neuen Situationen gedanklich verwenden müssen. Wir vergleichen unsere Wahrnehmung täglich mit früheren Vorstellungen. Durch neue Wahrnehmungen werden frühere Vorstellungen, die längst verblaßt sind, wieder deutlich. Alte Vorstellungen werden durch neue Wahrnehmungen ergänzt. Viele frühere Vorstellungen werden durch neue Wahrnehmungen und bessere Beobachtungen berichtigt.

Diesen Vorgang nennen wir Assoziation. Unsere Vorstellungen haben die Eigenschaft, sich mit anderen Vorstellungen zu verknüpfen: Eine Vorstellung ruft eine andere hervor. Der Begriff Assoziation kommt aus dem Lateinischen und bedeutet Verknüpfungen.

Es können auch falsche Assoziationen auftreten: Wenn wir zum Beispiel das Münchner Oktoberfest mit Hamburg in Verbindung bringen, dann ist das einfach widersinnig. Wider unsere Sinne. Unsere Sinneswahrnehmungen können uns eindeutig belehren: Es gibt kein Oktoberfest in Hamburg. Es gibt den Hamburger Dom. Unsere Assoziationen stören sich an solchen Fehlinterpretationen nicht. Sie sind durcheinandergeraten. Wir verwechseln etwas. Fehlinterpretationen entstehen meistens durch Dösen. Das heißt, wir befinden uns beim Dösen im Alpha-Zustand. Es kommt etwas hoch aus dem Unbewußten, ohne einen Zusammenhang herzustellen. Für unser logisches Denken ist der Zusammenhang notwendig, aber für unseren inneren Aufarbeitungsprozeß kann das ›Dösen‹ auch von Vorteil sein. Denn wir können nachträglich Klarheit in scheinbar Zusammenhangloses bringen, können Erlebnisse neu verarbeiten und zu einer Neuentscheidung kommen, wie wir noch sehen werden. Auf diese Weise können wir Wahres von Unwahrem unterscheiden, denn nicht selten passiert es, daß wir Dinge assoziieren, zu denen wir keine Wahrnehmung gemacht haben, die lediglich unseren Träumen und Phantasien entspringen. Denken Sie nur einmal an die Eifersucht. Eifersüchtige Menschen assoziieren Erlebnisse, die sie nie hatten, sondern die reine Phantasiegebilde ihres Geistes sind.

Wenn wir nun Phantastisches im Alpha-Training produzieren, können wir gedanklich auswählen, verwerfen, prüfen, zu einer neuen Einsicht gelangen.

»Woran denkst zu gerade?« »Ich dachte gerade an den Film mit Curd Jürgens im Sommerfestival im Fernsehen.« Wer so antwortet, vergegenwärtigt sich eine Vorstellung. Er stellt sich ein Erlebnis der Vergangenheit im Geiste noch einmal vor. Vorstellen heißt also nichts anderes als noch einmal hinstellen; das Erlebnis, die Wahrnehmung selbst, sind längst vorbei.

Oder aber: »Ich denke an die Party, die wir morgen geben wollen.« Hier gibt es keinen Bezug auf die Vergangenheit, sondern auf die Zukunft. Auch hier wird etwas vorgestellt, was mit den Sinnesorganen nicht gegenwärtig über die Wahrnehmung erfaßbar ist. Wir haben es jetzt mit einer Erwartungshaltung zu tun. Das heißt, je mehr ich in meinem Leben erfahren, wahrgenommen habe, um so mehr kann ich durch Denken meine Zukunft vorausahnen. Und hier liegt eine große Fußangel: Wenn die Erfahrungen überwiegend negativer Natur waren, wird auch die Erwartungshaltung negativ sein. Wer immer nur Trauriges erfahren hat, kommt nicht auf die Idee, das Fenster der Traurigkeit zu verlassen, um einmal durch das Fenster der Freude zu schauen, weil er gar nicht weiß, daß es das gibt. Gerade hier kann Alpha-Training einsetzen. Wir können die neue innere Wahrnehmung, das Erlebnis haben, daß es doch einen gewaltigen Topf Freude in uns gibt. Wenn Sie also mit dem Alpha-Training arbeiten, dann schauen Sie sich doch einmal Ihre Erwartungshaltungen an. Prüfen Sie, wie Sie dazu kamen. Wenn möglich, korrigieren Sie frühere Entscheidungen. ›Das Leben ist traurig‹, ist schließlich eine Entscheidung aufgrund bisheriger Wahrnehmungen und Erlebnisse. Die Korrektur heißt demnach: ›Damals habe ich dieses oder jenes traurige Erlebnis gehabt. Ich habe eine Wahrnehmung gemacht, die mich traurig gestimmt hat. Aber das hat eigentlich mit meiner gegenwärtigen Lebenssituation nichts mehr zu tun.‹

Über die Wahrnehmungen der äußeren Welt gelangen wir zu der Anschauung. Anschauung ist das, was wir uns anschauen oder bildhaft vorstellen können. Alles, was nicht in diesen

Bezugsrahmen paßt, ist abstrakt. Die lebendige Anschauung ist der Ausgangspunkt für unser anschauliches Denken. »Stellen Sie sich einen Klumpen Blei vor und ein Stück Holz.« Sie haben daraufhin die anschauliche Vorstellung: ein bestimmtes Stück Blei, ein bestimmtes Stück Holz. Blei hat ein anderes Gewicht als Holz. Jetzt können wir nicht mehr an ein bestimmtes Stück Blei oder Holz denken. Unser Denken ist in diesem Fall frei vom anschaulichen Betrachten. Es wird abstrakt. Alles Gedankliche ist abstrakt, das heißt abgezogen vom Anschaulichen. Wir haben sozusagen Bild und Farbe getrennt. Wir können dann noch Farbe und leere Leinwand erkennen, das Bild aber ist weg. Das ist auch der Grund, warum einige im Alpha-Training keine Bilder sehen können. Sie können nur noch abstrakt denken, haben den inneren Bezug verloren. Abstraktes Denken heißt, wir abstrahieren etwas, indem wir etwas von den Dingen fortnehmen.

»Davon kann ich mir keinen Begriff machen.« Haben Sie auch schon einmal diesen Satz in eine Diskussion geworfen? Wir sollten viel öfter sagen, davon kann ich mir keine Vorstellung machen. Der Begriff ist mehr als eine bloße Vorstellung. Beim Begreifen wird ein Eindruck in einen geistigen Zusammenhang gebracht und in einen vorhandenen Bestand von Erfahrung und Kenntnis eingeordnet. Viele Menschen meinen, das Denken allein sei schon Geist. Geist wird dort wirksam, wo wir begriffen haben. Wenn wir etwas wirklich begriffen haben, dann steht die Sache in uns. Dann wird sie von hier aus wirksam. Wenn ein religiöser Mensch begriffen hat, daß Jesus Christus zwar Mensch war, aber Gott durch ihn gewirkt hat, dann kann er diesen Geist durch sich selbst wirken lassen. Wenn dieser Christusgeist in Ihnen wirkt, beispielsweise dadurch, daß Sie sich positiv weiterentwickelt oder etwas Wunderbares erlebt haben, von dem Sie sich haben ergreifen lassen, dann haben Sie eine Erfahrung gemacht. Sie sagen dann: »Wenn ich es nicht am eigenen Leib erfahren hätte, dann wüßte ich es nicht so genau.« Dadurch sind Sie einem Theoretiker gegenüber im Vorteil. Der Theoretiker plappert nämlich nach, was viele sagen: »Jesus Christus ist Gottes Sohn. Er wurde für uns ans Kreuz genagelt.« Er plappert einen für ihn leeren Inhalt ohne Bezug. Er weiß eigentlich nicht, was er sagt. Er plappert es nur den anderen nach.

Die Erfahrung ist die Grundlage aller nicht begrifflichen Kenntnisse von der Wirklichkeit. Unsere Erfahrungen aber werden durch das Denken geordnet. Der Erfahrung folgt die Erkenntnis: »Ja, diesen Christusgeist habe ich schon einmal gespürt, mich kann kein Mensch von dieser Erfahrung abbringen.« Die Erfahrung hat Sie möglicherweise zu der Entscheidung gebracht: »Der Glaube an Christus verleiht mir Kraft und Zuversicht.« Erkenntnis ist das Sichaneignen von erlebtem Sachverhalten. Über Erkenntnis beginnt also etwas in uns zu leben. Der Geist der Sache beginnt in uns lebendig zu werden. Machen Sie einmal folgende Alpha-Übung:

Der innere Reichtum

Entspannen Sie über den Chakrencode. Anschließend stellen Sie sich vor, jeder Chakrenknoten wäre ein leuchtender See. Sie steigen also an der Wirbelsäule am oberen Ende der Wirbelsäule ein und stellen sich vor, der lila Punkt wäre ein See in der Farbe Lila mit einem leuchtenden lila Rand. Sie tauchen durch den See hindurch und kommen am Hals in einen See, der leuchtend blau schimmert. Um ihn herum ist ebenfalls ein leuchtend hellblau schimmernder Ring. Sie tauchen durch diesen See hindurch und gelangen in einen grünen See in der Herzgegend. Auch er ist mit einem leuchtenden Ring in der entsprechenden Farbe umgeben. Sie tauchen hindurch und kommen in der Höhe des Bauches in einen gelben See. Sie tauchen hindurch und kommen in der Höhe des Venushügels in einen orangefarbenen See, tauchen hindurch und gelangen schließlich in den roten See. Sie sind jetzt nur noch reiner Geist, reine Wahrnehmung und Bewußtsein außerhalb jedes Zusammenhangs, ganz und gar in sich selbst versunken. Sie haben kein Gefühl von Ihrem Körper. Aber er existiert und funktioniert noch. Er kümmert sich um alle notwendigen Aufgaben, während Sie nach innen lauschen. Sie wissen und begreifen, daß Sie seit Anfang Ihres Lebens unzählig viele Eindrücke aufgenommen, Berge von Wissen gesammelt haben, Ideen gestapelt, Symbole und alle Arten von Informationen. Und Sie haben diese Daten kreativ auf Ebenen umgesetzt, die sich größtenteils außerhalb Ihres Bewußtseins befinden. Sie besitzen eine große Vielfalt an Wissen, das weit über jenes Wissen hinausreicht, zu dem Ihr bewußtes Denken jeweils Zutritt hatte.

Darüber hinaus scheint Ihr Unbewußtes Zugang zu einem Wissen zu haben, das weder in Ihnen angelegt noch von Ihnen erlangt wurde. Sie finden auf dem Grund Ihres Sees eine steinerne Treppe und gehen hundert Stufen tiefer. Während Sie tiefer steigen, empfinden Sie etwas Paradoxes: Je tiefer Sie steigen, um so mehr haben Sie die Wahrnehmung, höher und höher zu gehen. Sie gehen tiefer und scheinen gleichzeitig dabei immer höher, der Sonne entgegenzustreben. Sie können ein Haus auf dem Gipfel eines Berges erkennen. Sie kommen dem Gipfel immer näher.

Dann erkennen Sie im Innern einer Kapelle einen alten Priester. Sie werden ihm Fragen über Ihr Leben stellen können, über den Sinn des Lebens, über Ihre eigentliche Lebensaufgabe, über Ihren speziellen Lebenssinn. Sie werden Anteil bekommen am großen Wissen dieses Priesters. Sie werden eine Menge Antworten erhalten, die für Ihr Leben so wichtig sind. Und Sie können danach handeln und später erkennen, welche Veränderung diese Begegnung in Ihrem Leben bewirkt hat. Sie bedanken sich bei dem Priester und verlassen die Kapelle wieder. Sie kommen wieder hinunter in den roten See, treten aus Ihrem Körper aus, zählen langsam von eins bis fünf und öffnen anschließend die Augen.

Über den Begriff und die Erfahrung kommen wir zum Urteil. Aber nicht selten kommen wir vorher zum Vorurteil. Vorurteile sind immer Projektionen, und sie sind mit entsprechenden Gefühlen belastet. Vorurteile entstehen nicht über unsere Erfahrungen. Vorurteile sind auch Vorentscheidungen. Nämlich diesen oder jenen Menschen beispielsweise nicht zu mögen, weil ...

Dieses Weil beinhaltet aber meistens Emotionen wie Angst, Unsicherheit, Aggression. Sie sind gespeichert mit früheren Erfahrungen und Wahrnehmungen von Menschen, die uns etwas antaten: Wir reagierten mit einer Trotzhaltung und haben längst den Bezug zu der alten Erfahrung verloren. Wir projizieren unsere Emotionen auf andere und wissen nicht, daß wir eigentlich unseren Emotionen aufgesessen sind.

Wer von Vorurteilen behaftet ist, ist meist unfähig, selbst zu beobachten, eigenständig zu denken und sachlich zu urteilen. Er ist schon deshalb nicht fähig, weil ihm diese Erfahrung aus der Kindheit fehlt. Er kam nie zu einem sachlichen Urteil. Wer mit Vorurteilen zu tun hat, ob nun als Opfer oder ›Verursacher‹, ist befangen, gehemmt, unfrei. »Ich bin von vornherein dagegen, daß du Alpha-Training machst!« »Wenn du meinst …«

In so einem Fall wird eine Erfahrung zugunsten eines Vorurteils, einer Manipulation geopfert. Vorurteile haben nichts mit Kritikfähigkeit zu tun. Am Anfang des Denkens steht das Staunen. Das kleine Kind macht die Augen auf und öffnet den Mund, wenn es zum ersten Mal sieht, wie sein geliebter Luftballon in die Luft fliegt. Der denkende Mensch ist persönlich ergriffen und gepackt von Neuem. Er nimmt innerlichen Anteil an neuen Eindrücken. Aber, auch das ist eine Wahrheit: Das Denken besteht in der Erfassung und Herstellung von Bedeutungen, von Beziehungen und Sinnzusammenhängen. Dazu gehört also auch das Fragen, das Zweifeln – und das Widersprechen. Wir sind nicht nur berechtigt, gegenüber allen Erscheinungen und ›neuen Dingen‹ zu widersprechen, wir müssen es sogar tun. Jeder Widerspruch muß allerdings sachlich begründet sein. Dem Staunen folgt das Fragen, und auf eine Frage muß auch eine Antwort erfolgen. Durch das eigene fundierte Urteil werden Fragen beantwortet. Freilich können unsere Antworten auf die großen Fragen des Lebens nicht leichtfertig und vorschnell erfolgen. Immer wieder werden wir fragen, ob das auch richtig sei, immer wieder gibt es berechtigte Zweifel. Aber der Zweifel hat zwei Gesichter. Vor lauter Zweifel können wir manchmal weder die relative noch die absolute Wahrheit entdecken. Es gilt also, kritisch und selbstkritisch zu sein. Ohne berechtigte Zweifel schaffen wir es nicht, uns die Scheuklappen des Lebens von den Augen zu nehmen. Scheuklappen behindern die Urteils- und Entscheidungsfähigkeit. Scheuklappen bedeuten festgefahrenes Denken. Wie wehrt man sich dagegen? Es ist gar nicht so einfach, altgewohnte und liebgewordene Gedankengänge aufzugeben. Wir alle hängen viel stärker an solchen eingefahrenen Denkbahnen, als wir zugeben möchten. Wir müssen uns also damit auseinandersetzen.

Fragen Sie sich in jeder Situation, ob Ihr Denken richtig ist. Wenn Sie zu neuen Erkenntnissen gelangt sind, so zögern Sie nicht, ziehen Sie Folgerungen daraus. Sie können zu der Grundeinstellung gelangen, daß es in Ihrem Leben viele durchdachte Besserungen geben kann. Seien Sie innerlich unruhig, so daß Sie wach sind für Neues. Wer geistig rege ist, der kann keine Schlafmütze werden. Die Unruhe des Geistes ist ein wesentliches Merkmal großer Denker. Sie alle waren nicht immer einverstanden und suchten nach Auswegen. Sie durchdachten ihre Situationen gründlich, um sie dann zu verbessern.

Allerdings: Kritik ist kein Lebensprinzip. Es gibt Leute, die dauernd kritisieren. Es sind die Besserwisser, Haarspalter. Leute, die dauernd kritisieren, sind wie Leute, die dauernd recht haben wollen. Ihre Haltung stammt aus Gefühlen innerer Unzulänglichkeit, aus Minderwertigkeitskomplexen. Derartige Abspalter wollen nicht aufbauen, sondern kaputtmachen.

Was sich im Alpha-Training zeigt, sind Intuition und Inspiration. Intuition ist, wenn wir ausrufen: »Mir ging ein Licht auf«, hat also etwas mit Bewußtseinserweiterung zu tun. Wenn Sie mit einer Idee nicht weiterkommen, dann begehen Sie doch einmal die

Regenbogenbrücke

Entspannen Sie über den Chakrencode.

Sobald Sie sich in Trance befinden, sehen Sie eine Regenbogenbrücke, die den Himmel mit der Erde verbindet. Sieben

Stufen führen zu den sieben Farben des Regenbogens. Die Regenbogenbrücke wirkt aus durchsichtigen Lichtbändern, die in der Sonne vibrieren und tanzen. Tief unten glitzert das Meer, und an den Ufern dehnen sich weitere Wälder aus.

Sie suchen nach dem Einfall, der etwas ändern soll. Aber wo steckt er? Sie können ihn noch nicht sehen. Sie gehen auf den schwingenden Bändern so leicht, als ob Sie schweben. Sie laufen auf dem roten Streifen, dem Band der Kraft des brennenden Lichts, und beginnen leise zu summen. Mit Ihren Tönen können Sie die farbigen Lichtbänder zum Schwingen bringen – wie die Saiten eines Instruments. Durch den Gesang können Sie die Seele bewegen. Sie probieren alle Bänder aus. Wenn sich nichts bewegt, muß sich die Idee, der erleuchtende Einfall, zwischen zwei Farben verborgen halten. Sie versuchen, ihn mit der Hand zu ertasten. Ihr zweites Ich auf der Brücke schließt die Augen. Jetzt fühlen Sie sie. Völlig verängstigt hat sie sich zwischen Violett und Dunkelblau, im Bereich der ›einbrechenden Nacht‹, versteckt. Jetzt bewegt sie sich tatsächlich. Sie schwebt zwischen Blau und Grün, wird für Sie sichtbar. Sie können aber nicht an sie heran, solange sie zwischen zwei Farben ist. Also singen, summen Sie weiter. Die Idee beginnt zu vibrieren. Langsam nähern Sie sich ihr, doch plötzlich beginnt sie zu zittern, denn sie war lange Jahre unbeachtet. Sie ist lange Zeit verloren gewesen. Sie erklären ihr, daß sie unbeabsichtigt eingesperrt war, jetzt aber in voller Blüte leben darf. Sie schwebt sanft auf das grüne Band und huscht auf ihm ein Stück näher. Dann schlüpft sie durch das ›dritte Auge‹ an der Nasenwurzel in Sie hinein. Sie gehört Ihnen. Sie verstummen und lauschen nun auf die innere Stimme der Idee.

Ende der Übung.

In unserem ›modernen‹ Zeitalter neigt man zu der Auffassung, sämtliche Probleme müßten ausschließlich mit der strengen Nüchternheit naturwissenschaftlicher und mathematischer Methoden gelöst werden. Wir vergessen dabei, daß die großen Fortschritte der Phantasie zu verdanken sind. Phantasie (griech. Phantasma = Erscheinung) ist die Fähigkeit, neue Vorstellungen mit vorhandenen in einer neuartigen Weise, die noch nicht erlebt wurde, zu verbinden. Die Phantasie baut auf den Wahrnehmungen und den Vorstellungen auf. Aber durch die Phantasie werden unsere Erfahrungen und Erkenntnisse ›angereichert‹ und ausgefüllt mit neuen Eindrücken. Dadurch stößt die Phantasie in völlig neue geistige Bereiche vor. Die Phantasie ist die Gabe, in die Vergangenheit zurückzuschauen und gleichzeitig weit in die Zukunft vorzugreifen. Freilich kann nur derjenige eine solche Phantasie entfalten, der in seiner Vorstellungswelt eine große Fülle von Erlebnissen besitzt. Die Kräfte der Phantasie können nicht von selbst wachsen. Sie müssen genährt werden durch großartige Eindrücke und nachhaltige Erlebnisse. Unsere Phantasie kann uns auch in den Imaginationen hilfreich sein. Das Gespräch mit den Imaginationsgestalten, das man als innerseelischen Dialog bezeichnen kann, gehört zu den faszinierendsten Erlebnissen und ist zugleich ein wirkungsvolles Prinzip. Vor allem deshalb, weil es die höchste Stufe von Klarheit während der Imagination ermöglicht. Klarheit über den tieferen Gehalt der Imagination. Manchmal führt bereits die einfache Frage ›Wer bist du?‹ dazu, daß sich die angesprochene Visionsgestalt durch eine Antwort zu erkennen gibt, wobei sich gleichzeitig ihr Äußeres wandeln kann. So muß man damit rechnen, daß sich ein angesprochenes Tier in eine wichtige Beziehungsfigur wie beispielsweise Vater oder Mutter verwandelt. Offensichtlich ist die innere Bereitschaft des Imaginierenden, über das Gespräch etwas über sich und seine Situation zu erfahren, eine günstige Bedingung dafür, Widerstände zu überwinden. Die Gespräche können sehr förderlich sein. Vor allem dann, wenn es zwischen dem Imaginierenden und der ›Traumfigur‹ zu einer Einigung kommt. Die Einigung kann Unterschiedliches bewirken: etwa die Reintegration abgespaltener beziehungsweise verdrängter Bedürfnisse oder die Anpassung verinnerlichter Beziehungspersonen an die Gesamtpersönlichkeit, aber auch ein Ausgleich zwischen Bedürfnissen, Zielen und Gewissensforderungen. Letztlich soll die Einigung dazu führen, daß die in der Imagination personifizierten Teilsysteme der Persönlichkeit nicht mehr gegeneinander-, sondern zusammenarbeiten, um den Anforderungen realer Lebenssituationen gerecht zu werden. Bei den folgenden Ratschlägen handelt es sich um Prinzipien des Umgangs mit feindlichen Imaginationsgestalten. Sie sind nicht als starre Verhaltensvorschriften aufzufassen; wie Sie sich im konkreten Einzelfall zu verhalten haben, wissen Sie selbst am besten, sobald Sie eigene Erfahrungen im Umgang mit den Ihnen begegnenden Traumgestalten gesammelt haben. Sie sollten niemals vor einer bedrohlichen Traumfigur fliehen. Bieten Sie ihr die Stirn, schauen Sie ihr in die Augen, und sprechen Sie sie an. Etwa so: »Wer bist du, was willst du von mir? Können wir uns irgendwie einigen?« Ist eine unmittelbare Einigung möglich, versuchen Sie, den Streit im offenen und sachlichen Gespräch zu schlichten. Weisen Sie Drohungen und Beschimpfungen ganz entschieden zurück. Halten Sie eine Einigung im Dialog für unmöglich, so distanzieren Sie sich deutlich von den Angriffen der Traumgestalt. Ist mit der Figur kein Gespräch möglich, geht sie zum körperlichen Angriff über, dann weichen Sie keinen Schritt zurück, sondern zeigen Sie Ihre Verteidigungsbereitschaft durch Einnahme einer entsprechenden Haltung und einen offenen Blick. Wenn es nicht anders möglich ist, lassen Sie sich auf eine kämpferische Auseinandersetzung mit dem Lebewesen ein. Versuchen Sie, den Kampf mit dem Gegner, mit dem keine Einigung möglich war, erst dann zu beenden, wenn Sie diesen geschwächt, getötet oder verjagt haben, so daß er Ihnen keinen Schaden zufügen kann. Versuchen Sie, sich unbedingt nach der Konfrontation oder Auseinandersetzung zu einigen. Je nachdem, ob Sie sich mit ihm sprachlich einigen können oder nicht, kann die Einigung im Sinn einer Übereinkunft oder nur im Sinn einer Aussöhnung durch freundliche Gebärden erfolgen. Fragen Sie eine Traumgestalt, mit der Sie sich geeinigt haben, zunächst ganz allgemein, ob sie Ihnen helfen kann.

Anschließend können Sie spezielle Angelegenheiten aus Ihrem realen Leben nennen, in denen Sie Hilfe in Anspruch nehmen möchten. Nach meinen Erfahrungen ist zu vermuten, daß man feindliche Traumgestalten immer ihrer Bedrohlichkeit berauben kann, wenn man ihnen in der beschriebenen Weise offen begegnet. Eine Einigung ist dagegen nicht immer möglich. Noch seltener erhält man von einer ursprünglich bedrohlichen Traumgestalt Hilfe. Dafür können aber freundlich gesinnte Gestalten spontan als Helfer auftreten und Ratschläge für die Traum- oder Realsituation geben.

Wichtig dabei ist aber sowohl im realen Leben wie in der Imagination, daß wir unsere Entscheidungsfähigkeit aktivieren.

Viele Leute leben nach dem ›Versuch-und-Irrtum-Prinzip‹. Sie tasten sich blindlings durchs Leben, ›fummeln sich durch‹. Sie sind oft verwirrt, verzweifelt und hoffnungslos. Sie resignieren, geben auf. »Ich schaffe es nie.« Ihr Leben wirkt wie zusammengestückelt. Wie scheußlich ist es, immer wieder nur negative Lebenserfahrungen zu machen. Wenn aus Fehlern nicht gelernt wird.

Schopenhauer hat einmal gesagt: »Was die Leute ihr Schicksal nennen, ist weiter nichts als ihre eigenen Dummheiten.«

Der Alpha-Mensch hat den ›Irrgarten des Verhaltens‹ überwunden. Seine Verhaltensweisen werden durch bestimmte geistige Ordnung und Klarheit gekennzeichnet. Im Alpha-Training gelangen wir zu Teilerkenntnissen, die Schritt für Schritt erweitert und vertieft werden. Jede nächste Erkenntnis baut auf der vorhergehenden auf und verwertet sie.

»Ich denke nicht daran, Alpha-Training zu machen.« Wer so denkt, hat bereits einen Entschluß gefaßt. Damit legt er sein künftiges Verhalten fest. Es ist sozusagen eine Urteilsverkündigung in eigener Sache. Auf diese Weise haben wir uns begrenzt.

Wenn jemand dies sagt und gründlich nachgedacht hat, dann hat er gewiß Motive, gerade so zu handeln. Es ist ein Unterschied, ob ich sage: »Ich mache kein Alpha-Training, weil mir irgendwie nicht wohl bei der Sache ist«, ohne sie näher begründen zu können, oder ob ich eine Entscheidung aufgrund vorausgegangener Assoziationen fälle. Während es sich in dem einen Fall nur um Wegschieben, einen Widerstand handelt, kann es sich im zweiten Fall um eine echte Entscheidung handelt.

Dürfen wir überhaupt zweifeln? Zweifeln gehört zum natürlichen Entscheidungsfindungsprozeß. Bevor wir eine Entscheidung fällen, werden Für und Wider gegeneinander abgewägt.

Wir dürfen auch unschlüssig sein. Aber irgendwann sollten wir zu einer Entscheidung kommen. Viele Menschen bleiben immer wieder in einer Sache stecken, weil sie sich nicht entscheiden können. Schließlich dürfen wir zweifeln, weil wir von einer Sache noch nicht überzeugt sind. Der Zweifel ist der Zustand der Ungewißheit und des Schwankens. Wenn aber trotz hinreichender Gewißheit in einer Sache immer noch Zweifel bestehen, so ist ein solcher Zweifel unberechtigt. Solange wir aber noch keine klare Gewißheit erlangt haben, ist unser Zweifel berechtigt. Aber: Zur echten Entscheidung gehört Mut! Alles Zögern, alles Zaudern und Wanken sollten in dem Augenblick abgelegt werden, in dem wir uns zu einem bestimmten Schritt entschlossen haben. »Ich habe mich endgültig entschlossen, an mir zu arbeiten.« Wer so spricht, läßt sich von seinem Vorhaben nicht mehr abbringen. Sein Entschluß, den er gründlich durchdacht hat, soll ›bis ans Ende‹ gültig bleiben. Voraussetzung für einen klaren Entschluß ist eine feste Zielsetzung. ›Es gibt nichts, was mich von meinem Vorhaben abbringen könnte‹ – ›Mein Ziel steht mir klar vor Augen‹. Das sind Überzeugungen, die die Welt verändern können, zumindest Ihre Welt. Das bedeutet ›Ich werde etwas an mir tun, ich will, daß sich an mir, an meinem Leben etwas ändert. Ich will diesen undefinierbaren Trott nicht mehr weitermachen. Bei dieser Zielsetzung ist das nächstliegende Ziel, einen Fachmann zu finden, der mir bei meinem Reifeprozeß zur Seite steht. Ein naheliegendes Ziel: Ich begebe mich unter Menschen, die den gleichen Entschluß gefaßt haben, ich bin nicht allein. Wir gehen zusammen auf den Weg.‹ Das aussichtsreichste Ziel: ›Ich werde mich aus meiner bisherigen Einengung befreien, mehr Freiheit gewinnen.‹ Das erfolgversprechendste Ziel: ›Ich gewinne eine andere Plattform, kann das Leben und die Welt von einer anderen Warte her betrachten.‹ Das optimale Ziel: ›Ich werde mich selbst finden.‹

Jeder Gedanke, der uns zu einer Entscheidung führt, hat das Bestreben, verwirklicht zu werden. In diesem Drang besteht eine Gesetzmäßigkeit, die letzten Endes aus der Geschichte der Menschheit zu verstehen ist. Wo haben jemals tote, saftlose, verschwommene, kraftlose Gedanken eine Wirkung gehabt? Hinter den Gedanken zur Veränderung stehen Motive, die zur Entscheidung führen.

Aus der Entscheidung wächst die Überzeugung, und die Überzeugung ist die weltverändernde Kraft. Wenn Vorstellungen, Gedanken, Interessen, Entscheidungen, Überzeugungen sich in uns Raum schaffen, dann dienen diese der Lebensbewältigung und der Lebenserweiterung.

Bejahende, kraftvolle, zielbewußte Gedanken machen stark und erfolgreich. Verneinende, blasse und unbestimmte Gedanken machen schwach und mißmutig. Zu Überzeugungen gewachsene Gedanken beherrschen die ganze Persönlichkeit.

Neben den kleinen Dingen des Lebens gibt es einen großartigen, persönlichkeitsfüllenden Gedanken: ›Ich werde mir selbst begegnen.‹ Wer nicht überzeugt ist von der Richtigkeit seiner Zielvorstellungen, der gelangt nicht einmal zu den ersten Etappen einer Entscheidung. Wenn Zweifel aufkommen wollen, dann mag Ihnen dies als richtungsweisend dienen: Richtig ist für Sie alles, was Ihre Lebenserwartungen erfüllt und Ihrer Lebensqualitätssteigerung dient, was Sie geistig wachsen und seelisch reifen läßt. Falsch ist alles, was Ihre Persönlichkeit einengt, Sie in Ihrer Entwicklung behindert, Sie stagnieren läßt. Der Wert der Entscheidung kann in hohem Maß abhängig sein von der derzeitigen Situation. Egoistische Entscheidungen bleiben fragwürdig und sind von vorübergehendem Wert. Stellen Sie sich vor, Sie wollten sich allein, ohne Ihren Partner weiterentwickeln. Sie wollen ihn sozusagen nicht mitnehmen auf die Reise. Das muß zwangsläufig irgendwann zur Trennung führen. Die Trennung aber nimmt Ihnen die Kraft, sich mit Ihrem Ziel auseinanderzusetzen. Denn Sie benötigen lange Zeit, erst einmal das, was mit der Trennung zusammenhängt, zu verkraften. Wenn wir bei unseren Entscheidungen andere miteinbeziehen, dann verdoppeln wir sozusagen den Wert unserer Entscheidungen. Uneigennützigkeit war schon immer wertvoller als Eigennutz.

Es gibt Menschen, die sich nicht entschließen können. Sie zögern lange mit der Durchführung ihrer Erkenntnisse. Sie wagen es nicht, den ersten Schritt zu tun. Sie haben ›Angst vor ihrer eigenen Courage‹.

Wie wehrt man sich vor einer solchen ›Angst vor der Angst‹? »Erfolg und Mißerfolg, Sieg und Niederlage hängen im menschlichen Leben vielfach ganz von der rechtzeitigen und richtigen Benutzung sich darbietender Gelegenheiten ab. Die Eigenschaft, in kritischen Momenten schnell entschlossen zu sein, ohne lange Überlegungen das Richtige zu tun, ist mir während meines ganzen Lebens so ziemlich treu geblieben, trotz des etwas träumerischen Gedankenlebens, in das ich vielfach versunken war. In unzähligen Fällen hat mich diese Fähigkeit vor Schaden bewahrt und in schwierigen Lebenssituationen richtig geleitet.« Das sind Worte des großen Erfinders und Unternehmers Werner von Siemens. Wenn wir einen Entschluß gefaßt haben, aber trotzdem vor seiner Durchführung ›zurückschrecken‹, müssen wir alle negativen Folgegedanken abbauen. Das wäre der erste Schritt. Als nächstes könnten wir uns selbst den inneren Ruck geben. Wichtig ist, daß wir uns nicht von unseren Schwächen besiegen lassen. Wer an seinen Knöpfen abzählt: Soll ich…, soll ich nicht…, benimmt sich wie ein Schilfrohr im Winde oder wie ein Schiff ohne Segel.

Je klarer eine gedankliche Erkenntnis ist, um so fester und sicherer kann die Entscheidung ausfallen. Der entschlußunfähige Mensch macht seine Entscheidungen von äußeren Gegebenheiten abhängig. Das sind dann jene Menschen, die sich in bestimmten Lebenslagen sagen: ›Wenn ich erst aus der Schule bin…‹ ›Wenn ich erst meine Lehre, mein Studium beendet habe…‹ ›Wenn ich verheiratet bin…‹

Warum denn nicht jetzt gleich?

Es gibt auch solche Menschen, die sich deshalb nicht für eine Sache entschließen können, weil sie etwas anderes nicht aufgeben möchten.

Eine Entscheidung ist auch immer ein Verzicht. Andere Ideen, Gedanken müssen aufgegeben werden, damit ein Gedanke zum Durchbruch gelangen kann. Sogar andere Entschlüsse müssen fallen, damit mein Entschluß tatkräftig durchgeführt werden kann. Wer kann schon auf allen Hochzeiten tanzen? Eine Entscheidung setzt den ›Kampf der Motive‹ voraus. Dieser Motivkampf spielt sich bei der Urteils- und Entscheidungsfähigkeit im geistigen Bereich ab.

Die wichtigste Entscheidung, die der Mensch fällen kann, ist die Entscheidung für den ›Weg zu sich selbst‹. Der Kernpunkt der Seele hält sich versteckt. Wir müssen ihn suchen, das tun wir am besten im Bereich vom

Schattenbaum

Entspannen Sie über den Chakrencode. Auf einer Wiese sehen Sie einen alten Brunnen. Im Innern des Brunnens gibt es eine Strickleiter. Sie hat hundert Sprossen. Sie steigen dort hinein und kommen in eine urwüchsige Landschaft. Ein Dschungelweg führt zu einer Waldlichtung. Dort steht eine uralte Ulme: Ihr Lebensbaum. Dieser Lebensbaum wirft einen großen Schattenkreis. Der Lebensbaum symbolisiert die Erde, das Hier und Jetzt. Er verbindet Unter- und Überirdisches miteinander — nach unten mit seinen Wurzeln, nach oben mit seinen Ästen. Alle Bereiche sind miteinander verbunden. Den Kern Ihrer Seele finden Sie im Wurzelgeflecht, die Essenz Ihres Geistes in der Krone. Reisen Sie immer wieder in den Baum ein, untersuchen Sie ihn nach Blockierungen. Nur dort, wo der Lebenssaft des Baumes ungehindert fließt, kann es auch in Ihnen fließen. Reden Sie mit allen Gestalten, die Sie im Schattenbaum antreffen. Fragen und bitten Sie um Rat. Sagen Sie, daß Sie auf der Suche nach dem Lebenskern seien.

Ende der Übung.

Bevor wir aber unser inneres Selbst zum Leben erwecken, müssen wir symbolisch sterben. Ich zeige Ihnen jetzt einen Wiedergeburtsritus, der den Wandlungsprozeß aufzeigen kann.

Die Wiedergeburt

Entspannen Sie über den Chakrencode.

Erleben Sie sich scheinbar tot auf einer Bahre liegend. Während Sie diesen leblos dort liegenden Körper betrachten, stellen Sie sich die Frage: »Welchen Wert hatte das Leben dieses Menschen?« »Was hat dieser Mensch in seinem Leben vollbracht, das für ihn und andere von Wert war, und was hätte dieser Mensch aus seinem Leben machen können?« »Wie viele Menschen hat es in seinem Leben gegeben, für die die Begegnung mit ihm wertvoll war?« Betrachten Sie diesen liegenden Körper so, als habe er das Zeitliche gesegnet. Er steht vor einem inneren seelischen, geistigen Selbst, bereit für die große ›Abrechnung‹. Er muß jetzt über sein Leben ›Farbe bekennen‹. Das Leben ist vorbei, er kann nichts mehr hinzufügen, er kann nichts mehr ungeschehen machen. Aber Sie wissen, daß Sie nicht wirklich tot sind. Sie wissen, daß noch Zeit genug ist, all die Möglichkeiten wahrzunehmen, die in Ihnen eingelagert sind. Sie müssen nur jetzt die richtige Entscheidung fällen. Sie sehen, wie der liegende Körper sich in Rauch auflöst, und erleben im gleichen Augenblick, wie sich Ihr realer Körper mit einer neuen Vitalität, mit einer neuen, nie gekannten Lebendigkeit füllt. Sie erkennen die wiedererlangten Möglichkeiten für Ihren Körper, Ihren Geist und Ihre Seele. Und das Wissen, daß Sie noch Zeit haben, das zu tun, wozu Sie sich gerade entschieden haben. Kraft und Vitalität sind dafür ausreichend vorhanden. Ruhen Sie sich jetzt aus. Ihr Geist wird ganz ruhig. Sie machen sich innerlich leer, Gedanken und Vorstellungen ziehen wie Wolken davon. Das einzige, was Sie jetzt spüren, ist die treibende Kraft, die hinter Ihrer Entscheidung steht.

Auch wenn es sich um folgenschwere Entschlüsse handelt, sollten wir, nachdem die Entscheidung getroffen wurde, nicht wankelmütig werden. Unbeirrbarsein bedeutet ja nichts anderes, als sich nicht mehr irre machen zu lassen. Wir lassen uns nicht mehr bereden, überreden, nicht beeinflussen. Die Entscheidung steht fest und wird durchgeführt.

Um zu richtigen Entscheidungen zu kommen, ist es sicherlich gut, wenn wir dabei ›geistesgegenwärtig‹ sind. Geistesgegenwart ist die Fähigkeit, geistig schnell zu reagieren. Wie wichtig Geistesgegenwärtigkeit sein kann, erkennen wir, wenn wir uns Gefahren gegenübersehen. Dem Autofahrer ist bekanntlich nur eine Schrecksekunde zugebilligt. Im Leben kommt es darauf an, sich alle denkbaren Situationen auszumalen, um im Ernstfall richtig reagieren zu können. Wer geistesgegenwärtig ist, wer also immer da ist, der wird keine Entscheidungsschwierigkeiten haben.

Andererseits gibt es Leute, die nie gleich zu einer Entscheidung kommen können. Sie müssen die Sache erst beschlafen. Das kann gut sein, es gibt aber auch Situationen, wo wir riskieren, daß uns der Entscheidungsmoment davonschwimmt. Ob kurzfristige oder ›überschlafene‹ Entscheidungen, das muß jeder für sein Leben selbst bedenken. Wichtig ist nur, daß es zu einer guten und echten Entscheidung kommt. Denn auch das gilt zu bedenken: Wir können durch überschnelle Entscheidungen auch Fehler machen.

Die Ausführung einer Entscheidung sollte zügig sein, ohne Zögern und Zaudern. »Mit heißem Herzen und kühlem Verstand«, das war ein Losungswort, das zu allen Zeiten Gültigkeit hatte.

Die Persönlichkeit des Alpha-Menschen

Wenn Sie eine Bilanz aufzustellen hätten, würden Sie dann sagen: »Was bin ich für ein feiner Mensch, wie wunderbar ich das wieder gemacht habe«? Sie wissen, daß Sie mit dieser Einstellung Ihren eigenen Schwächen nicht auf die Spur kommen. Durch eine solche Haltung können Sie keine Fehler vermeiden lernen. Sie gehören auch nicht zu den Menschen, die vor dem Spiegel stehen und fragen: »Spieglein, Spieglein an der Wand, wer ist die Schönste im ganzen Land?«

Die Fragen des Alpha-Menschen lauten:

Welche Anlagen habe ich?
Welche Fähigkeiten stecken in mir?
Inwieweit habe ich diese Fähigkeiten und Anlagen bereits zur Entfaltung gebracht?
Welches sind meine Schwächen?
Welche Fehler habe ich in meinem Leben gemacht?
Wie kam es zu diesen Fehlern?
Welche Ursachen hatten diese Fehler?

Das Wichtigste für eine denkende Persönlichkeit ist die wache Aufnahme neuer Eindrücke und Erlebnisse — und deren eigenständige geistige Verarbeitung. Geistiger Erlebnishunger ist etwas anderes als Sensationsgier.

Jeder möchte von seiner Mitwelt anerkannt und geachtet werden. Dieses Gefühl des eigenen Wertes bezeichnen wir als Selbstwertgefühl. Der Alpha-Mensch ist eine gereifte Personlichkeit, die von einer Scheinpersönlichkeit zu unterscheiden ist. Scheinpersönlichkeit sind jene Angeber, die nur so tun als ob. Der Alpha-Mensch läßt sich nicht durch ›Besserwisser‹ einschüchtern. Er läßt sich keinen Bären aufbinden. Er »stellt sich unwissend«, hinterfragt das Thema und spürt sehr schnell, daß der andere nur so tut als ob. Zunächst stellt er sich ungläubig, wenn jemand ihm unbedingt etwas weismachen will. Der Alpha-Mensch geht Wichtigtuern gegenüber aus seiner Reserve heraus. Mit Imponiergehabe kann man ihm nicht beikommen, eben weil er gute Urteils- und Entscheidungsfähigkeit besitzt. Sie bewahren ihn sicher vor Übertreibung und Hochmut und weil Sie sich von diesen Dingen nicht beeindrukken lassen, wird Sie auch niemand »links liegenlassen«. Denn Ihre Haltung ist bei aller Bescheidenheit doch fest. Gerade durch Ihre Sachlichkeit überzeugen Sie Ihre Mitmenschen. Auch sind Sie nicht von falschem Stolz ›besessen‹. Sie wissen: Ich gehöre dazu, ich bin dabei. Ich bin am Verdienst dieser oder jener Sache beteiligt. Diese eigene Beteiligung, das eigene Verdienst ist entscheidend dafür, ob einer berechtigt stolz sein darf. Der berechtigte Stolz ist angemessen. Es ist das erhebende Gefühl, etwas Besonderes getan zu haben. Es handelt sich dabei um Leistungen, die auch von anderen anerkannt werden, die darüber hinaus auch zu deren Nutzen sind. Echter Stolz hat nichts zu tun mit leerem Dünkel, der nur auf Geltungssucht beruht. Er hat auch nichts mit jenem Hochmut gemein, der das Ego aufbläht. Der echte Stolz hat auch nichts mit jener Blasiertheit zu tun, in der jemand sich gelangweilt gibt, weil er meint, das Leben oder die Welt zu kennen. Diese falschen Weisen treffen wir nicht selten in bestimmten Gruppen, in denen geglaubt wird, daß allein die Dazugehörigkeit zu dieser Gruppe schon weise macht.

Der Alpha-Mensch erlegt sich ständig Selbstprüfungen auf. Er kennt seine eigene sachliche Leistung, er kennt aber auch seine Leistungsgrenzen. Dadurch erlangen wir mehr Selbstsicherheit und Selbstbewußtsein. Auf diese Weise erhalten wir neue Impulse. So halten wir den Geist frei für neue Ideen und Einfälle.

Was Understatement ist, wissen Sie sicher. Es gibt Menschen, die umgehen es, zur Geltung zu gelangen. Sie möchten verhüten, nach außen in Erscheinung zu treten. Wir haben es hier mit jener falschen Bescheidenheit zu tun, die ich nicht für richtig halte. Bescheidenheit ist gut. Zuviel Bescheidenheit ist genauso schlimm wie zu wenig. Wer zu bescheiden ist, behindert sich an seiner eigenen Persönlichkeitsentfaltung, er hat kaum eine Chance, sich selbst zu finden. Schon seine Eltern nahmen ihn nicht wichtig, er selbst tut es noch weniger. Manche sind so arm dran, daß sie den Eindruck erwecken möchten, als wären sie nicht vorhanden. Diese Menschen sagen immer nur ja, wollen sich immer nur fügen. Sie bemühen sich immer nur zu entsagen, hinunterzuschlucken und zurückzutreten.

Jeder Mensch hat das Recht, sich selbst nach außen hin genügend zur Geltung zu bringen. Haben Sie selbst sich schon einmal gefragt: Wer bin ich? Erinnern Sie sich an die Übung mit dem Schattenbaum?

Gehen Sie doch einmal hinein, nachdem Sie sich entspannt haben, gehen Sie ins Wurzelwerk. Dort finden Sie eine weise alte Frau. Setzen Sie sich ihr gegenüber und stellen Sie folgende Fragen. Achten Sie vor allem darauf, daß Sie pro Übung immer nur eine Frage stellen.

1. Frage: *Wer bin ich?*

Ich erlebe immer wieder, daß ich mich nicht richtig kenne. Meine Gefühle und Stimmungen, meine Denkrichtungen und Überzeugungen wechseln. Das überrascht mich. Manchmal entdecke ich Wesenszüge an mir, die gar nicht zu dem Bild von mir passen wollen, das ich bisher gehabt habe. Das stellt für mich ein Problem dar. Es liegt mir viel daran, all das, was ich selbst an mir erfahre, möglichst sinnvoll ins Gesamtpersönlichkeitsbild einzuordnen. Ich möchte wissen, wer ich wirklich bin, was mir innerlich zugehört, wie ich meinen inneren Charakter zu verstehen habe oder was lediglich die Wirkung fremder Einflüsse auf mich ist. Fremdes, Nichtpassendes bitte ich mir zu

207

deuten, so daß es mich künftig nicht mehr irritiert. Neues möchte ich über Altbekanntes klären. Kannst du mir raten? Möchtest du mir sagen: *Wer bin ich?*

2. Frage: *Was bin ich anderen wert?*

Es geht mir nicht um die nüchterne Feststellung, was ich bin. Wichtiger ist mir, was tauge ich? Wozu bin ich gut? Was liegt an Wertvollem in mir? Was gelte ich? Je nach den Maßstäben, die ich anlege, möchte ich etwas über meine moralischen Werte des Guten, Gerechten, Wahrhaften, Vollkommenen wissen. Ich möchte wissen, wie es um meine Beliebtheit, Liebenswürdigkeit, bestellt ist. Sag mir bitte: *Was bin ich wert?*

3. Frage: *Welcher Weg ist der rechte Weg für mich?*

Ich möchte etwas darüber wissen, was künftig werden kann und werden soll. Ich möchte Möglichkeiten und Wege zu einer sinnvollen Weiterentwicklung meiner Persönlichkeit zur Selbstverwirklichung sehen. Immer wieder treten Entscheidungen an mich heran. Darum möchte ich wissen, was gerade für mich nach meiner individuellen Eigenart und meiner besonderen Situation am besten ist; auf welche Weise ich am besten innere Befriedigung und äußeren Erfolg finden werde. Je deutlicher der Weg für mich ist, um so fruchtbarer ist meine Selbsterkenntnis. Bitte zeige mir *meinen Weg.*

4. Frage: *Wie ist es um meine Kraft bestellt?*

Zugleich mit der Frage nach meinem Weg, möchte ich wissen, ob meine Kräfte und Fähigkeiten auch ausreichen werden, um mich an das gewünschte Ziel zu bringen. Ich möchte mich nicht überfordern und dadurch vom Weg abkommen. Also lautet meine Frage: Wo liegen meine besonderen Fähigkeiten und Stärken, aber auch meine Schwächen. Bitte *zeige mir meine Kraft.*

Ende der Übung.

»Leben heißt wandeln, und vollkommen sein heißt, sich oft gewandelt zu haben.« Das sagte im vergangenen Jahrhundert der große englische Kardinal und Denker John Henry Newman. Die Begegnung mit anderen Menschen ist immer ein Vorgang der inneren Wandlung. In der Begegnung mit anderen Menschen liegt der Prozeß des Gebens und Nehmens und darin der ständige Wandel begründet.

Wir können von anderen Menschen das übernehmen, was uns an ihnen gefällt. Verbunden mit unserer eigenen Erfahrung wächst dann etwas Neues, Eigenes daraus. Aber auch andere Menschen übernehmen von uns etwas, was sie für wertvoll halten.

Das Dasein einer Person wird geregelt durch die erworbenen Gewohnheiten und durch das, was andere ihr zumuten. Eine Person ordnet sich reibungslos ein, fügt sich — bleibt ›Mitläufer‹. Das Leben des Alpha-Menschen hebt sich von den anderen Menschen deutlich ab, ein Alpha-Mensch bestimmt seinen Lebensweg selbst, nach eigenständigem Denken, nach eigenem Plan. Und oft gegen den Trott der anderen. Eine Person ist wie eines aus einer endlosen Reihe von monotonen Einfamilienhäusern in der Vorstadt: Das eine gleicht dem anderen. Sie als Alpha-Mensch bauen sich Ihr Haus — und Ihre Welt — nach eigenen, wohldurchdachten Vorstellungen und Plänen. Der Alpha-Mensch entscheidet sich nicht fürs Belanglose, er entscheidet sich für sich selbst!

Bei allem Wissenserwerb ist die Nutzanwendung notwendig. Jeder, der zu einer Entscheidung gelangen will, muß einen Gedanken entwickeln. Es handelt sich also um eine schöpferische Tätigkeit. Es heißt: Selbstdenken — Selbstentfalten.

Je mehr wir wissen, um so mehr können wir geistig kombinieren. Dadurch entwickeln sich eigene Erkenntnisse und Ideen. Jeder Wissenserwerb erweitert den geistigen Horizont. Es ist, als ob wir einen Berg besteigen. Haben wir den oberen Teil des Berges erreicht, erkennen wir, wen oder was wir alles zurückgelassen haben. Der Alpha-Mensch hat sich längst an den Aufstieg herangewagt. Wer das erste Plateau erreicht hat, hat bereits einen viel weiteren Blick — in das Tal unter ihm und auf die umgebenden Berge. Wir erkennen aber auch, daß es noch weiter nach oben geht. Das Weiterklettern ist reizvoll, der Gipfel lockt. Unterwegs kann es noch weitere Plateaus geben, mit noch besseren Ausblicken. Auf dem Gipfel dann haben wir einen Überblick über das gesamte Land. Einen Rundblick, frei nach allen Seiten, den Weitblick bis zu den entferntesten anderen Gipfeln, das Gefühl, über uns selbst hinausgewachsen zu sein. Wissen heißt ebenfalls: voraussehen − erkennen − vorausdenken. Wissen heißt vor allem: den Weg zum Ziel erkennen.

Wenn wir den Weg zu uns selbst finden wollen, bedeutet das in erster Linie, sich für sich selbst zu interessieren. Schauen wir uns zunächst einmal an, was mit Interesse gemeint ist. Ein Interesse ist niemals angeboren, es stellt sich nicht von selbst ein. Alle Interessen sind erworben. Ein Interesse bildet sich langsam und stetig. Es spielt dabei keine große Rolle, ob wir uns für uns selbst oder für etwas anderes interessieren. Denn alles was für uns interessant ist, führt zwangsläufig zu uns selbst. Je mehr wir uns in ein Interessengebiet vertieft haben, um so mehr Wert hat es für uns persönlich. Wir lassen uns von unserem Interesse nicht abbringen, lassen es uns nicht ausreden. Wir sind von unserem Interesse ganz ausgefüllt. Interesse hält uns geistig wach. Dadurch bleiben wir elastisch, geöffnet für weitere Möglichkeiten, für Erweiterungen und Vertiefungen unseres Wissens und Könnens.

Fragen Sie sich einmal: Welche materiellen und aktuellen Interessen können Sie zugunsten der ideellen Interessen einschränken? Konzentrieren Sie sich vor allem auf geistige Interessengebiete. Wählen Sie Interessengebiete aus, die für Ihre geistige Entwicklung wichtig sind. Wenn Sie auf den Weg zu sich selbst sind, sollten Sie wissen, daß Erfolg immer den unermüdlichen und vollen Einsatz der gesamten Persönlichkeit verlangt. Alle unsere Kräfte sind beteiligt, wenn es darum geht, mit uns zu einem neuen Sinngehalt zu kommen. Aber: Niemand kann den Erfolg erzwingen. Um zu uns selbst zu finden, brauchen wir Zeit. Zur Erfolgsfähigkeit gehört Selbstvertrauen und Selbstsicherheit.

Manche meinen, das alles sei doch mehr oder weniger Glückssache. »Der hat mehr Glück als Verstand gehabt«, heißt es gelegentlich. Das ist aber nur die halbe Wahrheit. Um erfolgreich mit uns selbst umgehen zu lernen, brauchen wir Einfühlungsgabe, ›Fingerspitzengefühl‹. Es ist eine Art Eingebung, gefühlsmäßiges Erkennen, ein ›Entdecken‹ von Zusammenhängen. Zur Selbstfindung gehört, daß der ganze Mensch — mit Leib und Seele, mit Körper und Geist, mit allem Drum und Dran — sich auf das Ziel Selbstverwirklichung richtet. Alle Menschen, die in ihrer Persönlichkeitsentwicklung weitergekommen sind, haben sehr hart an sich gearbeitet. Für Außenstehende mag das so aussehen, als habe dieser Mensch eben nur ›Glück‹ gehabt. Ein Mensch, der von allen ›guten Geistern‹ gefördert wird. Das stimmt sogar. Aber, was nicht sichtbar ist, er hat sich auch mit den ›bösen Geistern‹ in sich auseinandergesetzt, hat sie erkannt, verbannt und dadurch in sich Raum geschaffen für das, was wir gemeinhin ›Glück‹ nennen. Wichtig ist, daß wir nicht nur unsere Fähigkeiten in uns erkennen, sondern sie auch verwerten lernen.

Versuchen Sie einmal sich Ihr Ziel über Visualisierung zu betrachten, machen Sie die Übung

Zielsetzung Selbstfindung

Lassen Sie vor Ihrem geistigen Auge spontan das Bild erscheinen, das für Sie Ihr Ziel symbolisiert. Nun wechselt das Bild. Sie sehen sich auf einer langen, geraden und freien Straße stehen, die direkt auf einen Hügel führt. Oben können Sie von weitem das Bild erkennen, welches Ihr Ziel symbolisiert.

Auf beiden Straßenseiten sehen und hören Sie die verschiedensten Wesen, die versuchen werden, Sie vom Pfad abzulenken und am Erreichen des Gipfels zu hindern. Diese Wesen können und werden alles tun, was sie wollen. Nur eines nicht: Sie können Ihnen nicht den Weg versperren. Der bleibt immer frei. Die Wesen repräsentieren verschiedene Situationen, Menschen, Wegbehinderungen, Gefühle. Sie verfügen über eine

Vielzahl von Strategien, die alle darauf ausgerichtet sind, Sie von dem, was Sie im Sinn haben, abzuhalten. Sie werden versuchen, Sie zu entmutigen, zu verführen, abzulenken, zu behindern. Manche versuchen, Ihnen Alibis zu verschaffen, um nicht weitergehen zu müssen. Andere aktivieren Ihre Schuldgefühle, um Sie so an der Verwirklichung Ihres Zieles zu hindern.

Sie gehen jedoch unbeirrbar auf Ihrem Weg weiter. Aber Sie nehmen sich genügend Zeit, um sich mit den Strategien der einzelnen Wesen auseinanderzusetzen. Irgendwann erkennen Sie, daß Sie bisher genauso mit Ihren Zielen und Plänen zur Selbstverwirklichung umgegangen sind. Sie werden jedes Wesen nicht nur verscheuchen, sondern durch direkte Konfrontation aus dem Wege räumen. Wenn Sie auf dem Hügel angelangt sind, erkennen Sie, daß Ihr Ziel wesentlich nähergerückt ist. Oben ist eine Kapelle, in der Sie eine weise Frau oder einen weisen Mann treffen. Fragen Sie, was nun Ihre nächste Aufgabe sei, um dem Ziel näherzukommen.

Ende der Übung.

Viele meinen, es genüge nur ein fester Wille, um ein Ziel zu erreichen. Wir müssen dem nachgehen. Viele Menschen wollen Glück, und erreichen es nie. Viele wollen Liebe, und sie läuft ihnen davon. Sie sollten wissen, daß diese Form des Wollens uns verkrampft und verspannt. Nicht selten erreichen wir eher das Gegenteil von dem, was wir eigentlich wollten. Stellen Sie sich einmal ein Kinderkarussell vor. Da gibt es Pferdchen, Feuerwehrautos, ein Flugzeug, einen Hubschrauber, ein Mondfahrzeug. Die meisten Plätze auf dem Karussell sind noch leer. Ein kleiner Junge sitzt mit seiner Freundin in der Hubschrauberkanzel. Jetzt kommt ein anderer Junge und will ebenfalls in die Hubschrauberkanzel, obwohl so viele andere Plätze frei sind. Er beginnt zu schreien, zu toben, sich steif zu machen. Es nützt ihm alles nichts. Für diese Fahrt wird er sein Ziel mit dem Wollen allein nicht erreichen. Mit dem Hubschrauber möchte noch ein anderer Junge reisen, doch er erkennt, daß das im Augenblick nicht möglich ist. Aber er ist überzeugt, daß er während einer der nächsten Fahrten sein Ziel erreichen wird.

Gelassen nimmt er auf dem Feuerwehrauto direkt neben dem Hubschrauber Platz. Er genießt die Fahrt, während der andere immer noch tobt und schreit. Nach Beendigung der Fahrt, während der weinende Junge damit beschäftigt ist, sich die Tränen aus den Augen zu wischen, ist er längst in die freiwerdende Kanzel des Hubschraubers gehuscht. Der eine hatte eine Überzeugung, der andere einen verbissenen Willen. Zur Überzeugung gehört die Entscheidung, die hatte das eine Kind vor Trotz nicht fällen können. Wer eine echte Entscheidung gefällt hat, kann heiter und gelassen abwarten, bis seine Zeit abgelaufen ist. Und wenn wir unbedingt etwas erreichen, mit dem Kopf durch die Wand wollen, dann hilft uns dieses Wollen noch lange nicht.

Vor allem stellt sich immer die Frage nach den Beweggründen unseres Handelns. Das Motiv ist der Bestimmungsgrund für eine Willenshandlung. Es ist der seelische Hintergrund, der die Richtung des Handelns bestimmt — und es leitet. Nur selten ist es ein einziges Motiv, das einer Handlung vorausgeht. Nicht selten sind es zwei oder mehrere Motive. Oft ist es ein ganzes Bündel von Motiven, mit denen wir uns herumplagen müssen. Und oftmals geraten wir in Widerstreit von Wünschen und Begierden, von Vorstellungen und Erwartungen. Auf dem Karussell hatte der eine Junge eine Erwartungshaltung, die ihn ungeduldig werden ließ. Der andere hatte eine Vorstellung und eine Entscheidung, daß diese Vorstellung sich verwirklichen würde. Das machte ihn gelassen.

Wenn wir in einen Motivstreit in uns geraten, entscheiden wir uns immer für die Lösung, die uns am erstrebenswertesten erscheint. Je stärker ein Motiv ist, um so sicherer können wir darauf zuschreiten. Und je idealler es ist, desto leichter können wir auf Genüsse, auf Bequemlichkeiten und Trägheiten verzichten und unseren Hang zur Lässigkeit und Faulheit überwinden. Wenn das Ziel, das wir erreichen wollen, groß und wertvoll ist, dann verleiht uns das Streben nach diesem Ziel innere Kräfte, die niemand für möglich gehalten hätte. Das Vertrauen in die eigenen Fähigkeiten — und das Erlebnis des eigenen Könnens — machen zuversichtlich und unbeirrbar. Es gibt viele Menschen, die seit langem den Wunsch haben, sich selbst näherzukommen. Zu erfahren, wer sie wirklich sind, was ihr eigentlicher Lebenssinn ist.

Warum aber bleibt es bei vielen beim ›Möchte gern‹ und ›Würde gern‹?

Es liegt einfach daran, daß viele Menschen wollen, wünschen, eigentlich gern täten. Was ihnen fehlt, ist die Entscheidungsfreudigkeit.

Lyndon B. Johnson hat einmal gesagt: »Am meisten hat man in der Hand, wenn man sich selbst in der Hand hat.«

Eine Überzeugung ist so etwas wie der Motor, der uns antreibt. Sogar über schwierige Etappen und schlechte Wege. Und unsere Motive sind der Treibstoff für unseren Motor. Die Überzeugung, die auf ein bestimmtes Ziel gerichtet ist, bringt alle Anlagen zur vollen Entfaltung. Sie steigert unser Vermögen und führt uns zur höchsten Stufe. Glück ist weder Jugend noch Vergnügen, weder dies noch das, sondern einfach nur Wachstum. Fangen Sie also an, innerlich zu wachsen, über sich selbst hinaus zu wachsen. Wir können sagen, was lehrbar ist, das ist auch lernbar. Damit sind die Grenzen nicht so eng, wie viele meinen. Um unser Ziel erreichen zu können, brauchen wir auf unserem Weg die Begeisterungsfähigkeit für das, was wir erreichen wollen.

»In dir muß brennen, was du in anderen entzünden willst.« Der Kirchenlehrer Augustinus (354 bis 430) prägte diese Worte vor mehr als eineinhalb Jahrtausenden. Wer das tut, was er liebt, wird damit erfolgreich werden. Haben Sie das nicht schon selbst erlebt? Liebe und die Begeisterung zu etwas sind wertvolle Helfer auf unserem Weg.

Wenn wir uns weiterentwickeln wollen, wäre es von Vorteil, wir schauten uns einmal die Gesamtentwicklung eines Menschen an.

Auf der ersten Stufe stehen ›wir‹. Das heißt im frühesten Kindesalter sind *wir* noch nicht eigenständig. Wir fühlen uns mit unserer Herkunft verbunden (Eltern, Geschwister, Familie). Wir empfinden uns auf dieser Stufe in Symbiose mit der Familie.

214

Nun wächst das Kind heran, wird größer. Es lernt gehen und sprechen, damit steigt es auf die zweite Stufe. Auf ihr steht sein Ich im Mittelpunkt. Es wird Ich-bewußt. Bei ihm dreht sich nun alles um sein Ich. Dieser Zustand ist erst mit der Geschlechtsreife abgeschlossen. Beim Ich-Bewußtsein sind drei Arten zu unterscheiden:

1. Kein Ich-Bewußtsein: wenn das Ich-Bewußtsein fehlt, kann der Betreffende sich nicht zu einer Persönlichkeit entwickeln.

2. Normales Ich-Bewußtsein: dieses umfaßt eine gesunde Ich-Bezogenheit des Denkens, Handelns und Entscheidens.

3. Überspitztes Bewußtsein; dieses führt zur Fehlentwicklung, es übertreibt das Ich-Bewußtsein; wer es hat, handelt allein auf sein Ich beziehend (egozentrisch). Er handelt aus Selbstsucht, Ich-Sucht, Eigennutz.

Eines Tages kommt der Zeitpunkt, wo wir uns des anderen Geschlechts bewußt werden. Die Liebe zum anderen Geschlecht erwacht und nimmt unsere Persönlichkeit ein. Dann steht nicht mehr das Ich im Mittelpunkt, sondern das Du. Damit steht der Mensch auf der dritten Stufe.

Diese ersten drei Stufen gehören in den Bereich der ›Vita passiva‹. Das heißt, des passiven, also des untätigen oder des ›erleidenden‹ Lebens. Nun erfolgt der Übergang zur ›Vita activa‹. Das heißt zum aktiven, zum tätigen Leben. Zwischen dritter und vierter Stufe ist ein Einschnitt, ein Ruhepunkt, also eine ›Zäsur‹.

Wer die vierte Stufe nimmt, wendet sich von Wir, Ich und Du und damit vom untätigen Leben ab und dem tätigen Leben zu, das mit Sie beginnt. Sie nehmen den Sie-Standpunkt ein. Sie sehen die Dinge nicht mehr vom Ich-Standpunkt aus. Jetzt fragen wir nach dem Standpunkt des anderen. Wir setzen uns auf seinen Stuhl, wir fragen nach seinem Nutzen, nach seinem Vorteil. Das hat auch große Vorteile für uns selbst. Denn an sich selbst und an seinem Wohlergehen nimmt jeder den größten Anteil.

Auf der höchsten und fünften Stufe steht unser Selbst. Das ist nicht in dem Sinne zu verstehen, als müsse sich alles um uns selbst drehen. Selbst bedeutet Selbstbewußtsein. Wobei unter Selbstbewußtsein ein ständiger Ausgleich von Schwächen durch Stärken zu verstehen ist. Selbstbewußtsein ist keine Eigenschaft, sondern ein Zustand. Dieser Zustand — einmal erworben — bleibt nicht auf die Dauer bestehen. Er kann durch äußere Einflüsse oder durch seelische Veränderungen und Störungen völlig auf Null absinken.

Selbstsicherheit dagegen bedeutet: Ich bin mir selbst sicher. Ich bin meiner selbst sicher. Ich kann mich auf mich selbst verlassen. Sich selbst sicher sein, das heißt, daß die Sicherheit nicht von den Umständen, nicht von anderen Menschen abhängt. Sie wurzeln vielmehr in den Grundfesten der eigenen Persönlichkeit. Meiner selbst sicher zu sein, das heißt, ich kann mir selbst vertrauen wie einem guten Freund, der mich nicht im Stich läßt. Das ist die tiefere Bedeutung des Wortes Selbstsicherheit. Von unserem besten Freund erwarten wir, daß er uns kennt. Daß er uns so kennt, wie wir sind. Daß er nicht nur unsere guten, sondern auch unsere weniger guten Seiten kennt. Und daß er aus dieser Kenntnis heraus mit uns spricht und handelt. Daß er ehrlich ist mit uns. Wir wünschen uns von einem Freund, daß er uns richtig einschätzt. Daß wir uns selbst richtig einschätzen und diese Einsicht nicht vor uns selbst vertuschen, genau das ist die erste und wichtigste Voraussetzung der Selbstsicherheit. Wir sollten uns weder durch eine rosarote noch durch eine geschwärzte Brille sehen.

In jedem Menschen sind wertvolle Entwicklungsmöglichkeiten angelegt. In jedem! Es gibt auf der ganzen Erde kein Fleckchen ohne irgendwelche Bodenschätze. Dieses Wissen ist der Kern der Selbsterkenntnis. Und diesen wertvollen Kern können wir im Alpha-Training, wenn wir die Übungen in den vorgeschlagenen Reihenfolgen machen, herausschälen. Aber dazu benötigen wir Zeit. Wer keine Zeit für sich hat, der hat auch keine Zeit für andere. Wir müssen uns diese Zeit nehmen. Wir haben eine Möglichkeit, unser Schicksal zu korrigieren. Wenn Sie in der vorgegebenen Reihenfolge vorgehen, dann werden

Sie sicherlich nicht nach wenigen Tagen und Wochen die Veränderungen spüren, obwohl sie sich während dieser Zeit schon vollzieht.

Wer hundert Meter geht und zurückschaut, sieht weniger als der, der schon zehn Kilometer gegangen ist. Wenn Sie in sich die Selbstentscheidung fällen: Ich werde mit diesem Buch den Weg gehen, Zeit spielt dabei keine Rolle, dann werden Sie eines Tages erkennen: Ich habe es geschafft.

Das schönste an der Freundschaft ist die Treue. Nichts verabscheuen wir mehr als den Freundesverrat. Hat es aber Sinn, vom Selbstverrat zu sprechen?

Wir sagen, daß ein Mensch sich selbst treu geblieben sei; und wir wissen genau, was wir damit meinen. Es muß dann logischerweise auch das Gegenteil geben, den Selbstverrat, die Untreue gegen sich selbst. Diese Untreue kündigt sich an im Selbstzweifel. Aus dem Selbstzweifel erwächst die Selbstquälerei und mündet nicht selten in die Selbstzerstörung. Der Weg über die Selbstzerstörung läuft bereits über die Eltern, die für uns Entscheidungen in der Kindheit gefällt haben. Davon müssen wir uns befreien. Die Mutter als Schicksal bedeutet nicht, daß wir im Fahrwasser ihrer Entscheidungen bleiben müssen. Und es heißt auch nicht, daß wir uns ein Leben lang dem Urteil des Vaters beugen müssen. Ich kann Ihnen nur zurufen: »Gehen Sie Ihren Weg, und lassen Sie die Leute reden!«

Es ist notwendig, vier großen Irrtümern entgegenzutreten. Manche meinen, ein selbstsicherer Mensch müsse frei sein von jeder Unsicherheit. Es gibt leider immer wieder ›Seelenführer‹, die Hilfesuchenden das verlockende Traumbild eines von allen Unsicherheiten befreiten Übermenschen vorgaukeln. Und einige wollen sogar Mittel besitzen, diesen Traum verwirklichen zu können. Wenn Sie bedenken, daß es sich um Ihr Leben dreht, daß Sie sich teilweise selbst in eine mißliche Seelenlage hineinmanövriert haben, dann leuchtet es ein, daß nur Sie selbst es sein können, der sich da wieder herauszieht. Andere können dabei nur ›Lotse‹ sein. Wir bleiben nun einmal, solange wir leben, ungesichert.

Um aller Unsicherheit des Lebens entrinnen zu wollen, dürften wir uns nicht mehr ändern. Solange der Mensch denkt, irrt er auch. Irrtum aber und die Erkenntnis des Irrens erzeugen Zweifel. Und wer zweifelt, ist nicht sicher. Um dieser geistigen Unsicherheit zu entgehen, müßten wir alles, was wir im Augenblick wissen, zum unabänderlichen Lehrsatz erklären und alle Andersdenkenden zu Irrenden oder gar Dummköpfen. So kann es passieren, daß unduldsame Sturheit mit Selbstsicherheit verwechselt wird.

Ich verspreche Ihnen nicht, daß Sie alle Unsicherheiten loswerden, wenn Sie das Alpha-Training machen. Sie wollen ja auch nicht zu einem erstarrten Denkmal werden, sondern ein lebendiger Mensch bleiben.

Der zweite Irrtum heißt, man könne durch Willenstraining selbstsicherer werden. Diesen Fehler habe ich Ihnen schon an anderer Stelle aufgezeigt.

Der nächste Irrtum sagt, Selbstsicherheit begründe sich in der Sicherheit des Auftretens. Ich selbst halte mich für relativ selbstsicher. Wer meine Vorträge gehört hat, wer mich im Fernsehen gesehen hat, der mag zu diesem Eindruck kommen. Was aber keiner sieht, sind meine anfänglichen Ängste und Unsicherheiten. Das ist aber ganz normal, weil jede neue Situation erst einmal Unsicherheit mit sich bringt. Die Kunst des sicheren Auftretens ist manchmal nur ein Hilfsmittel, Unsicherheiten zu überdecken. Meine schließliche Sicherheit kommt aus der Sicherheit meines Wissens und Könnens. Man kann also gelegentlich auch sicher und unsicher in einem sein.

Ein weiterer Irrtum ist, Selbstsicherheit sei ein Vorrecht der Erfolgreichen. Dabei ist hinlänglich bekannt, daß manche von ihnen mehr Ellenbogentechnik als Selbstsicherheit besitzen. In unserem Leben werden wir immer zwischen Sicherheit und Unsicherheit hin- und herschwanken. Dort, wo wir genügend Erfahrungen haben, werden wir sicherer sein als dort, wo uns die Erfahrung fehlt.

Eines möchte ich Ihnen noch mit auf den Weg geben, bevor ich mich von Ihnen verabschiede: Wer wirklich stark sein möchte, der muß lernen, einmal richtig schwach sein zu können. Denn diese Schwäche ist auch eine Stärke. Wenn wir uns selbst finden wollen, dann kommen wir nicht an Gott vorbei. Himmel und Hölle liegen nicht in einem imaginären Zwischenreich. Himmel und Hölle leben zwangsläufig in uns. Damit finden wir auch Gott und den Teufel in uns. Wir können uns entscheiden, wohin der Weg führen soll. Wollen wir uns selbst begegnen, schließt das immer die Gottesbegegnung ein.

Darum habe ich die Begegnung mit der

Gotteskraft

an den Schluß gesetzt. Entspannen Sie über den Chakrencode.

Sie kommen an eine Waldlichtung. Dort sehen Sie Naturmenschen, die ein eindrucksvolles Ritual vollziehen. Sie singen und trommeln. Es ist ein extrem wildes Ritual. Die Tänze sind ekstatisch. Sie schauen zunächst nur zu. In der Mitte der Lichtung befindet sich ein riesiges Feuer. Drumherum tanzen nackte Frauen und Männer. Sie spüren in Ihrem Körper, was die Eingeborenen tun. Sie fühlen genau das, was auch sie fühlen. Sie wissen, was sie wissen. Sie werden ergriffen und in das Feuer gestellt, aber anstatt zu verbrennen, erkennen Sie eine Treppe darin, die nach unten führt. Sie fühlen sich getragen und landen in einer Berglandschaft in Tibet. Während Sie wieder klar werden, wissen, wo Sie sind, erkennen Sie, daß man Sie in einen Tempel auf einem Berg gebracht hat. Im Tempel sehen Sie eine Gruppe von Mönchen, die in den Tempel gekommen sind, um zu singen und zu beten. Die Mönche singen Weisen wie vor Tausenden von Jahren. Sie hören Musik, die ein Gebet ist. Eine Musik, die die Aufgabe hat, Sie mit der göttlichen Kraft in Verbindung zu bringen. Der Gesang wird mächtiger, die Mönche erleben ihren Gott, wie er durch das singende Beten zu ihnen kommt, und Sie empfinden die Musik intensiv und wunderbar. Und während Sie zuhören, erleben Sie etwas von dem, was auch die Mönche erleben.

Sie werden jetzt zehn Minuten still sein und lauschen.

Ende der Übung.

Ich habe Ihnen in diesem Buch in Stufenfolgen das Alpha-Training vorgestellt. Falls Sie mit der einen oder anderen Übung nicht zurechtkommen, schreiben Sie mir einfach. Ich möchte Ihnen auch über dieses Buch hinaus gern beratend beistehen. Ich habe vor, zu diesem Thema eine Kassette mit einigen Übungen herzustellen. Es sollen Übungen sein, die Sie in diesem Buch nicht finden. Denn die vorgestellten Übungen können Sie ja selbst auf eine Kassette sprechen.

Nun wünsche ich Ihnen den Erfolg, den Sie durch das Alpha-Training haben können, wenn Sie das Training zu Ihrem ständigen Lebensbegleiter machen. Denken Sie daran: Sie sind nicht allein. Es gibt so etwas wie einen Freundeskreis der Alpha-Menschen.

Institut für Kooperative Psychologie
Holzwiesenstraße 16 a
8000 München 83
Telefon: 089/6377575

Literaturverzeichnis

Assagioli, Roberto: Handbuch der Psychosynthese, Freiburg 1978
Birkenbihl, Vera F.: Freude durch Streß, München 1986
Cautela, J.R.: Treatment of compulsive behaviour by covert sensitization, New York 1966
Crampton, M.: The visual »Who am I« method. Psychosynthesis Research Foundation 1968
Desoille R.: The Directed Daydream, New York 1966
Epstein, Gerald: Waking Dream Therapy, New York 1981
Ferrucci, P.: Werde was du bist, Basel 1984
Grindler J./Bandler R.: Therapie in Trance, Stuttgart 1984
Horowitz, M.J.: Image formation and cognition, New York 1970
Houston, J.: Der mögliche Mensch, Basel 1984
Huxley, A.: Die Pforten der Wahrnehmung, München 1970
Lay, Rupert: Meditationstechniken für Manager, München 1976
Maslow, A.H.: Psychologie des Seins, München 1973
Masters, R., Houston, J.: Phantasiereisen, München 1984
Missildine, W.H.: In dir lebt das Kind, das du warst, München 1979
Ornstein, R.: Die Psychologie des Bewußtseins, München 1976
Rozmann, D.: Meditating with Children, New York 1975
Schwäbisch/Siems: Selbstentfaltung durch Meditation, Reinbek 1976
Shorr, J.: Psycho-Therapy through Imagery, New York 1974
Selye, H.: Streß, Reinbek 1977
Tietze, Henry G.: Hypnose ihre Möglichkeiten und Grenzen, Hannover 1978
   Wirken auf das Unbewußte, München 1981
   Imagination und Symboldeutung, Genf 1983
Xylander, E.: Vom Umgang mit schwierigen Menschen, München 1958

HEYNE
TASCHENBÜCHER

zum Thema: Esoterik

Esoterik

Greg Nielsen/
Joseph Polansky
**Die Magie des
Pendels**
08/9091 - DM 7,80

Norman Vincent
Peale
**Die Wirksamkeit
positiven Denkens**
08/9092 - DM 9,80

Jean-Michel Varenne
Zen
08/9100 - DM 7,80

Anton Kielce
Taoismus
08/9101 - DM 7,80

Patrick Ravignant
**Geheimwissen
Indiens**
08/9102 - DM 7,80

Jean-Michel Varenne
**Tibetischer
Buddhismus**
08/9103 - DM 7,80

Patrick Ravignant
Reinkarnation
08/9104 - DM 7,80

Jean-Michel Varenne
Yogis
08/9105 - DM 7,80

Jean-Michel Varenne
Tantrismus
08/9106 - DM 7,80

Anton Kielce
Sufismus
08/9107 - DM 7,80

Alix de Montal
Schamanismus
08/9108 - DM 7,80

Anton Kielce
I Ging
08/9109 - DM 7,80

Cécile Sagne
Geheiligter Eros
08/9110 - DM 7,80

Patrick Ravignant
Derwische
08/9111 - DM 7,80

Grenzbereiche der Esoterik

Herbert Gottschalk
**Lexikon der
Mythologie**
01/7096 - DM 16,80

Jürgen Holtorf
**Die verschwiegene
Bruderschaft**
– Freimaurerlogen –
01/7225 - DM 7,80

Kurt Allgeier
Der Halleysche Komet
Alles über das
geheimnisvolle
Himmelsphänomen
01/7269 - DM 7,80

Richard Hittleman
**Yoga - das
28-Tage-Programm**
08/4546 - DM 6,80

Malte W. Wilkes
**Der Biorhythmus
bestimmt unser Leben**
08/4640 - DM 5,80

Henry G. Tietze
Kräfte der Hypnose
08/4679 - DM 6,80

Christiane Brand-Hetzel
Autogenes Training
08/4855 - DM 5,80

Kevin Martin
**Das große Zigeuner-
Wahrsagebuch**
08/4865 - DM 7,80

Richard Hittleman
**Yoga – das
24-Stunden-Programm**
08/4923 - DM 7,80

Richard Hittleman
Yoga für totale Fitneß
08/4965 - DM 7,80

Alfred Bierach
Bio-Elektrizität
08/4975 - DM 7,80

Stephan Pálos
Atem und Meditation
08/9003 - DM 7,80

**Richard Hittleman's
Yoga-Meditation**
08/9018 - DM 9,80

Astrologie

Carola Martine
**Die Sinnlichkeit
der Sternzeichen**
01/7166 - DM 7,80

Gerhard Ritter
**Das chinesische
Horoskop**
08/4537 - DM 5,80

Roger Elliot
**Die chinesische
Astrologie**
08/4591 - DM 7,80

Kurt Allgeier
**Chinesisches
Horoskop
selbst erstellen**
08/4635 - DM 5,80

HEYNE TASCHENBÜCHER

zum Thema: Esoterik

Astrologie

Petra Döbereiner
**Chinesisch-abend-
ländische Astrologie**
08/4703 - DM 6,80

Barbara Justason
**Astrologie und
Liebesleben**
08/4996 - DM 9,80

Hubert von Welfenburg
**Das individuelle
Horoskop für alle
Sternzeichen**
08/9017 - DM 9,80

C. Joachim Weiss
Der Astro-Kalender
08/9072 - DM 7,80

Gerhard Ritter
**Das Baumhoroskop
für 1987**
08/9078 - DM 7,80

Cathérine Aubier
**Die sinnliche Kraft
Ihres Sternzeichens**
08/9095 - DM 8,80

Tierkreis-Bücher

Steinbock
14/1 - DM 5,80
Wassermann
14/2 - DM 5,80
Fische
14/3 - DM 5,80
Widder
14/4 - DM 5,80
Stier
14/5 - DM 5,80
Zwilling
14/6 - DM 5,80

Krebs
14/7 - DM 5,80
Löwe
14/8 - DM 5,80
Jungfrau
14/9 - DM 5,80
Waage
14/10 - DM 5,80
Skorpion
14/11 - DM 5,80
Schütze
14/12 - DM 5,80

Chinesische Tierkreiszeichen

Ratte
14/109 - DM 5,80
Büffel
14/110 - DM 5,80
Tiger
14/111 - DM 5,80
Katze
14/112 - DM 5,80
Drache
14/113 - DM 5,80
Schlange
14/114 - DM 5,80
Pferd
14/115 - DM 5,80
Ziege
14/116 - DM 5,80
Affe
14/117 - DM 5,80
Hahn
14/118 - DM 5,80
Hund
14/119 - DM 5,80
Schwein
14/120 - DM 5,80

Romane und Erzählungen mit esoterischem Hintergrund

Manfred Kyber
**Die drei Lichter
der kleinen Veronika**
01/6446 - DM 6,80

Olaf Stapledon
**Die letzten und die
ersten Menschen**
06/21 - DM 9,80

Maria Szepes
Der Rote Löwe
06/4043 - DM 9,80

Henry Rider Haggard
Tochter der Weisheit
06/4137 - DM 7,80

Henry Rider Haggard
Das Sehnen der Welt
06/4138 - DM 7,80

John Crowley
Maschinensommer
06/4182 - DM 12,80

Preisänderungen
vorbehalten.

**Wilhelm Heyne Verlag
München**